D1620738

Joachim Dobers

Imme Freundner-Huneke

ERLEBNIS *Biologie* 7

Ein Lehr- und Arbeitsbuch

7. Schuljahr

Schroedel

ERLEBNIS *Biologie* **7** 7. Schuljahr

Herausgeber
Joachim Dobers
Imme Freundner-Huneke

Beratung
Mike Leupold

Autoren

Gerd-Peter Becker
Hans-Günther Beuck
Michael Calsow
Heike Claßen
Joachim Dobers
Eva Döhring

Gereon Eulitz
Imme Freundner-Huneke
Dr. Helmut Gaßmann
Sigrid Hahn
Dr. Andreas Heinrich
Marietta und Dieter Keller

Fritz Klöckner
Elke Kosmalla
Hauke und Christine Kruse
Dagmar Mehliß
Ralph Möllers
Sara Neumann

Ulrike Preuß
Siegfried Schulz
Dorothee Tietge
Sabine Vogt
Michael Walory
Annely Zeeb

Verlagsredaktion: Gisela Rehne

Illustrationen:

Julius Ecke
Dr. Peter Güttler
Theiss Heidolph
Brigitte Karnath

Joachim Knappe
Langner & Partner
Liselotte Lüddecke
Karin Mall

Tom Menzel
Heike Möller
Kerstin Ploß
Thilo Pustlauk

Barbara Schneider
Ingrid Schobel
Susanne Thater
Werner Wildermuth

Grundlayout:
Atelier *tiger*color Tom Menzel

Umschlaggestaltung:
SINNSALON

© 2014 Bildungshaus Schulbuchverlage
Westermann Schroedel Diesterweg Schöningh Winklers GmbH, Braunschweig
www.schroedel.de

Druck A ^{2} / Jahr 2015
Alle Drucke der Serie A sind im Unterricht parallel verwendbar.

Satz: media service schmidt, Hildesheim
Druck und Bindung: westermann druck GmbH, Braunschweig

ISBN 978-3-507-**77598**-5

Grundlagen der Ökologie

Bau und Funktionen des menschlichen Körpers

Methode

Hier findest du Methoden, die dir helfen, naturwissenschaftliche Themen zu verstehen und zu bearbeiten.

Pinnwand

Hier findest du zusätzlich Bilder und Informationen zum jeweiligen Thema und Aufgaben, die du selbstständig bearbeiten und lösen kannst.

Streifzug

Hier findest du weitere Informationen zu Themen, die in anderen Bereichen von großer Bedeutung sind.

Lernen im Team

Hier findest du Themenvorschläge für die Arbeit in Gruppen.
Eine Gruppe bearbeitet jeweils einen Vorschlag. Am Ende stellt jede Gruppe ihre Ergebnisse vor.

Erschließungsfelder

Hier findest du die Inhalte des Kapitels in kurzer und übersichtlicher Form anhand der Erschließungsfelder dargestellt.

Zeig, was du kannst

Hier findest du vielfältige Aufgaben zum Wiederholen und Vertiefen der Inhalte des Kapitels.

Weitere Informationen über das Wort, das mit ▶ gekennzeichnet ist, erhältst du über das Register am Ende dieses Buches.

■ Wichtige Inhalte werden durch Merksätze hervorgehoben.

Kennzeichnung der Aufgaben:

 Diese Aufgabe kannst du mit deinem Vorwissen oder mit den Informationen aus dem Buch beantworten.

 Dieses Symbol kennzeichnet eine Aufgabe, bei der du beobachten, untersuchen oder experimentieren musst.

 Um diese Aufgabe zu lösen, nutze weitere Informationsquellen wie Fachbücher, Lexika oder das Internet. Manchmal beinhalten diese Aufgaben auch Arbeitsaufträge, die außerhalb des Klassenzimmers zu erfüllen sind.

 Dies sind schwierige Aufgaben oder solche, die nur mit hohem Aufwand zu lösen sind.

Grundlagen der Ökologie

Kann die Seerose auch atmen?

Wie wirkt sich Tourismus auf ein Öko-system See aus?

Im Sommer finde ich im Laub-wald selten blühende Pflanzen. Woran liegt das?

Welche Tiere und Pflanzen leben in Seen und um Seen herum? Wie sind sie voneinander abhängig?

Welche Bedeutung hat für uns der Nationalpark Sächsische Schweiz?

Warum gibt es auf der Erde unterschiedliche Lebensräume mit typischen Pflanzen- und Tierarten?

Womit beschäftigt sich die Ökologie?

1. a) Fertige ein Lexikon an mit folgenden Begriffen zur Ökologie: Art, Biotop, Population, Lebensgemeinschaft, Ökosystem.
b) Wende die Begriffe auf ein Ökosystem an, welches auf dieser Seite abgebildet ist.

2. Notiere jeweils vier Beispiele für Ökosysteme der Heimat und anderer Gebiete.

3. Betrachte die abgebildeten Ökosysteme.
a) Ordne sie nach naturnahen und naturfernen Ökosystemen. Begründe deine Zuordnung.
b) Notiere für ein Ökosystem drei bestimmende abiotische Umweltfaktoren.

4. Finde die passenden Bildunterschriften zu den Grafiken A–C:

A

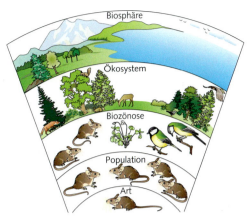

1 Beziehungsebenen zwischen Lebewesen und ihrer Umwelt

Biosphäre: Gesamtheit aller Ökosysteme der Erde

Ökosystem: abgegrenzter Lebensraum mit allen darin vorkommenden Lebewesen und den darin wirkenden Umweltfaktoren

Biozönose: Lebensgemeinschaft von Lebewesen vieler Arten, die ähnliche Ansprüche an den Lebensraum stellen

Population: Gesamtheit aller Individuen einer Art in einem abgegrenzten Lebensraum (Biotop)

Art: Lebewesen (Individuen), die in wesentlichen Merkmalen übereinstimmen, sich untereinander fortpflanzen können und dabei fruchtbare Nachkommen erzeugen.

Ökologie

Die Ökologie ist ein Teilgebiet der Biologie. Sie beschäftigt sich mit den Wechselbeziehungen zwischen Organismen untereinander und deren Beziehungen zu ihrer Umwelt. Die Ökologie untersucht auch die Umweltbedingungen, Nahrungsbeziehungen und Stoffkreisläufe in Lebensräumen.

Vielfalt der Ökosysteme

Betrachtet man die Erde von oben, erkennt man ganz unterschiedliche Regionen. So lassen sich zum Beispiel Wälder, Meere und Hochgebirge erkennen. Man bezeichnet solche Lebensgemeinschaften mit ihren Lebewesen als **Ökosysteme.** Sie unterscheiden sich in ihrer Größe und Vielfalt. Ein tropischer Regenwald ist ein sehr großes und artenreiches Ökosystem, ein Weizenfeld dagegen ein sehr kleines. In Feldern kommen relativ wenig verschiedene Tier- und Pflanzenarten vor.
Manche Ökosysteme wie Städte, Wiesen oder Felder wurden erst durch den Menschen geschaffen. Sie werden als naturferne oder künstliche Ökosysteme bezeichnet. Naturnahe Ökosysteme sind Tropische Regenwälder, Meere, Wüsten und Savannen.

Aufbau von Ökosystemen

In Ökosystemen existieren die unterschiedlichsten Beziehungen von Lebewesen. Die kleinste Einheit ist das Einzellebewesen, auch **Individuum** genannt. Hinter diesem Begriff verbirgt sich zum Beispiel ein Bakterium, eine Pflanze oder ein Tier.
Eine Gruppe von einer Art Einzellebewesen bildet eine **Population.** Sie kommt in einem abgegrenzten Gebiet, dem Lebensraum, zur gleichen Zeit vor. Ein **Lebensraum,** auch Biotop genannt, ist durch charakteristische Umweltfaktoren gekennzeichnet.

Manche Standorte sind zum Beispiel ständig feucht, andere meist trocken. Ein Trockenrasen ist geprägt durch ein sonniges und warmes Klima. Andere Lebensräume, wie ein Buchenwald, sind kühl und schattig. Solche Umwelteinflüsse, die von der nicht lebenden Natur ausgehen, zum Beispiel Feuchtigkeit, Licht, Wärme Bodenbeschaffenheit, nennt man **abiotische Umweltfaktoren.**

Lebensgemeinschaften

Im Lebensraum Wald kommen Populationen verschiedener Tier- und Pflanzenarten vor. Nicht nur für Waldmäuse, Rehe, Dachse und Füchse ist der Wald ein geeigneter Lebensraum. Auch viele Insekten- und Vogelarten leben dort. Sie bilden gemeinsam eine **Lebensgemeinschaft,** die Biozönose. Die Beziehungen zwischen den Mitgliedern einer Biozönose sind vielfältig. Eine Waldmaus ernährt sich unter anderem von Wurzeln und Beeren. Sie wird ihrerseits vom Fuchs oder Waldkauz gefressen. Es ergeben sich also verschiedene Nahrungsbeziehungen. Die Mitglieder einer Population konkurrieren in ihrem Lebensraum um Nahrung und Wohnplätze. Umweltfaktoren, die von Lebewesen ausgehen, bezeichnet man als **biotische Umweltfaktoren.** Zu ihnen zählen neben Nahrungsbeziehungen und Konkurrenz auch Krankheitserreger, Parasiten und bei Blütenpflanzen deren Bestäuber. Alle Ökosysteme der Erde bilden die **Biosphäre.**

■ In einem Lebensraum wirken unterschiedliche abiotische Umweltfaktoren, zum Beispiel Licht. Die Wechselbeziehungen der Lebewesen einer Lebensgemeinschaft untereinander sind biotische Umweltfaktoren, zum Beispiel Konkurrenz. Die Einheit von Lebensraum und Lebensgemeinschaft wird als Ökosystem bezeichnet.

Umweltfaktoren wirken auf Lebewesen

1. Beim Kauf von Pflanzen erhält man wichtige Pflegehinweise. An der Pflanze „Flammendes Käthchen" befindet sich untenstehendes Informationsschild. Erläutere die Hinweise zur Pflege der Pflanze.

Flammendes Käthchen
(Kalanchoë blossfeldiana)

Licht:	viel Licht, keine allzu starke Sonne
Temp.:	18–23 °C, im Winter 16–18 °C
Wasser:	mäßig feucht halten
Erde:	lockere, humose Erde
K. u. S.:	Blatt-, Wolläuse, Echter Mehltau

---

2. Recherchiere Pflegehinweise für das Einblatt und den Weihnachtsstern. Fertige einen Pflanzensticker an.

3. a) Erkläre die Begriffe biotische und abiotische Umweltfaktoren.
b) Notiere mindestens je drei abiotische und biotische Umweltfaktoren, die auf ein von dir gewähltes Haustier einwirken.
c) Notiere je drei abiotische und biotische Umweltfaktoren, die auf eine Waldmaus einwirken.

4. a) Untersuche die Staubbelastung von Laubblättern im Schulumfeld. Suche dazu drei Laubblätter von unterschiedlichen Standorten, zum Beispiel Straßenrand und Park. Klebe auf die Blattoberseite durchsichtiges Klebeband. Ziehe es anschließend wieder ab und klebe es auf ein weißes Blatt.
b) Vergleiche die Abdrücke.

5. a) Ermittelt die Feuchtigkeit des Bodens. Beschafft euch eine Bodenprobe aus dem Schulumfeld. Wiegt sie und notiert das Gewicht. Lagert die Probe anschließend an einem trockenen Ort. Wiegt sie erneut nach einer Woche.
b) Vergleicht die Wiegeergebnisse. Bestimmt den Wasseranteil der Bodenprobe.

6. a) Definiere die Begriffe Minimum, Maximum, Optimum und Toleranzbereich.
b) Erläutere mithilfe der unten stehenden Abbildung das Wachstum von Waldziest bei unterschiedlichen Beleuchtungsstärken.

Toleranzbereich für Licht beim Waldziest

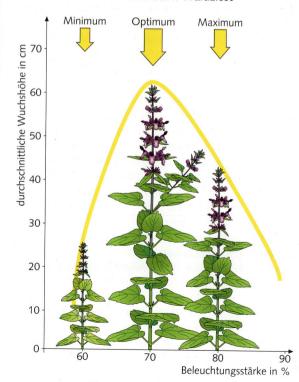

abiotische Umweltfaktoren

biotische Umweltfaktoren

Niederschläge

Sauerstoff

Licht

Wind

Lufttemperatur

Schadstoffe

Wasser

Krankheitserreger

Fressfeinde

Parasiten

Nistplätze

Konkurrenten

Fortpflanzungspartner

Nahrung

1 Umweltfaktoren, die auf eine Amsel einwirken

Abiotische Umweltfaktoren

Die verschiedenen Tier- und Pflanzenarten können nur dort leben, wo die Umwelt für sie erträgliche Lebensbedingungen bietet. Diese Bedingungen in einem Ökosystem umfassen verschiedene Umweltfaktoren. Sie stehen miteinander in vielfältiger Beziehung. Bei den auf Lebewesen einwirkenden Umweltfaktoren wird zwischen ▸**abiotischen Umweltfaktoren** und ▸**biotischen Umweltfaktoren** unterschieden.

Auf dem Land zählen zu den wichtigsten abiotischen Umweltfaktoren Licht, Wasser, Temperatur, Luftfeuchtigkeit und Windgeschwindigkeit sowie die Beschaffenheit des Bodens, zum Beispiel Körnung, ▸pH-Wert und verfügbare Mineralstoffe. In Gewässern sind Temperatur, Sauerstoffgehalt, Salzgehalt und Strömungsgeschwindigkeit wichtige abiotische Umweltfaktoren.

Toleranzbereich

Die verschiedenen Lebewesen stellen arteigene Ansprüche an ihren Lebensraum. So benötigen zum Beispiel einige Zimmerpflanzen viel Sonne, andere dürfen dagegen dem direkten Sonnenlicht nicht ausgesetzt werden.
Das Gleiche gilt auch für die Pflanzen der Wälder. So wachsen einige Pflanzen nur an schattigen Standorten.

An lichten Stellen eines Laubwaldes wächst häufig ein Lippenblütengewächs mit purpurroten Blüten, der Waldziest. Bei 70 % Lichteinstrahlung wird der Waldziest über 60 cm groß, bildet dunkelgrüne Laubblätter und zahlreiche Blüten aus. Das Lichtangebot ist optimal, das **Optimum** ist erreicht. Die Pflanze verträgt keine volle Lichteinstrahlung, wie zum Beispiel nach einem Kahlschlag. Das **Maximum** ist überschritten und die Pflanze stirbt. Bei 60 % Lichteinstrahlung werden die Pflanzen nicht groß, bilden kleine, dunkelgrüne Laubblätter und wenige Blüten aus. Das **Minimum** für diesen Umweltfaktor, an dem die Pflanze gerade noch existieren und sich fortpflanzen kann, ist erreicht.

Die Spanne zwischen dem Minimum und dem Maximum, in dem ein Lebewesen alle Lebensprozesse aufrechterhalten kann, bezeichnet man als **Toleranzbereich**. Die Fähigkeit einer Art, Schwankungen von Umweltfaktoren innerhalb eines Bereiches zu ertragen, bezeichnet man als **ökologische Potenz**.

■ **Auf jedes Lebewesen wirken abiotische und biotische Umweltfaktoren. Für jeden Umweltfaktor gibt es einen bestimmten Bereich, innerhalb dessen eine Art gedeihen und sich fortpflanzen kann. Die Fähigkeit, in diesem Bereich zu leben, bezeichnet man als ökologische Potenz.**

Pflanzen bauen organische Stoffe auf

1. a) Notiere die Ausgangsstoffe, Reaktionsprodukte, Bedingungen und den Ort der Fotosynthese.
b) Erkläre eine Bedeutung der Fotosynthese.

2. Pflanzen speichern organische Stoffe.
a) Notiere je drei Pflanzen, die viel Stärke, Fett (Öl) und Eiweiß speichern.
b) Benenne die Speicherorgane.

3. Benenne die Gewebe eines Laubblattes, die Chloroplasten besitzen. Nutze die Abbildung des Blattquerschnittes.

4. a) Mikroskopiere ein Dauerpräparat eines Blattquerschnittes. Versuche, die in Abbildung 2 benannten Laubblattschichten im Präparat zu erkennen.
b) Skizziere den Querschnitt und beschrifte Palisadengewebe, Schwammgewebe und Leitbündel.

Pflanzen können das Licht nutzen

Kräuter, Sträucher und Bäume nutzen das Licht für ihre autotrophe Ernährung und somit für ihr Wachstum und zum Aufbau des Pflanzenkörpers.

Das Laubblatt unter dem Mikroskop

Unter dem Mikroskop ist an einem Blattquerschnitt zu erkennen, dass ein Laubblatt aus mehreren Geweben besteht. Die Laubblattzellen der verschiedenen Gewebe unterscheiden sich in Form, Größe und Anordnung. Der Bau entspricht ihrer Funktion. Das obere und untere Gewebe besteht aus Zellen, die fast lückenlos aneinander schließen. Es ist die Blatthaut, auch **Epidermis** genannt. Sie schützt die inneren Gewebe.

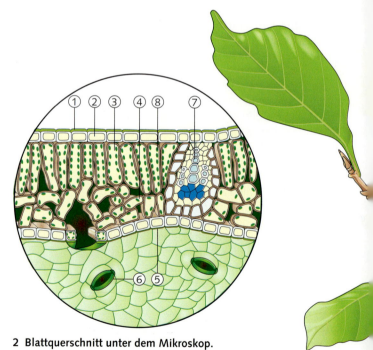

2 **Blattquerschnitt unter dem Mikroskop.**
① *Wachsschicht (Kutikula);* ② *obere Epidermis;*
③ *Palisadengewebe;* ④ *Schwammgewebe;*
⑤ *untere Epidermis;* ⑥ *Spaltöffnung;*
⑦ *Leitbündel;* ⑧ *Chloroplasten*

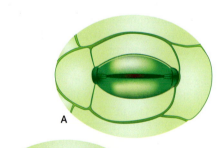

A

B

1 **Spaltöffnungen. A** *geschlossen,* **B** *geöffnet.*

Die Blatthaut ist zusätzlich von einer Wachsschicht, der **Kutikula,** überzogen, damit durch die Blattoberfläche kein Wasser verdunstet.

Das Innere des Laubblattes wird von einem lockeren Gewebe gebildet. Direkt unter der Epidermis liegen langgestreckte Zellen. Sie bilden das **Palisadengewebe.** In den zahlreichen Chloroplasten findet die Fotosynthese statt. Danach folgen sehr unregelmäßig gebaute Zellen mit Chloroplasten. Sie bilden das **Schwammgewebe.** Dessen Zwischenräume ermöglichen eine gute Durchlüftung des Laubblattes.

In der unteren Epidermis fallen zahlreiche Poren auf. Das sind die **Spaltöffnungen,** durch die das Laubblatt mit der „Außenwelt" in Verbindung steht. Jede Spaltöffnung wird von zwei bohnenförmigen Zellen, den **Schließzellen** begrenzt. Sie können je nach Umweltbedingungen ihre Gestalt verändern und die Spaltöffnungen öffnen oder schließen. So regulieren die Pflanzen nicht nur ihren Wasserhaushalt, sondern auch die Aufnahme von Kohlenstoffdioxid und die Abgabe von Sauerstoff.

von den Wurzeln aufgenommen und gelangt über Leitungsbahnen zu den Chloroplasten.

Kohlenstoffdioxid wird über winzige Spaltöffnungen an der Blattunterseite direkt aus der Luft aufgenommen. Im Chlorophyll findet nun die Fotosynthese statt. Es entstehen Traubenzucker und **Sauerstoff.** Der Vorgang der Fotosynthese wird vereinfacht mit folgender Wortgleichung dargestellt:

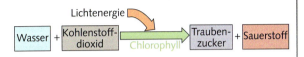

Lichtenergie

Wasser + Kohlenstoffdioxid → (Chlorophyll) → Traubenzucker + Sauerstoff

Kein Leben ohne Pflanzen

Den bei der Fotosynthese entstandenen Traubenzucker speichert die Pflanze in Form von Stärke. Daraus baut sie weitere Nährstoffe wie Eiweiße und Fette auf. Diese energiereichen Stoffe, die von Lebewesen aufgebaut werden, gehören zu den organischen Stoffen. Von allen Lebewesen sind nur die grünen Pflanzen in der Lage, mithilfe des Sonnenlichtes organische, energiereiche Stoffe aus anorganischen, energiearmen Stoffen herzustellen.

Der bei der Fotosynthese entstandene Sauerstoff gelangt durch die Spaltöffnungen ins Freie und dient Lebewesen zur Atmung.

Das bei der Atmung entstehende Kohlenstoffdioxid nutzen die Pflanzen erneut für die Fotosynthese.

Die grünen Pflanzen sind Produzenten von organischen Stoffen und Sauerstoff. Sie sind für das Leben von Konsumenten (Mensch und Tier) und Reduzenten (Bakterien) unverzichtbar.

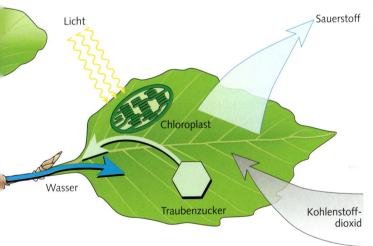

Licht
Sauerstoff
Chloroplast
Wasser
Traubenzucker
Kohlenstoffdioxid

Die Fotosynthese

In den grünen Pflanzenteilen mit **Chloroplasten** findet die Fotosynthese statt. Die Chloroplasten enthalten den Blattfarbstoff **Chlorophyll.** Mithilfe des Chlorophylls nutzen die Laubblätter das **Sonnenlicht** zur Herstellung von **Traubenzucker.** Als Ausgangsstoffe für die Fotosynthese benötigt die Pflanze **Wasser** und **Kohlenstoffdioxid.** Wasser wird

■ Aus Kohlenstoffdioxid und Wasser stellen Pflanzen mithilfe des Chlorophylls Traubenzucker und Sauerstoff her. Dabei liefert das Sonnenlicht die Energie für die Fotosynthese. Der Traubenzucker wird zu weiteren organischen Stoffen umgebaut.

Licht- und Schattenblätter

📖 **1.** Vergleiche den Aufbau von Licht- und Schattenblättern einer Rotbuche. Fertige dazu eine Tabelle an.

📖 **2.** Erläutere den Zusammenhang von Bau und Funktion an den Licht- und Schattenblättern einer Rotbuche.

Die Rotbuche – ein Schattengehölz

Rotbuchen gehören zu den Schattengehölzen. Sie wachsen sogar an Standorten, die nur ein bis zwei Prozent der Lichtmenge erhalten, die Bäume auf dem freien Feld bekommen. Rotbuchen können deshalb auch in dichten Baumbeständen gedeihen. Die Rotbuche bildet eine kräftige, stark belaubte Krone aus. Innerhalb der Krone herrschen ganz unterschiedliche Lichtverhältnisse. An die Laubblätter am Rand gelangt viel mehr Sonnenlicht als an die Laubblätter im Kroneninneren. Die unterschiedliche Gestalt der Laubblätter zeigt die Angepasstheit an diese Lichtverhältnisse.

Lichtblätter

Die äußeren dunkelgrünen Lichtblätter sind klein und dick. Der mikroskopische Blattquerschnitt zeigt weitere Besonderheiten. Sie besitzen zum Beispiel eine dicke Wachsschicht, die Kutikula. Sie schützt das Laubblatt vor zu starkem Wasserverlust. Ihr Palisadengewebe ist mehrschichtig. Auch das Schwammgewebe ist stark ausgebildet. So wird eine hohe Fotosyntheseleistung möglich. Durch die intensive Lichteinstrahlung kann das Licht bis in die tieferen Gewebeschichten mit Chloroplasten eindringen.

Schattenblätter

Schattenblätter kommen dagegen mit viel weniger Licht aus. Sie sind hellgrün, größer und dünner als Lichtblätter. Das einschichtige Palisadengewebe trägt eine Epidermis mit dünner Kutikula. Das wenige Licht gelangt fast ungehindert bis zu den Chloroplasten. Die Fotosyntheseleistung ist geringer als bei Lichtblättern.

■ Eine Rotbuche bildet durch ihre Angepasstheit an unterschiedliche Lichtverhältnisse Licht- und Schattenblätter aus. Diese unterscheiden sich in ihrem inneren und äußeren Bau voneinander.

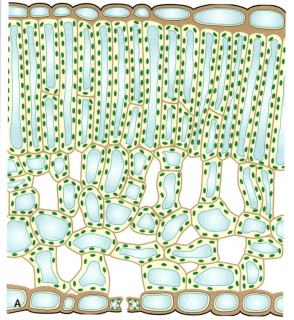

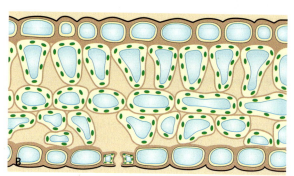

1 mikroskopischer Querschnitt. **A** *Lichtblatt;* **B** *Schattenblatt*

Wirkung des Lichts auf Pflanzen und Tiere

1. a) Benenne die abgebildeten Tiere.
b) Ordne sie in einer Tabelle nach nachtaktiven, tagaktiven und dämmerungsaktiven Tieren.
c) Notiere jeweils zwei Angepasstheiten im Bau der Tiere an ihre Aktivitätszeit.

2. Im Laubwald ist die Krautschicht im Frühjahr stark ausgeprägt, dagegen findet man im Spätsommer nur noch wenige Kräuter am Waldboden. Begründe.

Lichteinfluss auf Pflanzen

Der abiotische Umweltfaktor Licht beeinflusst den Bau, den Stoffwechsel, die Entwicklung und das Vorkommen von Pflanzen. Die Ansprüche der einzelnen Pflanzenarten sind unterschiedlich. Ökosysteme wie Wälder, Hecken oder Seen sind in Schichten aufgebaut. Die unterschiedliche Lichtintensität in den einzelnen Schichten beeinflusst die Wuchshöhe und die Zusammensetzung der Pflanzenarten. Das Licht ist der auslösende Reiz für Wachstumsbewegungen, das Blühen der Pflanzen und der herbstlichen Blattfärbung. Der Bau der Laubblätter ist den Lichtverhältnissen durch die Ausbildung von
► Licht- und Schattenblättern angepasst.
Durch Einwirkung des Sonnenlichtes wird die Keimung bei bestimmten Pflanzen gefördert oder gehemmt. Die Gartenkresse benötigt Licht für die Keimung und wird als **Lichtkeimer** bezeichnet. Dagegen wird die Keimung bei der Taubnessel durch Helligkeit gehemmt. Sie ist ein **Dunkelkeimer.** Die Dauer der täglichen Belichtung hat bei einigen Pflanzen Einfluss auf die Blütenbildung. Paprika ist

eine **Kurztagspflanze,** die bei einer täglichen Beleuchtungsdauer von weniger als 12 Stunden Blüten bildet. Zu den **Langtagspflanzen** zählt die Möhre. Sie bildet bei einer Beleuchtungsdauer über 12 Stunden Blüten aus.
Im Herbst werden die Tage kürzer und damit auch die Länge der Lichteinstrahlung auf Laubbäume. Dies bewirkt den Abbau des Chlorophylls im Laubblatt und damit die Laubfärbung.

Lichteinfluss auf Tiere

Auch Tiere sind vom Licht abhängig. Der Wechsel von Licht und Dunkelheit bewirkt unterschiedliches Verhalten in Abhängigkeit von der Helligkeit. Singvögel und Honigbienen begeben sich tagsüber auf Nahrungssuche, sie sind **tagaktiv.** Eulen, Dachse und der Igel verlassen nachts ihre Behausungen und Verstecke um zu jagen. Sie sind **nachtaktive** Tiere. Zu den **dämmerungsaktiven** Tieren zählen viele Fledermausarten. Die Dämmerungszeit ist ihre bevorzugte Jagdzeit. ► Räuber und Beutetiere haben meist den gleichen Tag- und Nachtrhythmus.

Die kürzer werdenden Tage im Herbst sind das Signal für verschiedene Tiere, sich auf den Winter vorzubereiten. Weißstörche und Rauchschwalben begeben sich auf den Vogelzug in ihre Winterquartiere. Igel und Murmeltier beginnen ihren Winterschlaf.

■ Der abiotische Umweltfaktor Licht beeinflusst Pflanzen und Tiere. Die Sonneneinstrahlung kann fördernd oder hemmend auf die Lebewesen wirken. Es gibt tages- und jahreszeitliche Rhythmen.

1 Bärlauch im Laubwald

Erkundungen und Messungen in einem Ökosystem

Um einen Lebensraum selbst zu untersuchen, macht ihr einen kürzeren Unterrichtsgang oder sogar eine ganztägige **Exkursion.** Dabei geht ihr hinaus in die Natur und erkundet ein Ökosystem genauer. Solch eine ökologische Exkursion muss gut vorbereitet werden. In Teams bearbeitet ihr verschiedene Aufgaben. Die Ergebnisse präsentiert ihr hinterher in geeigneter Form.

Planung
Die Planung richtet sich zunächst danach, welches Ökosystem untersucht werden soll und wieviel Zeit zur Verfügung steht.
Ihr braucht eine Landkarte oder eine Kartenskizze vom Exkursionsgelände. Vielleicht müsst ihr noch die Genehmigung des Besitzers einholen.
Dann plant ihr, welche ▶ abiotischen Faktoren gemessen werden sollen und wie ihr Pflanzen und Tiere erkunden wollt. Danach richtet sich, welche Ausrüstungsgegenstände ihr mitnehmt. Auch an die passende Kleidung und den Proviant muss gedacht werden. Fertigt am besten eine für euch zutreffende Checkliste an.

Durchführung
Zuerst verschafft ihr euch einen Überblick über das Untersuchungsgelände. Ihr legt jetzt die einzelnen Aufgaben der Teams endgültig fest. **Beobachten, Messen, Sammeln** und **Bestimmen** sind die Haupt-

1 Erkundung im Team

tätigkeiten im Untersuchungsgebiet. Das **Protokollieren** der Beobachtungen und Messergebnisse ist für die spätere Auswertung wichtig. Im Protokoll haltet ihr neben Datum, Ort und Lebensraum auch die Uhrzeit und die Wetterbedingungen fest. Fotos und Zeichnungen sind hilfreich. Messwerte werden in Messtabellen notiert.

Beachtet die **Naturschutzbestimmungen.** Geschützte Pflanzen und Tiere dürfen nicht gepflückt oder gefangen werden. Alle anderen Tiere müssen nach der Untersuchung wieder an ihren ursprünglichen Ort zurückgebracht werden.

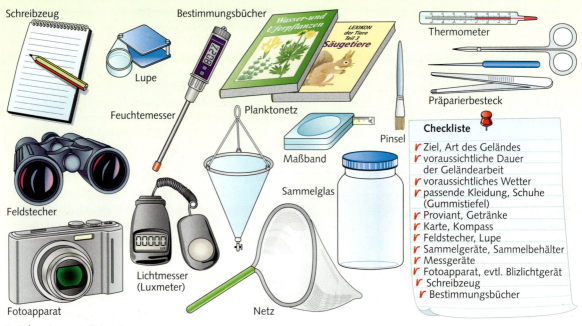

Schreibzeug

Bestimmungsbücher

Thermometer

Lupe

Präparierbesteck

Feuchtemesser

Planktonnetz

Pinsel

Checkliste

Maßband

✔ Ziel, Art des Geländes
✔ voraussichtliche Dauer
  der Geländearbeit
✔ voraussichtliches Wetter
✔ passende Kleidung, Schuhe
  (Gummistiefel)
✔ Proviant, Getränke
✔ Karte, Kompass
✔ Feldstecher, Lupe
✔ Sammelgeräte, Sammelbehälter
✔ Messgeräte
✔ Fotoapparat, evtl. Blizlichtgerät
✔ Schreibzeug
✔ Bestimmungsbücher

Sammelglas

Feldstecher

Lichtmesser
(Luxmeter)

Fotoapparat

Netz

2 Exkursionsausrüstung

Auswertung

Im Fachraum werden die Untersuchungen ausgewertet. Einige Pflanzen- und Tiernamen lassen sich jetzt noch bestimmen. Mit Stereolupe oder Mikroskop könnt ihr Tier- und Pflanzenteile genauer untersuchen. Vielleicht lassen sich noch Experimente anschließen.
Gesammelte Pflanzen könnt ihr für das Herbarium bearbeiten. Alle gewonnenen Ergebnisse werden für die Präsentation vorbereitet.

Präsentation

Zur Präsentation der Ergebnisse bieten sich verschiedene Möglichkeiten an, die ihr auch kombinieren könnt. Auf Stellwänden und Plakaten lassen sich Karten, Zeichnungen, Fotos und Messdaten präsentieren. Gesammelte Pflanzen könnt ihr im Herbarium oder in einer Ausstellung zeigen. Klare Überschriften und kurze Texte helfen dem Betrachter. Ihr solltet eure Ergebnisse auch in einem kurzen Vortrag erklären können.

Messprotokoll

Team:　　　　Datum:
Ort:　　　　　Uhrzeit:
　　　　　　　Wetter:
Lebensraum:

	Standort	
	I	II
Wassertrübung		
Lufttemperatur		
Wassertemperatur		
pH-Wert		
Sauerstoffgehalt		
Kalk im Boden		

3 Protokoll

Messung des pH-Wertes

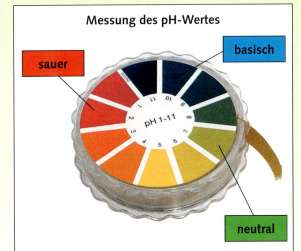

Wässrige Lösungen können sauer sein, neutral oder basisch (alkalisch, laugenartig). Viele Pflanzen und Tiere vertragen nur neutrale Böden oder Gewässer. Manche sind an eine leicht saure oder leicht alkalische Umgebung angepasst.

Säure kennen wir als Geschmack, basische Lösungen sind oft seifenartig. Im Fachraum und Gelände sind Geschmacksproben aber verboten. Man misst den Säuregrad mit **pH-Testpapier,** das mit einem Farbstoff getränkt ist, der sich verfärbt. Dazu taucht man das Papier in das Wasser. Mithilfe einer Farbskala kann man den pH-Wert ablesen.
pH-Werte kleiner als 7 bedeuten: sauer
pH-Wert 7 bedeutet: neutral
pH-Werte größer als 7 bedeuten: basisch (alkalisch).

🔍 **1. a)** Prüfe mit pH-Testpapier die pH-Werte von Essig, Leitungswasser, Spülmittel und gelöstem Küchennatron.
b) Miss die pH-Werte von Regenwasser, Teichwasser und Aquarienwasser.
c) Ordne die Proben den Bereichen sauer, neutral und basisch zu.

🔍 **2.** Tropfe verdünnte Salzsäure auf Eierschalen und auf verschiedene Steine. Beobachte die Reaktionen. Triff Aussagen über den Kalkgehalt.

Messung des Kalkgehaltes

Kalk im Boden sorgt für einen ausgeglichenen pH-Wert. Viele Pflanzen und Tiere benötigen Kalk, andere vertragen keinen Kalk.

Ob und wie viel Kalk vorhanden ist, kann man feststellen, indem man einen Tropfen verdünnte Salzsäure auf das Gestein oder den Boden gibt.

Schaumbildung		Kalkgehalt
stark	$\Rightarrow$	hoch
schwach	$\Rightarrow$	gering
keine	$\Rightarrow$	kalkfrei

19

Messergebnisse grafisch darstellen

Die Werte aus Messtabellen lassen sich oft anschaulicher in Form eines Diagramms darstellen. Wie geht man dabei vor? Zuerst muss der richtige Diagrammtyp gewählt werden. Häufig ist dabei die Entscheidung zwischen einem Säulendiagramm und einem Kurvendiagramm zu fällen.

Waldtyp	Lichtmenge in Lux
Buchenwald	1 600
Fichtenwald	840
Mischwald	5 600

A

Abstand vom Waldrand (m)	Lichtmenge in Lux
0	18 000
2	8 500
4	3 200
6	1 400
8	1 500
10	1 400

B

1 Tabellarische Darstellung von Messwerten. A *Lichtmenge in verschiedenen Wäldern;* B *Lichtmenge in Abhängigkeit vom Abstand vom Waldrand*

Säulendiagramm

Dieser Diagrammtyp ist richtig, wenn man die Messwerte für verschiedene Situationen vergleicht. Im Beispiel A wird die Lichtmenge in verschiedenen Wäldern verglichen.

Wie lang muss ich die senkrechte Achse zeichnen und wie teile ich sie ein?
Der größte Messwert muss Platz finden und das Diagramm soll nicht zu groß und nicht zu klein sein. Im Beispiel A beträgt der größte Messwert 5600 Lux. Man könnte die Achse also etwa 12 cm lang zeichnen und je 2 cm 1000 Lux auftragen. Die Breite der Säulen kann man auf der waagerechten Achse so wählen, dass sie sich gut auf das Diagramm verteilen. Die Säulenhöhen sind durch die Messwerte vorgegeben.
Die Achsen und die Säulen werden beschriftet und das Diagramm bekommt einen Titel. Zum Schluss kann man das Diagramm noch farbig gestalten.

Kurvendiagramm

Dieser Diagrammtyp ist richtig, wenn die Messwerte einen zeitlichen Verlauf haben oder von anderen Messwerten abhängen. Im Prinzip könnte man auch noch dazwischen liegende Werte messen. Im Beispiel B hängt die Lichtmenge davon ab, wie weit man vom Waldrand entfernt ist.

Was trage ich auf welche Achse auf?
Auf die senkrechte Achse wird das aufgetragen, um das es geht, hier die Lichtmenge. Auf die waagerechte Achse wird das aufgetragen, wovon die Messwerte abhängen. Hier ist es der Abstand vom Waldrand.
Die Achseneinteilung und Beschriftung erfolgt wie beim Säulendiagramm beschrieben.
Die Messwerte werden nun als kleine Kreuzchen in das Diagramm eingetragen. Die Kreuzchen werden durch eine Kurve verbunden.

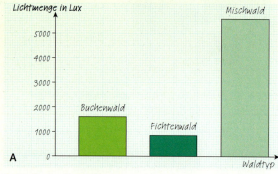

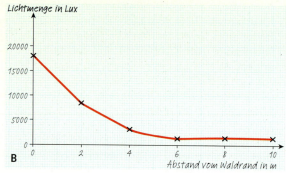

2 Grafische Darstellung von Messwerten. A *Säulendiagramm;* B *Kurvendiagramm*

1. Stelle die nebenstehenden Messwerte aus einer Teichexkursion in einem geeigneten Diagramm dar.

Wassertiefe in cm	5	10	20	50	80	120
Temperatur in °C	24	20	18	16	15	10

Diagramme mit dem Computer erstellen und auswerten

Die Bildfolge zeigt dir, wie du **ein Diagramm mit dem Computer erstellen** kannst.

1. Öffne ein Tabellenkalkulations-Programm und gib die Daten in die Zellen der Programm-Tabelle ein.

2. Markiere nun mit der Maus die Zellen der Tabelle, von denen das Diagramm erstellt werden soll. Klicke dann das Diagramm-Symbol 📊 an. Jetzt öffnet sich in einem Fenster der „Diagramm-Assistent". Du kannst zwischen verschiedenen Diagrammtypen wählen.

3. Mit einem **Kreisdiagramm** kannst du die verschiedenen Anteile von einer Gesamtheit darstellen, zum Beispiel die Zusammensetzung der Luft. Ein **Säulendiagramm** bietet sich für Vergleiche an, zum Beispiel der Wuchshöhen verschiedener Bäume. Soll wie in Bild 1 eine Größe wie die Temperatur in Abhängigkeit von einer anderen, der Tageszeit, dargestellt werden, musst du das **xy-Diagramm** wählen. Achte darauf, dass du auf der x-Achse die vorgegebene Größe, hier die Tageszeit, und auf der y-Achse die davon abhängige Größe, die Temperatur, aufträgst.

4. Beschrifte die Achsen mit den Größen und Einheiten. Gib dem Diagramm einen Titel.

5. Nun kannst du das Diagramm noch gestalten, bevor du es speicherst und ausdruckst.

Gehe zur **Diagrammauswertung** schrittweise vor:

1. Schreibe zuerst in einem Satz auf, was das Diagramm darstellt:

„Das Diagramm zeigt die Temperatur in einem Wald und auf einer Wiese abhängig von der Tageszeit."

2. Formuliere grundlegende Sachverhalte, die sich aus dem Diagramm ablesen lassen:

„Im Laufe des Tages steigen die Temperaturen sowohl auf der Wiese als auch im Wald bis zum Nachmittag an und fallen dann wieder ab. Im Wald sind die Temperaturunterschiede aber geringer als auf der Wiese."

3. Versuche zuletzt Gründe für die Sachverhalte zu finden. Gib, wo es passt, weitere Erläuterungen:

„Die Sonne erwärmt im Tagesverlauf die Luft. Da im Wald mehr Wasser verdunstet als auf der Wiese, bleibt es hier kühler. Aber auch in der Nacht kühlt der Wald weniger aus, da Wasser (Feuchtigkeit) ein guter Wärmespeicher ist. Wälder regulieren das Klima."

Tageszeit in	h	6	10	12	15	19	22
Wiese: Temp. in	°C	10	17	24	28	25	18
Wald: Temp. in	°C	14	16	19	24	22	19

A

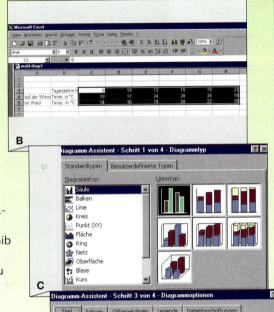

B

C

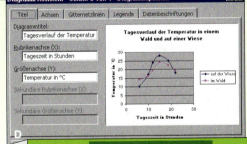

D

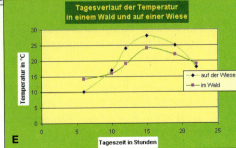

E

📖 **1.** In einem Wald wurde in etwa 10 m Höhe einen Tag lang die Kohlenstoffdioxid (CO_2)-Konzentration gemessen. Erstelle aus den Messdaten ein Diagramm und werte es aus.

1 Ein Diagramm erstellen.
A *Messtabelle;* **B** *Eingabe der Messdaten in die Programm-Tabelle;*
C *Auswahl des Diagrammtyps;*
D *Benennung des Titels und der Achsen;*
E *fertiges xy-Diagramm*

Tageszeit	h	6	9	12	15	18	21	24
CO_2-Konz.	%	0,034	0,032	0,031	0,03	0,031	0,032	0,033

Zeigerarten geben Hinweise auf ihren Standort

1. Erläutere den Begriff Zeigerart am Beispiel der Türkenbundlilie.

2. Notiere Zeigerarten, die im Auenwald feuchten Boden anzeigen.

1 **Zeigerpflanzen im Auenwald. A** *Türkenbundlilie;* **B** *Bitteres Schaumkraut;* **C** *Schwarzer Holunder*

Zeigerpflanzen im Auenwald

Im Auenwald finden wir viele Pflanzenarten. An Gräben und Tümpeln wachsen zum Beispiel **Feuchtezeiger** wie Schwarz-Erle, Grau-Erle und Flatter-Ulme. Auch Sumpfstern-Miere, Bitteres Schaumkraut und Bärlauch zeigen einen feuchten Boden an.

Auenwälder haben einen hohen Grundwasserstand. Von Zeit zu Zeit werden sie vom Frühjahrshochwasser überschwemmt. Dabei erhält der Boden durch Schlammablagerungen neue Nährstoffe. Unter den abgelagerten Bodenschichten befinden sich kalkreiche Sedimente. Sie haben einen leicht basischen ▶ pH-Wert. Hier siedeln **Kalkzeiger** wie Türkenbundlilie und Salomonssiegel.

In Randbereichen und an Wegen sieht man in Auenwälder häufig Schwarzen Holunder und Zaun-Giersch. Sie sind **Stickstoffzeiger** und weisen auf einen hohen Nitratgehalt hin.
Für Pflanzen spielen demnach die abiotischen Umweltfaktoren wie Wasser, Licht, Temperatur und Bodenbeschaffenheit eine große Rolle.

Besonders die chemischen Eigenschaften des Bodens wie pH-Wert, Stickstoff- und Salzgehalt bestimmen das Bild der Vegetation. So findet man zum Beispiel auf mineralsalzreichen, lehmigen Böden einen artenreichen Auenwald. Die Pflanzen, die hier gedeihen, besitzen unterschiedliche ▶ ökologische Potenzen. Manche Arten haben einen sehr engen ▶ Toleranzbereich für einen bestimmten Umweltfaktor. Ihr Vorkommen weist deshalb auf charakteristische Standortbedingungen hin. Man kann sie als **Zeigerarten** nutzen.

Zeigerpflanzen im Kiefernwald

Ganz anders als in einem Auenwald sieht es dagegen in einem lichten Kiefernwald aus. Hier findet man Zeigerpflanzen, die Licht, Trockenheit und kalkarme, saure Böden anzeigen. Hierzu gehören zum Beispiel Besen-Heide, Preisel- und Blaubeeren.

■ **Zeigerarten haben einen sehr engen Toleranzbereich bezogen auf einen bestimmten Umweltfaktor. Ihr Vorkommen lässt auf bestimmte Umweltbedingungen wie Lichtverhältnisse, Feuchtigkeit und Bodeneigenschaften schließen.**

Zeigerpflanzen

N	Stickstoffzeiger
🔴	Säurezeiger
⚪	Kalkzeiger
🔵	Feuchtezeiger
⊠	Trockenheitszeiger
☀	Lichtzeiger
⚫	Schattenzeiger
NaCl	Salzzeiger

Große Brennessel
N

Kuhschelle
⚪

Heidekraut
🔴 ☀

Trollblume
🔵

Kandische Goldrute
N ☀

Kleiner Sauerampfer
🔴

Acker-Rittersporn
⚪

Gemeiner Queller
NaCl

Karthäusernelke
⊠ ☀

Giersch
N

Wald-Sauerklee
⚪

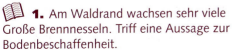

📖 **1.** Am Waldrand wachsen sehr viele Große Brennesseln. Triff eine Aussage zur Bodenbeschaffenheit.

📖 **2.** Nenne jeweils zwei Licht- und zwei Schattenzeiger.

Eine Gemeinschaft vieler Lebewesen – biotische Umweltfaktoren

1. Links oben im Bild ist der Habicht und rechts der Sperber mit möglichen Beutetieren dargestellt.
a) Nenne mögliche Beutetiere der beiden Greifvögel.
b) Finde heraus, ob Habicht und Sperber in Nahrungskonkurrenz zueinander stehen.

2. Eine Fichte, die einzeln steht, hat eine andere Wuchsform als eine Fichte im Wald.
a) Beschreibe die Unterschiede.
b) Erkläre die unterschiedlichen Wuchsformen.

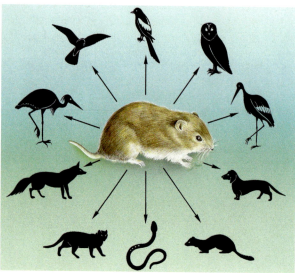

3. Feldmäuse haben viele Fressfeinde.
a) Erläutere diesen Sachverhalt mithilfe der Abbildung.
b) Erstelle eine Nahrungskette mit mindestens vier Gliedern, in der auch die Feldmaus vorkommt.
c) Ordne den Gliedern der Nahrungskette die Begriffe Produzent, Konsument oder Reduzent zu.
d) Begründe, warum Feldmäuse trotz vieler Fressfeinde nicht aussterben.

Lebewesen machen sich Konkurrenz

Pflanzen und Tiere sind nicht nur von ▸abiotischen Umweltfaktoren abhängig. Wechselwirkungen zwischen den Lebewesen in ihrem Lebensraum bestimmen oft deren Vorkommen, Wachstum und Entwicklung. Diese Einflüsse fasst man als **biotische Umweltfaktoren** zusammen.

Lebewesen stehen in einem ständigen Wettbewerb um Lebensraum, Nahrung und Fortpflanzungspartner. Diesen Wettbewerb nennt man **Konkurrenz.**
Wächst zum Beispiel eine Rot-Buche auf freiem Feld, bildet sie einen mächtigen Stamm und eine ausladende Krone aus. An diesem Standort gibt es keine Konkurrenten, die dem Baum Licht, Wasser, Mineralstoffe und Raum streitig machen. In einem Buchenwald entwickelt sich der Baum ganz anders. Sein Stamm bleibt dünner und wächst weiter empor. Die Krone ist kleiner. Die einzelne Rot-Buche steht im dichten Bestand in **Raumkonkurrenz** zu ihren Nachbarbäumen.

1 kämpfende Rothirsche

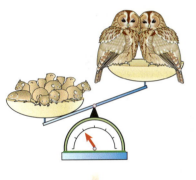

Auch zwischen den Tieren des Waldes besteht Konkurrenz. Füchse erbeuten Feldmäuse, um sich und ihre Jungen zu ernähren. Sie stehen in **Nahrungskonkurrenz** mit anderen Füchsen. Dieser Wettbewerb findet auch zwischen Lebewesen verschiedener Arten statt. So ernähren sich zum Beispiel auch Waldohreule, Waldkauz, Graureiher, Kreuzotter und andere Räuber von Feldmäusen. Jagen sie jedoch zu unterschiedlichen Tageszeiten oder haben sie auch noch andere Beutetiere, so können sie der Konkurrenz ausweichen. Man sagt, jede Art besetzt eine ▸**ökologische Nische.**

Fortpflanzungskonkurrenz spielt ebenfalls eine große Rolle. Die Weibchen von Greifvögeln zum Beispiel bevorzugen große, stattliche Männchen mit gesundem Gefieder. Die Größe der Jagdbeute als Hochzeitsgeschenk ist ebenfalls für die Partnerwahl entscheidend. Rothirsche kämpfen mit den Geweihstangen. Der Kampf um das Weibchen ist beendet, wenn ein Rivale zurückweicht.

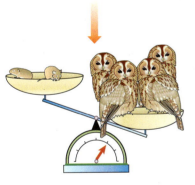

Ökologisches Gleichgewicht

Die **Räuber-Beute-Beziehung** zwischen Tieren wie der Feldmaus und dem Waldkauz als einer der Fressfeinde ist eine komplizierte Wechselbeziehung. Trotz ihrer zahlreichen Fressfeinde sterben Feldmäuse nicht aus. Die Weibchen bringen jeweils bis zu siebenmal im Jahr drei bis zwölf Junge zur Welt. Die Jungtiere sind schon nach wenigen Wochen geschlechtsreif und pflanzen sich fort.
Gibt es mehrere Jahre viele Mäuse, finden die Räuber reichlich Beute und vermehren sich stark. Der Waldkauz kann zum Beispiel mehr Jungtiere aufziehen. Die Zahl der Räuber nimmt im Lebensraum zu. Viele Räuber erbeuten viele Mäuse, wodurch deren Zahl wieder abnimmt. Bleibt die zahlenmäßige Zusammensetzung der Arten über einen bestimmten Zeitraum im Ökosystem etwa gleich, spricht man von einem **ökologischen Gleichgewicht.**

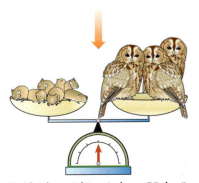

2 Gleichgewicht zwischen „Räuber" und „Beute"

■ Pflanzen und Tiere beeinflussen sich in einer Biozönose gegenseitig und sind voneinander abhängig. Verschiedene Formen der Konkurrenz und Räuber-Beute-Beziehungen sind wichtige biotische Umweltfaktoren. Ein stabiles Ökosystem befindet sich im ökologischen Gleichgewicht.

Stoffkreisläufe und Energiefluss

1. a) Zeichne in deinem Hefter das Schema einer Nahrungspyramide mit vier Stufen. Ordne jeder Stufe in der Pyramide Organismen des Ökosystems See zu.
b) Erläutere, welche Stellung der Mensch in einer Nahrungspyramide einnimmt.

2. a) Erkläre den Kohlenstoffkreislauf in einem Ökosystem. Erstelle dazu eine Folie und präsentiere diese.
b) Erläutere die Kopplung des Kohlenstoffkreislaufs mit dem Sauerstoffkreislauf.

3. Die Uratmosphäre enthielt keinen Sauerstoff. Informiere dich über ihre Zusammensetzung und wie es im Verlauf der Erdgeschichte zur Anreicherung mit Sauerstoff kam.

4. Die Lehrkraft zeigt euch einen Versuch zum Nachweis von Kohlenstoff in Biomasse.

Materialien: Reagenzgläser, Reagenzglashalter, Gasbrenner und verschiedene Stoffproben (zum Beispiel Laubblätter, Holz, Getreidekörner, Kochsalz, Zucker, Sand, Kreide, Eiklar).
Durchführung: Die Stoffproben werden in die Reagenzgläser gefüllt und über die Flamme des Brenners gehalten, bis sich diese nicht mehr verändern.
a) Notiere deine Beobachtungen.
b) Werte die Beobachtungen bezüglich des Kohlenstoffgehalts der Stoffproben aus.

Produzenten, Konsumenten und Reduzenten

Pflanzen mit Chloroplasten bauen bei der ▸Fotosynthese Biomasse auf. Das heißt, grüne Pflanzen wie Bäume, Sträucher, Kräuter, Gräser, Moose und Farne wandeln mithilfe des Lichts körperfremde anorganische Stoffe (Kohlenstoffdioxid und Wasser) in Sauerstoff und körpereigene organische Stoffe (Traubenzucker und andere Nährstoffe) um. Man bezeichnet sie deshalb auch als Erzeuger oder **Produzenten.** Sie stehen am Anfang von Nahrungsbeziehungen.

Ein Teil der Nährstoffe wird von den Pflanzen bei der ▸Zellatmung selbst verbraucht. Das dabei entstehende Kohlenstoffdioxid geben die Pflanzen wieder an die Luft ab.

Von den Produzenten leben Tiere und der Mensch. Sie nehmen diese körperfremden organischen Stoffe auf und wandeln sie in körpereigene organische Stoffe um. Solche Organismen nennt man Verbraucher oder **Konsumenten.** Ein Teil der aufgenommenen Stoffe wird bei der Zellatmung direkt zur Energiegewinnung genutzt. Dabei verbrauchen die Lebewesen Sauerstoff und geben Kohlenstoffdioxid ab.
Tiere, die sich direkt von Pflanzen ernähren wie Raupen oder Rehe, heißen Konsumenten 1. Ordnung. Von Raupen ernähren sich Tiere wie Ameisen oder kleine Vögel. Solche Tiere sind Konsumenten 2. Ordnung. Kleinere Vögel dienen wiederum größeren Raubtieren wie Marder oder Greifvogel als Nahrung. Diese werden Konsumenten 3. Ordnung genannt. Stehen sie am Ende einer Nahrungskette, bezeichnet man sie als Endkonsumenten.

1 Kreislauf des Kohlenstoffs und Sauerstoffs

Ein Teil der Pflanzen wird jedoch nicht gefressen, sondern stirbt ab und fällt zu Boden. Dazu zählen Blätter und tote Äste. Sie werden ebenso wie tote Tiere von Bodenorganismen und Bakterien abgebaut. Diese Lebewesen bezeichnet man als Zersetzer oder **Reduzenten.** Sie bilden ihre körpereigenen organischen Stoffe durch Aufnahme toter, körperfremder organischer Stoffe. Dabei brauchen die meisten Zersetzer Sauerstoff zum Leben. Sie bauen auch tote organische Stoffe zu anorganischen Stoffen wie Kohlenstoffdioxid und Mineralstoffe ab. Die beim Abbau entstehenden Mineralstoffe und Kohlenstoffdioxid nehmen die Pflanzen wieder auf und nutzen sie für ihr Wachstum. Damit ist der **Stoffkreislauf** geschlossen. Stoffkreisläufe in Ökosystemen umfassen alle Prozesse des Aufbaus, Umbaus und Abbaus von Stoffen der Produzenten, Konsumenten und Reduzenten.

Nahrungspyramide
Nahrungsbeziehungen zwischen Produzenten und Konsumenten lassen sich in Form einer ▸**Nahrungspyramide** darstellen, bei der die Gesamtbiomasse der Organismen und damit auch die verfügbare Energie von Stufe zu Stufe abnimmt.
Ebenso nimmt die Individuenzahl in den Stufen von den Produzenten zu den Endkonsumenten ab.

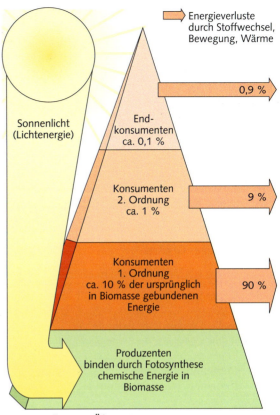

Energieverluste durch Stoffwechsel, Bewegung, Wärme

Sonnenlicht (Lichtenergie)

Endkonsumenten ca. 0,1 %

0,9 %

Konsumenten 2. Ordnung ca. 1 %

9 %

Konsumenten 1. Ordnung ca. 10 % der ursprünglich in Biomasse gebundenen Energie

90 %

Produzenten binden durch Fotosynthese chemische Energie in Biomasse

3 Energiefluss im Ökosystem

Energiefluss
Die in der Biomasse gespeicherte chemische Energie wird in der Nahrungskette von Ernährungsstufe zu Ernährungsstufe weitergegeben. In jeder Ernährungsstufe wird von den Lebewesen Energie zur Aufrechterhaltung von Stoff- und Energiewechselprozessen benötigt. Durch Atmung, Ausscheidung und Wärmeverlust erfolgt eine Energieabnahme pro Stufe bis zu 90 % der jeweils verfügbaren Energie. Nur ca. 10 % werden weitergegeben. Beim Endkonsumenten kommen nur etwa 0,1 % der von den Pflanzen ursprünglich aufgenommenen Sonnenenergie an. Der **Energiefluss** im Ökosystem erfolgt in eine Richtung und nimmt also bis zum Endkonsumenten hin ab.

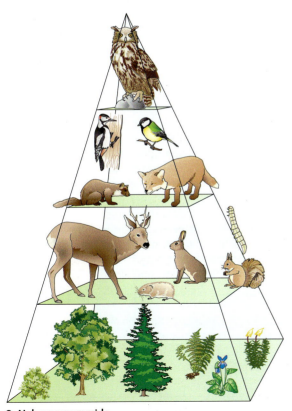

2 Nahrungspyramide

■ Das Zusammenleben von Organismen in einem Ökosystem ist geprägt von Beziehungen zwischen Produzenten, Konsumenten und Reduzenten in Form von Stoffkreisläufen. Der Energiefluss dagegen erfolgt nur in eine Richtung und nimmt vom Produzenten zum Endkonsumenten hin ab.

Wirbellose im Wasser bestimmen

Kleine, wirbellose Tiere in Seen, Teichen und Flüssen kannst du mithilfe eines Bestimmungsschlüssel bestimmen und die Namen der Tiergruppen finden.

📖 **1. a)** Fange mit einem Netz wirbellose Wassertiere und gib diese in ein Sammelglas mit Wasser.
b) Bestimme möglicht viele Tiere mit dem nachfolgenden Bestimmungsschlüssel.

1	stabile Schalen oder stabiles Gehäuse vorhanden	2
1*	stabile Schalen oder stabiles Gehäuse fehlen	3
2	zweiteiliges Gehäuse	**Muscheln**
2*	einteiliges Gehäuse	**Schnecken**
3	Körper nicht gegliedert	**Strudelwürmer**
3*	Körper gegliedert	4
4	deutlich gegliederte Beine fehlen	5
4*	deutlich gegliederte Beine vorhanden	6
5	Körperanhänge fehlen	**Wenigborster und Egel**
5*	Körperanhänge vorhanden	**Fliegenlarven und Mückenlarven**
6	mehr als drei Beinpaare	7
6*	drei Beinpaarer	8
7	mehr als vier Beinpaare	**Flohkrebse und Asseln**
7*	vier Beinpaare	**Spinnen und Milben**
8	Flügel vorhanden	9
8*	Flügel fehlen	10
9	Vorderflügel als derbe Deckflügel	**Wasserkäfer**
9*	nur Vorderhälfte der Vorderflügel derb	**Wasserwanzen**
10	Tier im Köcher aus Steinen oder Pflanzenteilen. . . .	**Köcherfliegenlarve**
10*	Tier ohne Köcher	11
11	ein fadenförmiger Hinterleibsanhang	**Schlammfliegenlarven**
	zwei fadenförmige Hinterleibsanhänge	**Steinfliegenlarven**
	drei fadenförmige Hinterleibsanhänge	**Eintagsfliegenlarven**
	drei plattenförmige Hinterleibsanhänge	**Kleinlibellenlarven**

bis 20 mm

Kugelmuschel

bis 60 mm

Schlammschnecke

bis 26 mm

Milchweißer Strudelwurm

bis 60 mm

Rollegel

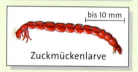

bis 10 mm

Zuckmückenlarve

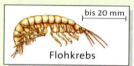

bis 20 mm

Flohkrebs

bis 16 mm

Wasserspinne

bis 35 mm

Gelbrandkäfer

bis 35 mm

Rückenschwimmer

bis 15 mm

Masken-Köcherfliege

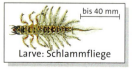

bis 40 mm

Larve: Schlammfliege

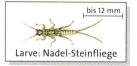

bis 12 mm

Larve: Nadel-Steinfliege

bis 9 mm

Larve: Fliegenhaft

bis 30 mm

Larve: Binsenjungfer

Wir untersuchen einen See

📖 **1.** Erstelle eine Mindmap zum Thema „Ökosystem See".

✍ **2.** Vergleiche die abgebildeten Seen miteinander.
a) Nenne abiotische Umweltfaktoren, die du bei den einzelnen Seen erkennst.
b) Beschreibe das Aussehen der jeweiligen Uferzonen. Stelle Vermutungen an, welche Pflanzen und Tiere dort leben können.
c) Belege deine Vermutungen mit Fotos und Texten.
d) Stelle die Ergebnisse deiner Arbeit in einem Kurzvortrag vor.

✍ **3.** Das Foto rechts zeigt den Cospudener See im Leipziger Neuseenland.
a) Recherchiere, wie der See entstanden ist.
b) Finde die Bedeutung dieses sächsischen Sees heraus und stelle ihn auf einem Plakat vor.

LEIPZIGER NEUSEENLAND

🔍 **4.** Plant einen Unterrichtsgang zu einem Gewässer in der Nähe der Schule. Stellt eure Vorbereitungen, Untersuchungen, Beobachtungen und die Auswertung der Ergebnisse in einer Sachmappe zusammen.
Informationen zur praktischen Durchführung der Experimente sowie benötigte Geräte und Materialien findet ihr auf den Methodenseiten „Messungen und Erkundungen in einem Ökosystem".
a) Betrachtet das Gewässer genau. Fertigt eine Geländeskizze vom Exkursionsgebiet an. Achtet dabei besonders auf die Uferzonen.
b) Notiert mindestens fünf abiotische Umweltfaktoren, die in diesem Ökosystem wirken.
c) Entnehmt Wasserproben an verschiedenen Stellen des Sees. Bestimmt die Wassertemperatur, den pH-Wert und den Nitratgehalt des Wassers. Wertet die Messergebnisse aus.
d) Beobachtet Tiere am See und notiert ihre Namen. Beschreibt mögliche Nahrungsbeziehungen und Wechselwirkungen zwischen den Tieren.
e) Fangt mithilfe eines Netzes kleine, wirbellose Tiere und bestimmt diese mithilfe des Bestimmungsschlüssels auf der linken Seite.

🔍 **5.** Die Wasserqualität lässt sich auf einfache Weise mit den Sinnesorganen Augen und Nase abschätzen.
Untersucht die entnommenen Wasserproben nach folgenden Kriterien und beurteilt die Wasserqualität.

Färbung:
farblos ☐ gelblich ☐ grünlich ☐ bräunlich ☐

Trübung:
klar ☐ schwach getrübt ☐ stark getrübt ☐

Geruch:
geruchlos ☐ schwacher Geruch ☐ stark fauliger Geruch ☐

Seen sind verschieden

Wandert man an einem naturbelassenen See entlang, findet man an der vom Wind geschützten Seite meist eine dicht bewachsene Uferzone. In dem klaren und sauerstoffreichen Wasser wachsen zahlreiche Pflanzen. Viele Tiere leben im Röhricht der Pflanzen im und am See. Als Badeseen werden häufig Baggerseen genutzt. Sie haben meist Schotter- oder Sandufer beziehungsweise künstlich angelegte Grasufer. In diesem Uferbereich gedeihen nur wenige Pflanzen. Die Aktivitäten der Menschen haben die meisten Tiere vertrieben. See ist also nicht gleich See. Neben den Seen gehören auch kleine und flache Weiher, Teiche und Tümpel zu den stehenden Gewässern. ▶ Abiotische Umweltfaktoren, zum Beispiel Licht, Wind, Wassertemperatur, Sauerstoff- und Nitratgehalt, pH-Wert sowie Schadstoffeinträge beeinflussen die Qualität der Gewässer und damit auch die Lebensbedingungen der Pflanzen und Tiere. Pflanzen, Tiere und ihre Beziehungen zueinander nennt man ▶ biotische Umweltfaktoren.

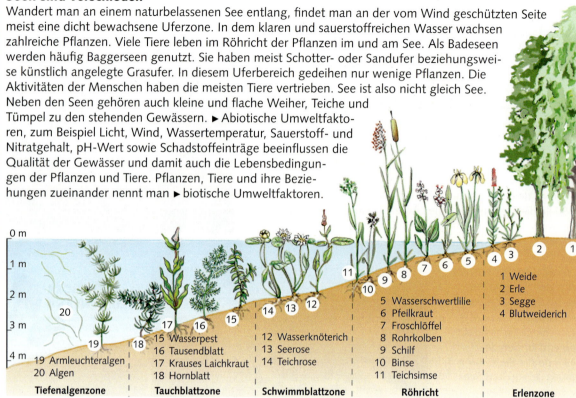

1 Weide
2 Erle
3 Segge
4 Blutweiderich

5 Wasserschwertlilie
6 Pfeilkraut
7 Froschlöffel
8 Rohrkolben
9 Schilf
10 Binse
11 Teichsimse

12 Wasserknöterich
13 Seerose
14 Teichrose

15 Wasserpest
16 Tausendblatt
17 Krauses Laichkraut
18 Hornblatt

19 Armleuchteralgen
20 Algen

Tiefalgenzone | Tauchblattzone | Schwimmblattzone | Röhricht | Erlenzone

1 Pflanzenzonen eines naturbelassenen Sees

Pflanzenzonen eines Sees

Geht man über einen Steg vom Land zum offenen Wasser, erkennt man, dass sich der Pflanzenwuchs des Uferbereichs auf einer Strecke von wenigen Metern schnell ändert. Der Pflanzenwuchs wird scheinbar niedriger. Zuletzt ragen nur noch schwimmende Blätter und Blüten über die Wasseroberfläche. Weiter draußen sind Pflanzen dann ganz untergetaucht.

Im Uferbereich, der **Erlenzone,** wachsen Weiden und Erlen. Darunter blüht der Blutweiderich, Binsen und Seggen breiten sich hier aus. Die Pflanzen dieser Zone vertragen ständig hohes Grundwasser. Am Uferrand, wo immer Wasser steht, beginnt das **Röhricht.** Hier gedeihen Schilf- und Rohrkolben sowie Schwertlilien, Pfeilkraut und Froschlöffel. Sie kommen bis zu einer Wassertiefe von 1,5 m vor. An das Röhricht schließt sich die **Schwimmblattzone** an. Zu den ▶ Schwimmblattpflanzen zählen gelb blühende Teichrosen und weiß blühende Seerosen sowie rosa blühender Wasserknöterich. In der **Tauchblattzone** leben Wasserpflanzen, die ganz untergetaucht sind, wie Laichkräuter, Tausendblatt, Wasserpest und Hornkraut. Sie werden vom Wasser gestützt. Stängel und Laubblätter benötigen deshalb keine Schutzschicht oder Festigungsgewebe.

In der **Tiefalgenzone** wachsen in klaren Seen Quellmoos und Armleuchteralgen. Sie bilden auf dem Seeboden große Unterwasserwiesen. Andere ▶ Algen findet man in allen Zonen des Sees. Die mikroskopisch kleinen Lebewesen bezeichnet man als pflanzliches ▶ Plankton.

Je nach Trübung des Wassers können ab einer Tiefe von 5 bis 10 m keine Pflanzen mehr wachsen, weil das Sonnenlicht nicht mehr zur Fotosynthese ausreicht.

Tiere eines Sees

An einem naturnahen Gewässer leben viele Tiere auf engem Raum. Am Beispiel unterschiedlicher Vogelarten kann man beobachten, wie dieses Zusammenleben gelingt, ohne dass diese Arten in ▶ Konkurrenz zueinander treten. Die Vogelarten zeigen unterschiedliche Angepasstheiten an den Lebensraum, wo sie Schutz finden, Nahrung suchen und Junge aufziehen. Man bezeichnet diese Spezialisierung als ▶ **ökologische Nische.**

2 Tiere an einem naturbelassenen See; A *Uferzone eines Sees;* B *Haubentaucher;* C *Reiherente;* D *Teichmolch*

Stockenten bevorzugen pflanzliche Nahrung. Mit ihrem Seihschnabel suchen sie im schlammigen Grund der Gewässer nach Teilen von Wasserpflanzen. Aber auch Insektenlarven, Würmer und Schnecken bleiben zwischen den Hornleisten des Schnabels hängen und werden verschluckt. **Reiherenten** tauchen ganz unter und suchen ihre Nahrung in größeren Tiefen. Sie können bis zu 40 Sekunden unter Wasser bleiben und erbeuten dabei kleine Muscheln, Schnecken, aber auch Insektenlarven und Würmer. **Haubentaucher** sind ausgezeichnete Taucher. Sie gleiten in bis zu sieben Meter Tiefe hinab. Ihre Beute sind kleine Fische, die sie mit dem spitzen Schnabel packen und ganz hinunterschlucken. Wenn **Fluss-Seeschwalben** aus der Luft einen Fisch erspähen, legen sie die Flügel an und schießen pfeilschnell ins Wasser, fassen die Beute, tauchen auf und verzehren sie im Flug. Die einzelnen Arten haben sich also auf verschiedene Bereiche eines Sees und das dort verfügbare Nahrungsangebot spezialisiert.

Wie die Nahrungsreviere sind auch die Brutreviere der Vögel in den Pflanzenzonen unterschiedlich verteilt. Stockenten brüten an Land, Reiherenten auf kleinen Inseln, Haubentaucher bauen ein schwimmendes Nest am Rand des Röhrichts. Fluss-Seeschwalben nisten an Ufern ohne Pflanzenbewuchs.

Im Uferbereich sind der Boden und die Pflanzen von zahlreichen Tierarten besiedelt. Hier findet man Wasserinsekten, Würmer und Schnecken. Frösche und Teichmolche nutzen die Uferzonen, kommen aber auch in größeren Wassertiefen vor. Im freien Wasser eines Sees leben Fische wie Rotauge, Karpfen, Zander und Hecht.

Wie vielfältig und artenreich ein See ist, hängt maßgeblich von seiner Wassergüte ab. Diese wird von der Menge der lebenden und abgestorbenen Organismen bestimmt. Einige sauerstoffverbrauchende Bakterien bauen tote Lebewesen zu organischen Substanzen ab. Das nennt man Selbstreinigung des Gewässers. Fehlt allerdings der Sauerstoff im Wasser, spalten andere Bakterien die organischen Stoffe zu giftigen und übelriechenden Abbauprodukten auf. Es entsteht Faulschlamm. Weitere abiotische Umweltfaktoren wie Wassertemperatur, pH-Wert, Nitratgehalt sowie Sichttiefe werden zur Einschätzung der Wassergüte herangezogen. Nach bestimmten festgelegten Werten unterscheidet man vier Gewässergüteklassen:

I   unbelastet
II mäßig belastet
III stark verschmutzt
IV übermäßig verschmutzt.

■ **Der Lebensraum See ist gegliedert in Erlenzone, Röhricht, Schwimmblatt-, Tauchblatt- und Tiefenalgenzone. In diesen Bereichen leben zahlreiche Pflanzen- und Tierarten (biotische Umweltfaktoren), die dem Lebensraum in besonderer Weise angepasst sind. Tierarten, die auf engem Raum zusammenleben, besiedeln ökologische Nischen und treten so kaum in Konkurrenz zueinander. Abiotische Umweltfaktoren beeinflussen Lebewesen und Gewässergüte.**

Angepasstheit von Wasserpflanzen

1. Vielleicht gibt es in der Nähe eurer Schule ein stehendes Gewässer, beispielsweise einen See. An seinem Ufer und im Wasser wachsen verschiedene Pflanzen.
a) Bestimmt, fotografiert oder zeichnet vorkommende Arten. Nutzt Bestimmungsbücher.
b) Stellt die Pflanzen in Steckbriefen vor.

2. Führt Versuche mit Seerosen durch.
Hinweis: Die Weiße Seerose steht unter Naturschutz. Man darf sie aus einem See nicht herausnehmen oder beschädigen. Besorgt euch daher für eure Versuche mit Seerosen Pflanzen aus einer Gärtnerei oder aus einem Gartenteich.
a) Schneidet einen Seerosenstängel quer durch. Bringt diesen, wie in der nebenstehenden Abbildung, in eine Schale mit Wasser. Blast wiederholt Luft in den Stängel..

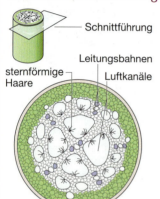

Schnittführung

Leitungsbahnen

sternförmige Haare

Luftkanäle

b) Beschreibt, was ihr bei den Versuchen beobachtet habt. Erläutert eure Beobachtungen.
c) Zeichnet ein Seerosenblatt mit Stiel. Markiert mit Farbe den Weg der Luft.
d) Stellt hauchdünne Querschnitte eines Seerosenstängels her. Mikroskopiert sie bei schwacher Vergrößerung.
e) Betrachtet die Schnitte. Fertigt Zeichnungen davon an. Beschriftet diese. Vergleicht sie mit der Abbildung auf dieser Seite.
f) Beschreibt die Anordnung der Leitungsbahnen und Luftkanäle. Erklärt ihre Funktionen.
g) Erklärt die Angepasstheiten der Seerose an ihren Standort.

3. Baut den Versuch nach und beschreibt eure Ergebnisse. An welche Umweltbedingungen ist das Schilfblatt mit den untersuchten Eigenschaften angepasst?

4. Betrachte die Abbildung. Formuliere Vermutungen, warum der Wasserhahnenfuß zwei unterschiedliche Blattformen ausgebildet hat.

5. Betrachte die Abbildung. Erkläre den Unterschied zwischen dem Blatt einer Landpflanze und dem Schwimmblatt des Wasserknöterichs.

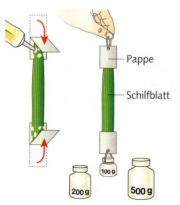

Pappe

Schilfblatt

100 g

200 g

500 g

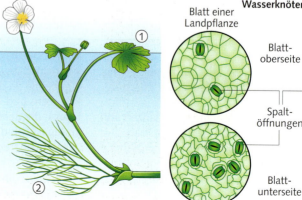

Wasserknöterich

Blatt einer Landpflanze

Schwimmblatt

Blattoberseite

Spaltöffnungen

Blattunterseite

①

②

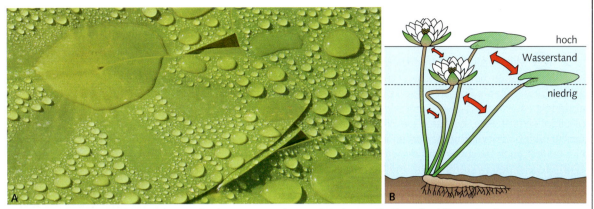

1 Seerose. A *Wasserperlen auf den wachsüberzogenen Blättern;* **B** *Angepasstheit an den Wasserstand*

Pflanzen im Uferbereich

Schilf und Rohrkolben sind mit ihren verzweigten Wurzelstöcken fest im Schlamm verankert. Das Schilf erweist sich gegenüber Windstößen und Wellenschlägen als sehr widerstandsfähig. Ihrem Druck geben die elastischen Halme federnd nach. Die schmalen bandförmigen Blätter sind derb und äußerst reißfest. Bei Sturm flattern sie wie Fahnen zur windabgewandten Seite.

Typische Schwimmblattpflanzen

In Ufernähe wachsen typische Schwimmblattpflanzen wie die Seerose und die Teichrose. Sie verankern sich mit kräftigen Erdstängeln im schlammigen Untergrund. Die tellergroßen Schwimmblätter sind lederartig derb, um aufprallenden Regentropfen und Wellengang widerstehen zu können. Sie enthalten mit Luft gefüllte Hohlräume und schwimmen an meterlangen biegsamen Stängeln wie eine Luftmatratze an der Wasseroberfläche. So befinden sie sich bei wechselnden Wasserständen stets an der Wasseroberfläche.

Die Oberfläche der Seerosenblätter überzieht eine Wachsschicht, so dass darauf Wasser abperlt. Die Spaltöffnungen, die den Gasaustausch ermöglichen, sitzen nur an der Blattoberseite. Die Blattunterseite besitzt zudem keine Wachsschicht. Mit dieser Blattunterseite haftet das Blatt auf dem Wasser, es „klebt" auf der Wasseroberfläche. So schlägt das Blatt auch bei Wind und Wellen nicht so leicht um. Die gesamte Pflanze ist von Luftkanälen durchzogen. Dadurch werden die Erdstängel im sauerstoffarmen Boden mit Luft versorgt.

Pflanzen, die unter Wasser leben

Als Tauchblattpflanzen werden Pflanzen bezeichnet, die untergetaucht im Wasser leben. Zu ihnen gehören verschiedene Laichkräuter, das Tausendblatt, das Hornkraut und die Wasserpest. Ihre Blätter sind meist sehr klein und besitzen keine Spaltöffnungen.
Tauchblattpflanzen wie das Laichkraut haben stark zerschlitzte Blätter, die nur eine dünne ▸ Epidermis besitzen. Über diese nehmen sie gelöste Mineralstoffe direkt aus dem Wasser auf. Auch der Gasaustausch geschieht über die Blattoberfläche. Tauchblattpflanzen wachsen lediglich bis in die Wassertiefen, in denen das Licht gerade noch zur ▸ Fotosynthese ausreicht.

Pflanzliches Plankton

In allen Zonen des Sees findet man Algen. Viele Arten sind mikroskopisch kleine Einzeller. Öltröpfchen oder Gasbläschen im Zellkörper oder Schwebefortsätze zur Vergrößerung der Oberfläche ermöglichen es den Algen, im Wasser zu schweben. Solch kleine, im Wasser schwebenden Lebewesen bezeichnet man als **Plankton.**

2 Wasserhahnenfuß. A *Schwimmblätter;* **B** *Tauchblätter*

■ **Pflanzen sind an die Umweltbedingungen der jeweiligen Uferzone angepasst.**

Fotosynthese – so gut es geht

🔍 **1.** Wasserpflanzen produzieren Sauerstoff. Die Nachweis-
reaktion könnt ihr bei der ▶ Fotosynthese nachschlagen.
a) Überprüfe, ob die Fotosynthese von bestimmten Umweltfaktoren
abhängig ist.
b) Bildet Hypothesen, wodurch die Produktion von Sauerstoffbläschen
beschleunigt oder verringert werden könnte.
c) Überlegt euch Versuche, mit denen ihr die Abhängigkeit der Fotosynthese von den Faktoren Licht und Kohlenstoffdioxid nachweisen

könnt. Führt
diese durch
und berichtet
darüber.

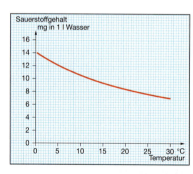

🔍 **2.** Luft löst sich in Wasser. Markiert auf zwei
Bechergläsern jeweils eine 1 cm x 1 cm große
Fläche. Füllt die Gläser mit abgekochtem Leitungs-
wasser und lasst es abkühlen. Schlagt das Wasser in
einem Glas mit dem Schneebesen und stellt die
Gläser an einen warmen Ort. Zählt nach einer
halben Stunde die Luftbläschen in den markierten
Bereichen.
Vergleicht die Ergebnisse und erklärt die Unter-
schiede.

📖 **3.** Mit speziellen Messgerä-
ten kann man den Sauerstoffgehalt von Wasserproben messen.
Wenn man gleichzeitig die
Temperatur der Wasserproben
festhält, ergibt sich die nebenstehende Kurve. Erläutere sie.

Sauerstoffgehalt
mg in 1 l Wasser

16
14
12
10
8
6
4
2
0
0   5   10   15   20   25   30 °C
Temperatur

📖 **4.** Die Aufnahmefähig-
keit für Sauerstoff ist in kaltem
Wasser höher als in warmem
Wasser. Dennoch enthält
warmes, lichtdurchflutetes See-
oder Teichwasser oft mehr
Sauerstoff als kaltes Tiefenwasser.
Suche hierfür Erklärungen.

🔍 **5.** Nehmt aus
einem See grünes,
algenreiches Wasser.
Untersucht die Proben
unter dem Mikroskop.
Zeichnet die unter-
schiedlichen Formen der
Algen. Vergleicht eure
Ergebnisse mit der
Abbildung. Welche
Algen habt ihr gefun-
den?

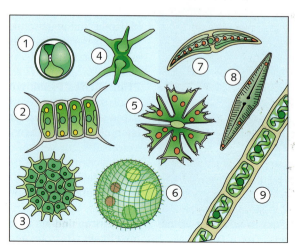

① Chlorella
② Gürtelalge
③ Zackenrädchen
④ Dornenstern
⑤ Strahlenstern
⑥ Kugelalge
⑦ Mondalge
⑧ Weberschiffchen
⑨ Schraubenalge

Fotosynthese ...

Wie Landpflanzen betreiben auch die grünen Blütenpflanzen im Wasser eines Sees und das pflanzliche ▶ Plankton, zu dem viele Algenarten gehören, ▶ Fotosynthese. Sie bilden damit die Grundlage der Lebensprozesse im Wasser. Die Fotosynthese liefert die Nährstoffe für ▶ Konsumenten und Reduzenten und den lebensnotwendigen Sauerstoff. Dabei ist die Fotosynthese von verschiedenen **abiotischen Umweltfaktoren** abhängig, die begrenzend oder fördend wirken können. Dazu zählen zum Beispiel Lichtintensität, Gehalt an Kohlenstoffdioxid und Temperatur des Wassers.

Sauberes Seewasser ist meist klar und hat eine entsprechende Sichttiefe. In der obersten, lichtdurchfluteten Schicht eines Sees können grüne Pflanzen mithilfe des Sonnenlichtes und des im Wasser gelösten Kohlenstoffdioxids bei der Fotosynthese mehr organische Substanz und Sauerstoff produzieren, als sie verbrauchen. Der Rest dient der Ernährung und Atmung der übrigen Seebewohner.

... so gut es geht

Unerlässlich für die Fotosynthese ist **Licht.**
Aber selbst in einem See mit sauberem Wasser verliert das Licht mit zunehmender Tiefe an Helligkeit, und man findet immer weniger Wasserpflanzen, die Fotosynthese betreiben. Ab etwa fünf Meter Tiefe ist das Licht so schwach, dass es nur noch bestimmte Algen nutzen können.
Im Wasser hält sich darum **pflanzliches Plankton** möglichst lange in der hellen, oberen Wasserschicht auf. Verschiedene Grünalgen haben deshalb ein sternförmiges Aussehen. Borsten und Stacheln sind Schwebefortsätze, die das Herabsinken auf den Seeboden verlangsamen. Andere Planktonarten besitzen Öltröpfchen oder Gasbläschen in ihren Zellen, die es ihnen ermöglichen zu schweben. Eine Wassertrübung durch Schwebstoffe oder Algen-

blüte vermindert den Lichteinfall und wirkt begrenzend auf die Fotosynthese.

Unverzichtbar für den Prozess der Fotosynthese ist **Kohlenstoffdioxid.** Es ist ein im Wasser lösliches Gas, das Lebewesen bei der ▶ Zellatmung bilden und an die Umgebung abgeben, wenn sie ausatmen. Ein geringer Gehalt an Kohlenstoffdioxid im Wasser verringert die Fotosynthese.

Die **Temperatur** des Wassers in einem See beeinflusst den Sauerstoffgehalt. In kaltem Wasser löst sich mehr Sauerstoff als in warmem Wasser. Dennoch ist der Sauerstoffgehalt des Wassers in der wärmeren, oberflächennahen Schicht besonders hoch, weil die Wasserpflanzen hier tagsüber durch Fotosynthese Sauerstoff produzieren. In der kälteren und dunkleren Schicht gedeihen keine grünen Pflanzen mehr. Aufgrund der fehlenden Sauerstoffproduktion der grünen Pflanzen sowie des Sauerstoffverbrauchs in den tieferen Wasserschichten ist hier der Sauerstoffgehalt sehr gering. Am Boden sammeln sich die Reste abgestorbener Pflanzen und Tiere an. Dieses organische Material wird von Bakterien und Pilzen, die ohne Sauerstoff leben können, zersetzt.

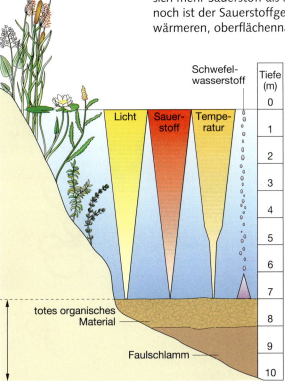

1 Umweltfaktoren in einem See

Sammelt sich mehr abgestorbenes Tier- und Pflanzenmaterial an als abgebaut werden kann, bilden sich Faulschlamm und giftige Gase wie Schwefelwasserstoff. Durch Eintrag von Düngemitteln kann sich ein Gewässer mit ▶ Mineralstoffen anreichern. Ein zu hoher Gehalt an Mineralstoffen kann jedoch zu einer Überdüngung eines Sees und damit zu einer Algenblüte führen.

■ **Die Fotosynthese der Blütenpflanzen im Wasser sowie des Planktons hängt von Umweltfaktoren wie Licht, Temperatur und Gehalt an Kohlenstoffdioxid ab.**

Nahrungsbeziehungen im See

1. Erläutere die Nahrungs-kette von Abbildung 2. Benutze dazu die Begriffe „Produzenten" und „Konsumenten".

2. Gib die Bezeichnung der Lebewesen an, die am Anfang einer Nahrungskette stehen. Stelle einige Vertreter vor.

3. a) Nenne einige Reduzenten in einem See.
b) Gib an, welche Aufgabe sie erfüllen.

4. a) Finde eine Überschrift zur folgenden Abbildung.
b) Nenne die fehlenden Begriffe.

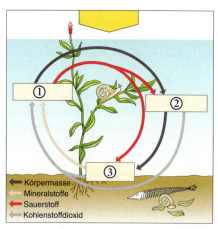

- Körpermasse
- Mineralstoffe
- Sauerstoff
- Kohlenstoffdioxid

5. Stelle dir vor, alle Fische in einem See wären verschwunden. Beschreibe die möglichen Auswirkungen auf die anderen Lebewesen im See.

wird gefressen von

6. Die Abbildungen zeigen verschiedene Pflanzen und Tiere eines Sees.
a) Ordne jeder Abbildung den richtigen Namen zu: Blesshuhn, Flohkrebs, Gelbrandkäferlarve, Graurei-her, Haubentaucher, Hecht, Kaulquappe, Libellen-larve, Pflanzenreste, pflanzliches Plankton, tierisches Plankton, Rotauge, Ruderwanze, Schlammröhren-wurm, Schwebe- und Sinkstoffe, Stechmückenlarve,

Teichmuschel, Teichrose, Wasserfloh, Wasserschnecke.
b) Stelle aus diesen Lebewesen ein Nahrungsnetz zusammen. Benutze den roten Pfeil, um anzuzeigen, wer von wem gefressen wird. Erstelle ▶ Folien mit dem PC und präsentiere sie mithilfe eines Präsentationspro-gramms.

Im Wasser eines Sees schweben winzige Algen. Diese Organismen bezeichnet man als pflanzliches Plankton. Sie sind die wichtigste Grundlage für die Ernährung aller tierischen Lebewesen im Wasser. Denn nur grüne Pflanzen, zu denen Algen und ► Wasserpflanzen gehören, können mithilfe des Sonnenlichts aus Wasser und Kohlenstoffdioxid selbst Traubenzucker und andere Nährstoffe herstellen. Sie gehören zu den ► Produzenten.

Von ihnen ernähren sich alle Pflanzenfresser wie beispielsweise der Wasserfloh. Er ist ein ► Konsument erster Ordnung.

Aber auch Wasserflöhe können gefressen werden, zum Beispiel von ► Libellenlarven. Eine Libellenlarve ist dann ein ► Konsument zweiter Ordnung.

Viele Fische ernähren sich von im Wasser lebenden Kleintieren, so auch das Rotauge. Es ist ein ► Konsument dritter Ordnung.

Rotaugen wiederum sind eine begehrte Beute für größere Raubfische wie den Hecht oder Wasservögel wie den Haubentaucher. Diese werden dann als ► Konsumenten vierter Ordnung bezeichnet. Sie stehen als Endkonsumenten an der Spitze der ► Nahrungspyramide.

Die Lebewesen im See bilden ► Nahrungsketten. Am Anfang einer Nahrungskette stehen stets Pflanzen. Dann folgen Pflanzenfresser, die wiederum von Fleischfressern verzehrt werden. Dieses einfache Modell entspricht jedoch nur teilweise der Wirklichkeit.

Meistens ernährt sich ein Tier von unterschiedlichen Pflanzen oder fängt verschiedene Beutetiere. Dieses Fressen und Gefressenwerden lässt sich als ► Nahrungsnetz darstellen, weil verschiedene Nahrungsketten darin wie die Fäden eines Netzes verknüpft sind. Räuber und Beute hängen voneinander ab, ohne dass eine Art ausstirbt. So entsteht in einem natürlichen See ein ökologisches Gleichgewicht.

Abgestorbene Lebewesen sowie tierische oder pflanzliche Abfälle werden durch Bakterien, Pilze und weitere Reduzenten zersetzt. Zu ihnen gehören zum Beispiel Kleinkrebse und Würmer. Diese Zersetzer bauen die organischen Bestandteile ab. Dabei entstehen lösliche Mineralstoffe und Kohlenstoffdioxid, die von Pflanzen wieder aufgenommen werden. Somit schließt sich der ► Stoffkreislauf, der das Leben im See erhält.

■ In einem See besteht zwischen Produzenten, Konsumenten und Reduzenten ein Stoffkreislauf.

1 Nahrungspyramide

2 Nahrungskette im See.
A *Algen;* **B** *Wasserfloh;*
C *Libellenlarve;*
D *Rotauge;* **E** *Hecht*

Präsentieren mit Folien

Bei einer Präsentation stellen eine oder mehrere Personen ausgewählte Inhalte eines Themas vor. Die Darstellung wird lebendig, wenn die Aussagen mit Texten, Bildern oder Symbolen unterstützt werden. Zum Präsentieren eignen sich Folien, die ihr mit dem Tageslichtprojektor abbilden könnt. Folien lassen sich einfach und wirkungsvoll mit einem Textverarbeitungsprogramm am PC erstellen.

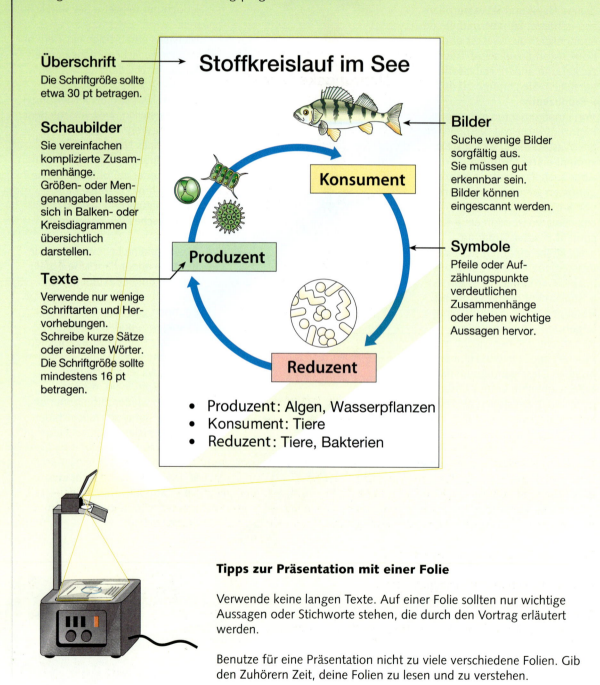

Überschrift
Die Schriftgröße sollte etwa 30 pt betragen.

Schaubilder
Sie vereinfachen komplizierte Zusammenhänge.
Größen- oder Mengenangaben lassen sich in Balken- oder Kreisdiagrammen übersichtlich darstellen.

Texte
Verwende nur wenige Schriftarten und Hervorhebungen.
Schreibe kurze Sätze oder einzelne Wörter.
Die Schriftgröße sollte mindestens 16 pt betragen.

Stoffkreislauf im See

Konsument

Produzent

Reduzent

- Produzent: Algen, Wasserpflanzen
- Konsument: Tiere
- Reduzent: Tiere, Bakterien

Bilder
Suche wenige Bilder sorgfältig aus.
Sie müssen gut erkennbar sein.
Bilder können eingescannt werden.

Symbole
Pfeile oder Aufzählungspunkte verdeutlichen Zusammenhänge oder heben wichtige Aussagen hervor.

Tipps zur Präsentation mit einer Folie

Verwende keine langen Texte. Auf einer Folie sollten nur wichtige Aussagen oder Stichworte stehen, die durch den Vortrag erläutert werden.

Benutze für eine Präsentation nicht zu viele verschiedene Folien. Gib den Zuhörern Zeit, deine Folien zu lesen und zu verstehen.

Es ist wichtig, zur Verdeutlichung Farben einzusetzen. Verwende aber nur wenige Farben.

Präsentieren mit dem PC

Präsentieren kann man auch mit dem PC. Dazu benötigt man ein Präsentationsprogramm und ein Projektionsgerät, den Beamer. Mit einem Präsentationsprogramm werden Folien so ähnlich erstellt wie mit einem Textverarbeitungsprogramm. Es gelten dieselben Gestaltungskriterien wie bei der Herstellung von Folien für den Tageslichtprojektor, zum Beispiel für Schriftgröße oder Farben. Der Unterschied ist, dass sich einzelne Elemente einer Folie in der von euch gewünschten Reihenfolge einblenden lassen.

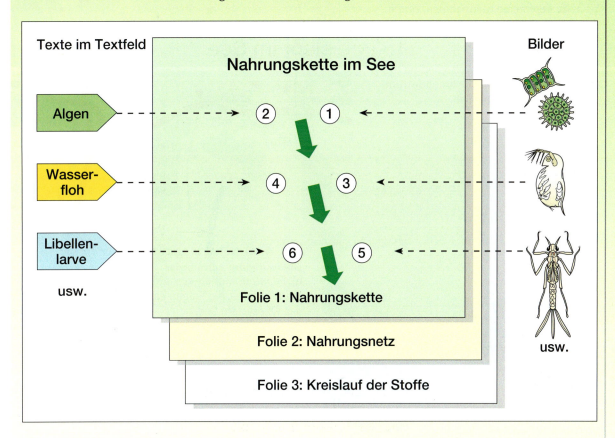

Die Text- und Bildelemente der Folie erscheinen passend zu den Inhalten des Vortrags, wenn man „klickt". Zusätzlich lassen sich die Übergänge zwischen den einzelnen Folien gestalten. So kann man zum Bespiel eine Folie über den rechten Bildrand verschwinden lassen, während gleichzeitig die nächste von links hereingeschoben wird. Präsentationsprogramme bieten auch die Möglichkeit, Filmausschnitte und Soundeffekte einzubinden. Die Anwendung solcher Effekte bezeichnet man auch als Animation.

Tipps zur Präsentation mit dem PC

Erstelle ein Drehbuch zu deinem Vortrag.

Der Aufbau aller Folien zu einem Vortrag sollte gleich sein. Verwende deshalb für alle Folien eine einheitliche Gestaltung.

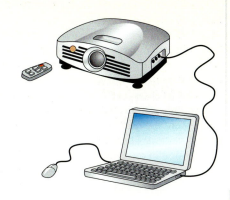

Wähle möglichst nur eine Übergangsmethode für deine Folien.

Verwende Animationen sparsam.

Wenn der Mensch in ein Ökosystem eingreift

1. Beschreibe anhand nebenstehender Abbildung, wie sich starker Tourimus negativ auf ein Ökosystem See auswirken kann.

2. Beschreibe Maßnahmen, durch die ein belasteter See wieder gesunden kann.

3. Entwirf ein Hinweisschild für Badegäste und Wassersportfreunde zum Schutz des Ökosystems See.

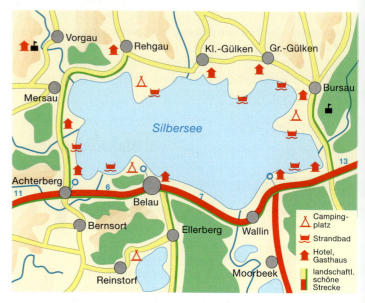

4. a) Nenne mögliche Ursachen für die Überdüngung eines Sees.
b) Erläutere mithilfe der Abbildung und des Informationstextes die Folgen einer Überdüngung für das Ökosystem See.
c) An stark belasteten Seen wird manchmal Luft mittels Schläuchen in den See gepumpt und dort über Düsen verteilt. Erkläre den Sinn dieser Maßnahme.

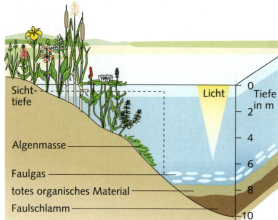

5. Menschen nutzen Seen auf ganz unterschiedliche Weise und verfolgen dabei jeweils eigene Interessen.
a) Diskutiert in einem ▶ Rollenspiel die unterschiedlichen Interessenlagen bei der Nutzung eines Sees. Wählt dazu aus eurer Klasse je einen Vertreter eines Wassersportvereins, des Tourismus, der Landwirtschaft, der Fischzucht und des Naturschutzes.
b) Informiert euch zuvor in Sachbüchern, im Internet oder bei Fachleuten über die Interessen und Argumente der jeweiligen Position.
c) Bestimmt einen Gesprächsleiter, der die Gesprächsleitung übernimmt. Er führt mit einer kurzen Begrüßung in die Diskussion ein und beendet diese mit einer Zusammenfassung.

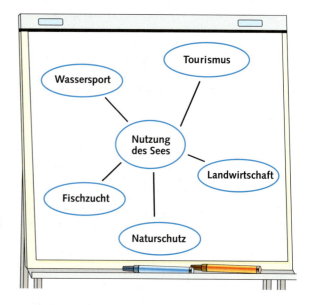

1 Strandbad

Auf diese Weise sammeln sich im See mehr Mineralstoffe an, als von den Wasserpflanzen aufgenommen werden können. Es kommt zur Überdüngung des Sees, in deren Folge sich Algen massenhaft vermehren. Man spricht von einer **Algenblüte.** Das Wasser ist nun grün und trüb. Die Oberfläche des Sees ist dann häufig von einem Schleim aus blaugrünen Bakterien überzogen.

2 Belastung eines Sees und seine Folgen. **A** *Gülle wird ausgebracht;* **B** *Algenblüte*

Freizeitaktivitäten belasten einen See

Seen sind beliebte Freizeitgebiete. Wassersportler können segeln, surfen oder Boot fahren. Andere suchen beim Wandern die Nähe zur Natur, campen am Ufer oder erfrischen sich beim Baden. Diese Freizeitaktivitäten beeinflussen jedoch das empfindliche Ökosystem See nachhaltig: So benötigen viele Tierarten **Rückzugsräume** und Ruhezeiten, in denen sie vor Störungen sicher sind. Werden Vögel beim Brüten oder bei der Jungenaufzucht aufgescheucht, verlassen viele von ihnen ihren Lebensraum. Bei Fischen sind die Laichzeit und die Zeit kurz nach dem Schlüpfen der Larven empfindliche Phasen. Paddel- und Motorboote können hier besonders stören.

Menschliche Eingriffe beeinflussen auch die Pflanzenzonen eines Sees: Durch Bootsanleger und Badestellen wird das ▸ Röhricht zurückgedrängt. Damit verschwindet die Lebensgrundlage vieler Tierarten. Besonders nachteilig ist die Zerstörung der Schilfgürtel, da Schilf zur Selbstreinigung des Wassers beiträgt. Durch neu angelegte Campingplätze, Wanderwege und Strandbäder schwindet auch die ▸ Erlenzone. Allmählich verliert das Ufer so seinen natürlichen Schutzsaum und ist damit dem Wind und Wellenschlag ausgesetzt. In der Folge wird fruchtbarer Boden weggespült. Weitere Belastungen wie zurückgelassener Müll oder das Füttern von Enten und Schwänen kommen hinzu.

Belastungen durch Düngung und Abwasser

Äcker und Weiden werden mit **Mineralstoffen** wie Nitrat sowie mit Gülle gedüngt. Besonders bei intensiver Landwirtschaft gelangt ein Teil dieser Dünger mit dem Regen in die Bäche und Flüsse und anschließend in die Seen. Durch unzureichend geklärte Abwässer von Camping- und Badeplätzen werden weitere Mineralstoffe eingeschwemmt.

Der See kippt um

Das trübe Wasser lässt nur wenig Licht hindurch, so dass viele Pflanzen absterben und zu Boden sinken. Hier werden sie von ▸ Reduzenten zunächst mithilfe von Sauerstoff abgebaut. Durch das Überangebot an abgestorbenem Pflanzenmaterial wird dann aber der gesamte Sauerstoff am Grund des Sees verbraucht. Dieser Sauerstoffmangel kann alle Bereiche des Sees erfassen. Man spricht dann vom **Umkippen** des Sees. Die verbliebenen Pflanzenreste bilden einen Faulschlamm. In ihm leben Bakterien, die giftige Faulgase bilden. Der See ist nun lebensfeindlich.

■ **Freizeitaktivitäten und Landwirtschaft belasten einen See. Steigt die Belastung zu stark an, kann der See umkippen.**

Menschen verändern, gefährden und schützen ihre Umwelt

1. Vermutlich seid ihr schon in Gegenden gewesen, die ihr als besonders schön empfunden habt. Vielleicht haben euch Landschaften, einzelne Bäume, Baumgruppen, Blumenwiesen, ein Park oder ein Gewässer besonders gefallen.
a) Fotografiert in eurer Umgebung Naturobjekte, die euch durch ihre Seltenheit, Eigenart oder Schönheit aufgefallen sind.
b) Begründet jeweils, weshalb ihr gerade diese Aufnahme gemacht habt.
c) Dokumentiert eure Ergebnisse für eine ▶ Ausstellung auf ▶ Plakaten.

2. a) Stellt zusammen, wo es in eurer Umgebung oder in eurem Landkreis Naturschutzgebiete gibt. Informiert euch beispielsweise bei der zuständigen Naturschutzbehörde.
b) Tragt die Ergebnisse in einer Übersichtskarte ein, die euch zur Verfügung gestellt wird.
c) Bildet für jedes Naturschutzgebiet eine Gruppe. Informiert euch, weshalb dieses Gebiet unter Schutz gestellt wurde und haltet einen kurzen ▶ Vortrag.
d) Dokumentiert eure Ergebnisse in einer ▶ Ausstellung.

3. Straßenrandstreifen werden bisweilen mehrmals im Jahr von Straßenmeistereien gemäht.
a) Bildet zwei Gruppen Pro und Contra für das Mähen von Randstreifen und tauscht eure Argumente aus.
b) Haltet eure Ergebnisse fest. Erarbeitet einen Kompromiss zwischen Pro und Contra.
c) In einigen Gegenden sind Ackerrandstreifen unter Schutz gestellt worden. Nenne Gründe hierfür.

4. In den nebenstehenden Abbildungen siehst du, wie der Mensch in die Landschaft eingreift.
a) Beschreibe die in den Abbildungen gezeigten Veränderungen und beurteile sie.
b) Nenne Beispiele, wie sich Folgeschäden vermeiden lassen.

5. Beschreibe, was das Schild darstellen und bewirken soll.

Die Schönheit der Natur gilt es zu bewahren

Beim Wandern bekommen wir viele verschiedene Eindrücke von der uns umgebenden Natur. Oft bleiben Erinnerungen an eine schöne Aussicht zurück, an eine bunte Blumenwiese, an einen bunten Schmetterling auf einer Blüte, an einen plätschernden Bergbach. Die Anblicke haben uns Freude bereitet und wir wünschen uns, dass diese Vielfalt an verschiedenen Lebensräumen, Formen und Farben erhalten bleibt. Der Mensch greift aber immer wieder gestaltend in die Landschaft ein. So werden zum Beispiel für Straßen und Schienenwege zum Teil schützenswerte Gebiete geopfert. Dadurch wird Pflanzen und Tieren ihr Lebensraum genommen. Nicht wenige Arten gehen dadurch unwiederbringlich verloren, ebenso durch chemische Schädlings- und Unkrautbekämpfung in der Landwirtschaft.

A

Naturschutzgebiete

Um die Vielfalt an Lebensräumen zu erhalten, hat man **Naturschutzgesetze** geschaffen. In ihnen ist beschrieben, welche Gebiete zu schützen sind. Gebiete, in denen Pflanzen und Tiere besonders stark geschützt sind, werden als **Naturschutzgebiete** bezeichnet. In diesen geschützten Landesteilen soll sich die Tier- und Pflanzenwelt möglichst ungestört vom Menschen entfalten können. So steht zum Beispiel die niedersächsische Elbtalaue mit den jahreszeitlich überschwemmten Auwäldern und Wiesen entlang des Elbufers unter besonderem Schutz. Dort können sich gefährdete Pflanzen und Tiere ungestört entwickeln. So ist beispielsweise die Zahl der selten gewordenen Seeadler in den letzten Jahren auf 20 Brutpaare angewachsen. Solche Schutzgebiete darf man in der Regel nur mit einem Führer oder nur auf vorgegebenen Wegen betreten.

2 **Naturschutzgebiet. A** *Seeadler;* **B** *Auwald*

1 Nationalpark Sächsische Schweiz

Nationalparks

In Deutschland gibt es 15 Nationalparks. Einer davon ist der **Nationalpark Sächsische Schweiz.** Er ist Teil des Elbsandsteingebirges. Seine Felslandschaft zeichnet sich durch mächtige Tafelgebirge, schroffe Felswände und tiefe Schluchten aus. Sie bildet eine ideale Wander- und Kletterregion für Einheimische und Touristen. Mit viel Glück kann man Wanderfalken und Kolkraben beobachten, die dort ihre Brut- und Jagdreviere haben. Eine Besonderheit bildet die Umkehrung der **Waldhöhenstufen.** So wachsen typische Bergwaldpflanzen in tiefen Schluchten und Talsohlen.

■ Eingriffe in die Natur zerstören wertvolle Lebensräume. Durch ausgewiesene Naturschutzgebiete und Nationalparks soll die Eigenart, Vielfalt und Schönheit der Landschaft bewahrt werden.

43

Naturschutz im Urlaub

1. **a)** Informiere dich über Nationalparks in Deutschland und in anderen Teilen der Welt. Wie viele davon gibt es? Wie heißen sie?
b) Stelle einen Nationalpark vor.
c) Nebenstehende Schilder stehen in Nationalparks Deutschlands. Um welchen oder welche könnte es sich dabei handeln? Begründe.
d) Stellt Regeln auf, was eure Klasse beim Besuch eines Nationalparks beachten muss.

Umweltverträglicher Tourismus

Bei Wanderungen im Harz, in der Dünenland-
schaft der Nordseeküste oder auch im Stadtwald
vor deiner Haustür hast du vielleicht schon
Barrieren oder kleine Zäune an den gekennzeichneten Wanderwegen bemerkt. Die Zäune sollen
die Besucherströme lenken. Sie sorgen dafür, dass
die natürlichen Lebensräume abseits der Wege
nicht zertrampelt und zerstört werden und dass
wild lebende Tiere in ihren Ruhezonen ungestört
bleiben.

Auch der so genannte „Sanfte Tourismus" hat zum
Ziel, dass Touristen die Natur zwar möglichst
unmittelbar und ursprünglich erleben können.
Gleichzeitig sollen Erholungssuchende aber der
Natur am Urlaubsort nicht schaden oder sie verändern. Das wird zum Beispiel durch Einrichten von
Picknickplätzen erreicht. Aber auch geführte
Wanderungen oder Safaris tragen dazu bei.
Fernreisen ermöglichen faszinierende Einblicke in
andere Kulturen und unbekannte Naturlandschaf-
ten. Allerdings müssen sich Reisende darüber
bewusst sein, dass durch Flugreisen die Umwelt
stark belastet wird.

Reiseandenken

Schlangen und Krokodile gelten als gefährlich für
den Menschen. Allerdings ist der Mensch inzwischen durch den Handel mit Stiefeln, Taschen und
Gürteln aus Schlangen- oder Krokodilleder zu einer
viel größeren Gefahr für zahlreiche Reptilienarten
geworden.

Millionen von lebenden Tieren und Pflanzen sowie
eine Vielzahl an Produkten von wild lebenden Tier-
und Pflanzenarten werden jedes Jahr nach Europa
eingeführt. Durch den Handel mit geschützten
Tier- und Pflanzenarten und ihren Produkten gehen
viele Bestände dieser Tiere und Pflanzen in den
Ursprungsländern mehr und mehr zurück oder die
Arten werden sogar ausgerottet. Die Mitnahme
solcher Reiseandenken steht daher unter Strafe.

Es ist jedoch noch wichtiger, dass sich das Bewusst-
sein der Reisenden verändert und sie durch ihr
Verhalten die Natur am Urlaubsort nicht gefährden
oder zerstören, sondern sie schützen und erhalten.

■ **Umweltbewusstes Verhalten beim Reisen und in
Urlaubsgebieten dient dem Schutz der Natur.**

Lernen mit Erschließungsfeldern

Im Ökosystem See lebt eine Vielfalt von Pflanzen und Tieren. Sie haben gemeinsame und unterschiedliche Merkmale.

Vielfalt
Als Vielfalt bezeichnet man Gemeinsamkeiten und Unterschiede in den Merkmalen Bau, Funktion und Verhalten von Lebewesen sowie deren Lebensräumen.

Aufgabe:
Vergleiche, indem du Gemeinsamkeiten und Unterschiede in den Merkmalen wie Bau, Funktion und Verhalten der Lebewesen sowie ihrer Lebensräume suchst.

Viele Tiere können unter Wasser atmen, Pflanzen betreiben unter Wasser Fotosynthese. Sie sind alle an diese Lebensweisen angepasst.

Angepasstheit
Angepasstheit bedeutet, dass Merkmale von Lebewesen das Leben in einem bestimmten Lebensraum ermöglichen.

Aufgabe:
Finde die Besonderheiten im Körperbau, in den Funktionen und im Verhalten, die das Leben in diesem Lebensraum ermöglichen.

Mückenweibchen legen die befruchteten Eier ins Wasser ab. Aus ihnen schlüpfen Larven, die sich zur nächsten Generation von Mücken entwickeln.

Fortpflanzung
Unter Fortpflanzung versteht man die geschlechtliche und ungeschlechtliche Erzeugung von Nachkommen.

Aufgabe:
Finde heraus, wie die Fortpflanzung erfolgt.

Graureiher fressen Fische. Nimmt die Zahl der Fische stark ab, sinkt auch die Anzahl der Graureiher.

Wechselwirkung
Unter Wechselwirkung versteht man das Ursache-Wirkungsprinzip zwischen Lebewesen sowie zwischen Lebewesen und ihrer Umwelt.

Aufgabe:
Finde heraus, welche Ursache bei einem Lebewesen eine Wirkung bei einem anderen Lebewesen verursacht und umgekehrt.

Seerosen haben große, auffällig gefärbte Blüten. Sie locken damit Insekten zur Bestäubung an.

Information
Information ist die Fähigkeit der Lebewesen, Signale zu senden und auf Signale zu reagieren.

Aufgabe:
Finde heraus, mit welchen Signalen ein Lebewesen das Verhalten eines anderen Lebewesens beeinflusst.

Mückenlarven haben am Körperende ein Atemrohr, mit dem sie Luftsauerstoff aufnehmen und Kohlenstoffdioxid abgeben.

Bau und Funktion
Bau und Funktion umfasst Zusammenhänge zwischen dem Bau von Körperteilen oder Organen und deren entsprechenden Funktionen.

Aufgabe:
Finde die Baumerkmale heraus, die die Funktion des Körperteils bzw. Organs ermöglichen. Oder finde heraus, welche Funktion ein bestimmtes Baumerkmal hat.

Grundlagen der Ökologie

Vielfalt

Auf unserer Erde gibt es vielfältige Ökosysteme. Pflanzen und Tiere mit ähnlichen Umweltansprüchen besiedeln einen gemeinsamen Lebensraum.

📖 **1.** Erstelle eine Tabelle mit je einem artenreichen (A) und artenarmen (B) Ökosystem. Ergänze Teile des Biotops und der Biozönose.

Name des Ökosystems	abiotische Faktoren	biotische Faktoren
A		
B		

Angepasstheit

Der Umweltfaktor Licht beeinflusst Vorkommen, Bau, Stoffwechsel und Entwicklung der Pflanzen. Die Aktivität der Tiere ist ebenfalls vom Licht abhängig.

📖 **2. a)** Erläutere die Ausbildung der Laubblätter einer Rotbuche bei unterschiedlicher Lichtintensität.
b) Gib je zwei tagaktive, dämmerungsaktive und nachtaktive Tiere an.
c) Nacht- und dämmerungsaktive Tiere sind in besonderer Weise an die Dunkelheit angepasst. Erläutere die Angepasstheit an mindestens zwei Beispielen.

Bau und Funktion

Grüne Pflanzen wandeln mithilfe des Sonnenlichts anorganische Stoffe in organische Stoffe und Sauerstoff um.

📖 **3. a)** Gib den Namen dieses biologischen Prozesses an.
b) Notiere die Wortgleichung.
c) Wende das Erschließungsfeld Bau und Funktion auf das Laubblatt an.

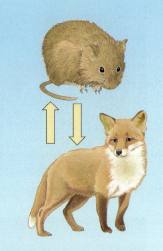

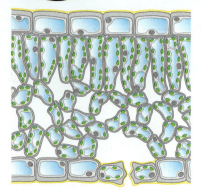

Wechselwirkung

Pflanzen, Tiere und Mikroorganismen einer Biozönose stehen in ständiger Wechselwirkung zueinander. Sie beeinflussen sich gegenseitig und sind von einander abhängig.

📖 **4. a)** Erläutere die Wechselwirkung zwischen Reduzenten und Produzenten im Stoffkreislauf der Natur.
b) Beschreibe die Räuber-Beute-Beziehung zwischen Waldmaus und Fuchs.

Information

Tiere senden Signale aus, die andere Tiere aufnehmen und ihr Verhalten danach ausrichten. Signale können Laute, Körperhaltung, Mimik und Gestik sein.

📖 **5. a)** Bewerte die Signale, die beide Wölfe auf dem Foto aussenden.
b) Viele Vogelmännchen haben zur Paarungszeit ein besonders prächtiges Gefieder. Begründe.

Fortpflanzung

Zur Erhaltung der Arten in einem Ökosystem ist das Finden eines starken Fortpflanzungspartners wichtig. Dabei treten häufig die Männchen in Konkurrenz mit ihren Rivalen.

✎ **6. a)** Informiere dich im Internet oder in Nachschlagewerken über das Fortpflanzungsverhalten von Löwen. Halte einen kurzen Vortrag.
b) Begründe, warum Männchen, die ein Rudel Weibchen neu übernehmen, die Jungen der vertriebenen Männchen töten.

1. Ökosysteme werden durch abiotische und biotische Umweltfaktoren geprägt.
a) Erkläre die Begriffe Ökosystem, abiotischer und biotischer Umweltfaktor.
b) Ordne die nachfolgenden Beispiele nach abiotischen und biotischen Umweltfaktoren: Wind, Wildschwein, Regen, Humus, Regenwurm, Waldkauz, Lufttemperatur, Luftfeuchtigkeit, Borkenkäfer, Admiral, Traubeneiche, pH-Wert des Bodens.

2. Bei einer Waldexkursion wurden an einem heißen Sommertag folgende Messwerte aufgenommen:

Messpunkte in m	0	5	10	15	20
Lichtstärke in Lux	52 000	36 000	8 500	560	720
Temperatur in °C	32	28	24	24	25
Feuchtigkeit in %	25	40	75	77	75

a) Stelle die Messergebnisse für Temperatur und Luftfeuchtigkeit jeweils in geeigneten Diagrammen dar.
b) Werte beide Diagramme aus.
c) Beschreibe kurz, wie sich Lichtstärke, Temperatur und Luftfeuchtigkeit beim Übergang von der Wiese in den Wald verändern.

3. a) Beschreibe das Erscheinungsbild der abgebildeten Fichte.
b) Gib mögliche Gründe für das Aussehen der Fichte an.

4. Gestalte eine Mindmap zum Thema Umweltschäden.

5. Wende das Erschließungsfeld Angepasstheit bezüglich des Lebensraumes auf zwei Organismen an. Wähle aus zwischen Hecht, Waldohreule, Eisbär, Elbebiber, Seerose und Grasfrosch.

6. Gib den Unterschied zwischen Stofffluss und Energiefluss in einem Ökosystem an.

7. a) Schreibe aus dem abgebildeten Nahrungsnetz drei mögliche Nahrungsketten heraus.
b) Ordne den Lebewesen in den Nahrungsketten die Begriffe Produzent, Konsument und Endkonsument zu.
c) Gib eine Funktion der Reduzenten im Ökosystem an.

8. a) Gib die Zonen eines Sees vom Land zum Wasser hin an.
b) Ordne jeder Zone eine typische Pflanzenart und Tierart zu.

9. Fotosynthese und Zellatmung sind grundlegende Prozesse der Organismen in einem Ökosystem.
a) Erstelle einen Steckbrief für einen der beiden Prozesse. Berücksichtige dabei Ausgangsstoffe, Produkte, Bedingungen, Ort und Bedeutung des Lebensvorgangs.
b) Erläutere, wie sich das Nahrungsnetz in einem See verändert, wenn durch Verschmutzung des Gewässers viele Wasserpflanzen absterben.
c) Begründe drei Maßnahmen zum Schutz unserer Gewässer.

Zeig, was du kannst

Bau und Funktionen des menschlichen Körpers

Sport macht Spaß und fordert Körper und Geist. Was leisten wir bei einem solchen Spiel eigentlich im Einzelnen?

Manchen geht schon beim Joggen die Luft aus, andere üben sich im Freitauchen. Wie lange kann man ohne Sauerstoff überleben? Wozu brauchen wir ihn überhaupt?

Wozu dient ein Organspendeausweis?

arum haben wir nach einem Nachmittag im
hwimmbad mehr Hunger als nach einem
achmittag vor dem Computer?
nd was macht unser Körper mit dem ganzen
sen?

Ganz privat oder doch ganz offen?
Wie gehe ich mit Sexualität um?

Von der Zelle zum Organismus Mensch

1. a) Die Abbildung A zeigt Zellen aus der Darmwand. Beschreibe deren Bau.
b) Beschreibe Formen und Anordnung der Zellen im Gewebe der Dünndarmwand. Nutze dazu die Abbildung B.

c) Nenne Organe, die in Abbildung D zu sehen sind.
d) Gib das Organsystem an, das die Abbildung D zeigt.
e) Benenne einige Organsysteme des Organismus Mensch.

2. Erläutere an einigen Beispielen des Verdauungssystems das Erschließungsfeld Bau und Funktion.

3. Stelle anhand von zwei menschlichen Zellen einen Zusammenhang zwischen Bau und Funktion her.

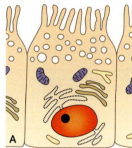

A

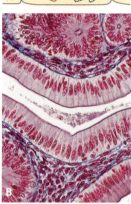

B

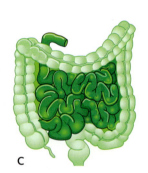

C

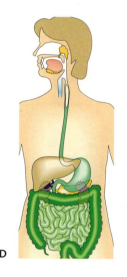

D

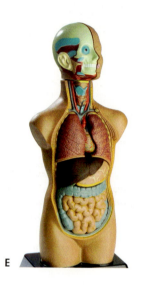

E

Der Mensch besteht aus Zellen

Der Körper des Menschen besteht wie bei allen Lebewesen aus **Zellen.** Untersucht man Zellen aus verschiedenen Bereichen des menschlichen Körpers, so stellt man fest, dass sie unterschiedlich aufgebaut sind. Je nach Funktion unterscheiden sie sich in Form, Größe und innerem Aufbau. Sie besitzen jedoch mit Zellmembran, Zellplasma und Zellkern einen ähnlichen Grundaufbau. Es gibt über 200 verschiedene Zelltypen im menschlichen Körper. Man schätzt die Zahl der Zellen, aus denen der menschliche Körper besteht, auf 10 Billionen.

Die länglichen Zellen der Darmwand liegen dicht beieinander. Sie grenzen das Körperinnere gegen den Darminhalt ab. Gleichzeitig sorgen sie für die kontrollierte Aufnahme von Grundbausteinen der Nährstoffe ins Blut und in die Lymphe. Knorpelzellen dagegen sind rundlich, haben einen großen Zellkern und liegen in Gruppen von zwei bis drei Zellen in der Knorpelgrundmasse. Diese hat

die Knorpelzelle um sich herum gebildet. Die Knorpelgrundmasse enthält viele Fasern, die den Knorpel elastisch machen. Knorpel befindet sich an vielen Stellen des Skeletts. Er überzieht die Knochen und wirkt als Stoßdämpfer in den Gelenken.

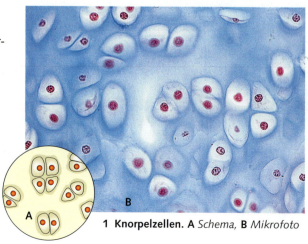

1 Knorpelzellen. A *Schema,* **B** *Mikrofoto*

Muskelzellen

Muskelzellen bilden ein Gewebe. Sie können sich zusammenziehen und wieder gestreckt werden. Eine Bewegung ist jedoch erst zusammen mit vielen Muskelzellen möglich.

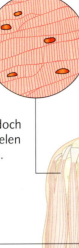

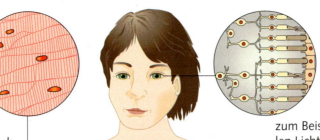

Sinneszellen und Nervenzellen der Netzhaut

Oft ist das Zusammenwirken mehrerer Zelltypen nötig. In der Netzhaut des Auges zum Beispiel nehmen Sinneszellen Lichtreize auf und wandeln sie in elektrische Impulse um. Nervenzellen leiten die elektrischen Impulse zum Gehirn weiter.

Leberzellen

Leberzellen haben eine rundliche Form. In den Leberzellen werden Kohlenhydrate gespeichert und bei Bedarf wieder an den Körper abgegeben. Eiweißstoffe werden dort auf- und abgebaut.

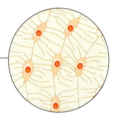

Knochenzellen

Knochenzellen sind über zahlreiche Fortsätze mit den Nachbarzellen verbunden. Der Kalk zwischen den Zellen sorgt für Festigung.

2 Zellen im menschlichen Organismus

Gewebe

Gewebe bestehen aus Zellen, die die gleiche Funktion erfüllen und ähnlich aufgebaut sind. Um bestimmte Funktionen im Körper erfüllen zu können, müssen viele dieser gleichartigen Zellen zusammenarbeiten.

Organ

Eine Einheit, in der verschiedene Gewebe zusammenarbeiten, nennt man **Organ.**

Organsystem

Lebewesen haben viele Organe, die zusammen die gleiche Grundfunktion erfüllen. Magen, Leber und Darm sind Organe, die zu einem **Organsystem,** dem Verdauungssystem, gehören.

Organismus

Alle Organsysteme zusammen bilden den Organismus.

■ Alle lebenden Organismen bestehen aus Zellen. Sie sind je nach Funktion unterschiedlich aufgebaut und angeordnet. Organe mit gleicher Grundfunktion bilden ein Organsystem. Aus den Organsystemen setzt sich der Organismus zusammen.

Lebensmittel – Mittel zum Leben

Joghurt mild mit Vanillegeschmack, 3% Früchten (Sorte s. Deckel), 3,5% Fett im Milchanteil.

Zutaten: Joghurt mild, Zucker, Glukose-Fruktose-Sirup, Früchte, Verdickungsmittel Pektin, modifizierte Stärke, Rote Betesaftkonzentrat (Sorte Kirsche), färbende Frucht- und Pflanzenextrakte, Aromen, Farbstoff Riboflavin.
Bei max. +8°C mindestens haltbar bis: s. Deckel.

150 g e

1. Ihr findet auf der Verpackung von Fruchtjogurtsorten eine Liste mit allen Zutaten dieses Lebensmittels.
a) Schreibt alle Zutaten verschiedener Jogurtsorten auf und vergleicht eure Listen miteinander.
b) Nennt Übereinstimmungen.
c) Auf dem Etikett findet man auch „Nährwertangaben". Welche Information erhaltet ihr dadurch? Ordnet – soweit möglich – die Zutaten den verschiedenen Nährstoffgruppen zu.
d) Vergleicht die Angaben zum Energiegehalt der Jogurtsorten. Welchen Einfluss hat der Fettgehalt auf den Energiegehalt?

Nachweisreaktionen für Nährstoffe

Kohlenhydrat (Stärke)

Tiefblaue Verfärbung beim Auftropfen von Iod-Kaliumiodlösung

Kohlenhydrat (Traubenzucker)

Wasser   Trauben-zuckerlösung

Grünfärbung auf dem Glucose-Teststreifen

Fett

Oliven-öl

Wasser

Durchsichtiger bleibender Fettfleck auf dem Filterpapier

Eiweiß

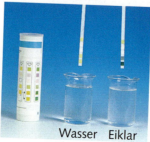

Wasser   Eiklar

Grünfärbung auf dem Eiweiß-Teststreifen

2. Wie könnt ihr euch einen Fruchtjogurt selbst herstellen? Stellt eine Zutatenliste auf und vergleicht sie mit den gekauften Sorten.

3. Untersucht bei folgenden Lebensmitteln, ob sie Stärke, Traubenzucker, Fett oder Eiweiß enthalten: Vollkornbrot, Knäckebrot, Kartoffel, Milch, Eiklar, Eidotter, Obstsaft, zerkleinertes Fleisch, Butter, Kaffee, Mineralwasser, Tee.

Tipps: Wenn nötig, zerkleinert das Lebensmittel und gebt etwas Wasser hinzu. Legt eine Tabelle für alle untersuchten Lebensmittel an, so dass ihr alle Ergebnisse übersichtlich eintragen könnt. Vergleicht eure Ergebnisse mit denen eurer Klassenkameraden.

4. „Am liebsten würde ich nur von Vollmilchschokolade leben", sagt Julian.
a) Finde mithilfe der Angaben auf der Verpackung heraus, wie viel Kohlenhydrate, Fette und Eiweiße in 100 g Vollmilchschokolade enthalten sind.
b) Ein Jugendlicher sollte am Tag etwa 320 g Kohlenhydrate, 80 g Eiweiß und 60 g Fett zu sich nehmen. Berechne, wie viel Schokolade Julian am Tag essen müsste, um genügend Kohlenhydrate zu bekommen? Ermittle außerdem, ob damit auch sein Bedarf an Eiweiß und Fett gedeckt ist. Nenne lebenswichtige Stoffe, die in der Schokolade fehlen.
c) Beurteile abschließend, ob die „Schokoladendiät" eine gute Alternative zu einer abwechslungsreichen Ernährung ist. Begründe deine Meinung.

5. Nach schweren Umweltkatastrophen wie Erdbeben oder Überschwemmungen drohen oft viele Menschen zu verhungern. In einer ersten Hilfsaktion werden die Einwohner zum Beispiel mit Mehl, Erbsen und Speiseöl versorgt. Begründe, warum gerade diese Lebensmittel für die Grundversorgung ausgewählt werden.

6. Schaue auf die Zutatenliste von Mineralwasser, Apfelschorle, Eistee und Cola-Getränken.
a) Liste die Zutaten auf.
b) Entscheide und begründe, welche Getränke dir als Durstlöscher besonders geeignet erscheinen.

7. Fettarme Wurst wird oft als besonders gesund bezeichnet und teuer verkauft. Was ist das Besondere an dieser Wurst? Untersuche eine normale und eine fettarme Fleischwurst auf ihren Wasser- und Fettgehalt. Stelle die Ergebnisse in einem ▶ Diagramm dar und vergleiche sie.
Beachte die ▶ Sicherheitsbestimmungen.

Bestimmung des Wassergehalts:
Ziehe von einer Fleischwurst die Pelle ab und zerkleinere die Wurstmasse. Wiege ein Becherglas und gib 20 g Wurstmasse in das Glas. Erhitze sie langsam unter ständigem Rühren, bis kein Wasser mehr verdampft.

Die Masse sollte auf keinen Fall dabei anbrennen. Damit noch restliches Wasser verdunsten kann, stelle das Becherglas einen Tag lang an einem warmen Ort.
Was musst du anschließend tun, um den Wassergehalt in g angeben zu können?

Bestimmung des Fettgehalts:
Die entwässerte, gewogene Fleischwurstportion wird mit Waschbenzin bedeckt, gut vermengt und anschließend filtriert. Welche Wirkung hat das Waschbenzin? Lass den Filterrückstand einen Tag lang unter dem Abzug stehen. Wie bestimmst du dann den Fettgehalt der Wurst?

Lebensmittel – Mittel zum Leben

Alle Menschen dieser Erde müssen essen, um zu leben. Bei den Chinesen kommt täglich Reis auf den Tisch, dazu gibt es z. B. Soja- und Bambussprossen. Die Europäer essen gerne Kartoffeln oder Nudeln mit Fleisch und Gemüse. Auch wenn die tägliche Nahrung sehr unterschiedlich sein kann, enthalten alle unsere Lebensmittel die drei lebenswichtigen Nährstoffgruppen: Kohlenhydrate, Eiweiße und Fette. Sie bilden auf der ganzen Welt die Grundlage für eine ausreichende Versorgung des Körpers.

Kohlenhydrate

Damit unsere Muskeln gut arbeiten und auch unser Gehirn leistungsfähig ist, müssen wir jeden Tag in ausreichender Menge Kohlenhydrate zu uns nehmen. Sie sind für den Menschen die lebenswichtigen Energiespender. So wie für das Auto der Kraftstoff unentbehrlich ist, sind die Kohlenhydrate für den Menschen die **Betriebsstoffe.** Zu ihnen zählt die ▸ **Stärke,** die zum Beispiel in Kartoffeln und Getreideprodukten vorkommt. Aber auch alle Arten von **Zucker,** die in Obst, Gemüse und Süßwaren zu finden sind, gehören zu den Kohlenhydraten.

Eiweiße

Die Eiweiße, die man auch Proteine nennt, sind als **Baustoffe** für den Menschen lebenswichtig. Sie werden für das Wachstum des Körpers, die Erneuerung unserer Zellen und ein gut funktionierendes Abwehrsystem des Körpers benötigt. Eiweiße sind im Ei und in anderen tierischen Produkten wie Fleisch, Fisch und Milch enthalten. Es gibt aber auch pflanzliche Eiweißquellen wie Erbsen, Bohnen, Linsen, Nüsse und Kartoffeln. Wenn man tierische und pflanzliche Eiweiße in einem Gericht kombiniert, wie zum Beispiel bei „Kartoffeln und Quark", hat man eine optimale Versorgung erreicht, die besonders für Kinder und Jugendliche im Wachstumsalter wichtig ist.

Fette

Fette sind wertvolle Energielieferanten und gehören deshalb auch zu den **Betriebsstoffen.** Ein Gramm Fett liefert etwa doppelt so viel Energie wie ein Gramm Kohlenhydrat. Fette dienen einerseits als Energiereserve bei Hunger und körperlichen Anstrengungen, andererseits helfen sie bei der Aufnahme und Bildung einiger ▸ Vitamine. In Maßen genossen sind auch Fette für eine gesunde Ernährung notwendig. Besonders ▸ Meeresfisch und pflanzliche Lebensmittel wie Öle und Nüsse enthalten wertvolle Fette. Einige Nahrungsmittel bestehen jedoch zu einem großen Anteil aus Fett, ohne dass man es sieht oder deutlich heraus-

schmeckt. Solche „versteckten" Fette finden wir in Wurst, Käse, Pommes frites und in vielen Schokoladenprodukten. Täglicher Verzehr von fettreichen Nahrungsmitteln kann zu Übergewicht und gesundheitlichen Problemen führen.

Vitamine, Mineralstoffe und Spurenelemente

Auch wenn wir ausreichend Kohlenhydrate, Eiweiße und Fette zu uns nehmen, kann es sein, dass zu einer gesunden Ernährung wesentliche Stoffe fehlen. So beobachtete man im Mittelalter, dass Seeleute auf langen Reisen trotz ausreichender Nahrung an schmerzhaften Erkrankungen

1 Inhaltsstoffe
unserer Nahrungsmittel

des Zahnfleischs litten, nichts mehr essen konnten und schließlich starben. Den Seeleuten fehlte das lebenswichtige Vitamin C, das in frischem Obst und Gemüse enthalten ist.

Heute kennt man 13 unterschiedliche **Vitamine,** die mit Großbuchstaben bezeichnet werden. Vitamine wirken schon in kleinsten Mengen und beeinflussen lebenswichtige Vorgänge. Der menschliche Körper kann Vitamine nicht selbst herstellen. Das Vitamin D ist für Kinder und Jugendliche besonders wichtig, denn es unterstützt den Aufbau von Knochen und Zähnen. Wer intensiv Sport treibt und schwitzt, braucht

ausreichend **Mineralstoffe.** Das Magnesium ist ein solcher Mineralstoff, der für die störungsfreie Arbeit der Muskulatur unentbehrlich ist. Bei Muskelkrämpfen kann man sich mit Magnesiumtabletten helfen. Auch in grünem Gemüse, in Salat und Petersilie ist reichlich Magnesium enthalten. Kalzium, Kalium und Natrium sind weitere Mineralstoffe, die für den Aufbau von Knochen und Zähnen und die Herz-, Nerven- und Muskeltätigkeit besonders wichtig sind.

Um die Versorgung mit **Spurenelementen** wie Eisen, Zink und Iod müssen wir uns wenig Sorgen machen. Man braucht sie nur in allerkleinsten Mengen, um den Bedarf zu decken. Ernähren wir uns abwechslungsreich und gesund, nehmen wir Vitamine, Mineralstoffe und Spurenelemente in ausreichender Menge mit der Nahrung auf.

Ballaststoffe

In einigen Lebensmitteln sind Stoffe vorhanden, die im Darm nicht verdaut werden können. Diese Ballaststoffe findet man reichlich in Vollkornprodukten, Obst und Gemüse. Ballaststoffe füllen unseren Magen und lassen uns eher satt sein. Auch wird der Nahrungsbrei im Darm schneller transportiert und so können schädliche Abbauprodukte besser ausgeschieden werden.

Wasser

Jeden Tag verliert der Körper über den Urin, die ▸ Haut und die ▸ Atmung mindestens 2 Liter Wasser. Diese Menge muss wieder aufgefüllt werden, denn Nieren, Herz, Kreislauf und Gehirn brauchen reichlich Flüssigkeit, um störungsfrei zu funktionieren. Wasserreiche Lebensmittel wie Gurke, Melone, Kohl, Salat und viele Obstsorten können zusammen mit ausreichendem Trinken von überwiegend ungesüßten Getränken unseren Flüssigkeitsbedarf decken.

Nährstoffbedarf

Wie viel Kohlenhydrate, Fett und Eiweiß sollte man zu sich nehmen, um sich gesund zu ernähren? Der Bedarf an Nährstoffen ist für jeden Menschen unterschiedlich hoch. Er ist abhängig vom Alter, Geschlecht, von der Körpergröße, dem Gewicht und der körperlichen Aktivität. Ein Kind, das noch im Wachstum ist, braucht mehr Nährstoffe als ein alter Mensch. Ein 11 bis 12 Jähriger sollte reichlich Kohlenhydrate, ausreichend Eiweiß und wenig Fett zu sich nehmen.

Vitamine, Mineralstoffe

Ballaststoffe

Wasser

■ Durch eine gesunde Ernährung nimmt der Körper Nährstoffe wie Kohlenhydrate, Eiweiße und Fette auf. Außerdem erhält er die notwendigen Vitamine und Mineralstoffe sowie Ballaststoffe und Wasser.

Der Weg der Nahrung durch den Körper

1. Versuche, im Handstand mit einem Strohhalm aus einem Becher zu trinken. Gelangt das Getränk entgegen der Schwerkraft in den Magen? Vergleiche mit Abbildung 1B. Erkläre.

2. a) Nenne die Funktionen aller im Text fett gedruckten Organe. Fertige dazu eine Tabelle der einzelnen „Verdauungs-Stationen" an.
b) Der Text nennt vier verschiedene Verdauungsflüssigkeiten. Notiere auch deren Funktion.

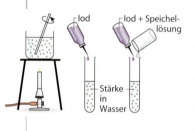

Iod
Iod + Speichellösung
Stärke in Wasser

3. a) Gib eine Messerspitze Stärke in 300 ml Wasser. Koche die Aufschwemmung unter Rühren auf und lasse sie dann auf ca. 37 °C abkühlen.
b) Gieße 2 Reagenzgläser mit der Stärkeaufschwemmung halb voll. Gib je 3 Tropfen ▶ Iod-Kaliumiodidlösung hinzu.
c) Gib in ein Reagenzglas zusätzlich etwas Mundspeichel und schüttle vorsichtig. Beobachte die Veränderungen über 30 min.
d) Fertige ein Versuchsprotokoll an.

4. Verdauungsorgane machen sich oft erst dann bemerkbar, wenn sie nicht richtig „funktionieren". Recherchiere die Ursachen von Durchfall, Verstopfung und Erbrechen.

Verdauung bedeutet Zerkleinerung

Ein Käsebrötchen enthält wichtige ▶ Nährstoffe: das Kohlenhydrat Stärke sowie Fette und Eiweiße. Damit diese vom Körper genutzt werden können, müssen sie schrittweise in ihre kleinsten Bestandteile zerlegt werden. **Enzyme** in den Verdauungssäften bewirken die Zerlegung. Diesen Vorgang nennt man **Verdauung.**

Zunge
Speicheldrüsen
Luftröhre
Speiseröhre

Speicheldrüsen
Rachen
Kehldeckel

Leber
Gallenblase
Zwölffingerdarm
Dünndarm

Magen
Bauchspeicheldrüse
Dickdarm

Mastdarm
After

A

Verdauung beginnt im Mund

Beim Kauen wird die Nahrung durch die Zähne mechanisch zerkleinert. **Speicheldrüsen** sondern Speichel ab, der den Bissen gleitfähig macht. Speichel enthält außerdem ein Verdauungsenzym, das Stärke in Zuckerbausteine zerlegt. Pro Tag werden etwa 1,5 Liter Speichel gebildet! Von der Zunge wird der Bissen an den Gaumen gedrückt. Dann erfolgt das Schlucken und der Bissen gelangt in die 25 cm lange Speiseröhre. Die Muskeln der **Speiseröhre** ziehen sich hinter dem Speisebrocken wellenförmig zusammen und befördern ihn so schubweise in den Magen (Peristaltrik).

Nützliche Säure im Magen

Der sich im **Magen** sammelnde Speisebrei wird durch Bewegungen der Magenmuskulatur kräftig durchgeknetet. Dabei wird er mit Magensaft vermischt. Magensaft wird in den Drüsen der Magenschleimhaut produziert und enthält verdünnte Salzsäure. Sie tötet Bakterien und Keime ab, die mit der Nahrung aufgenommen werden. Magensaft leitet außerdem die Spaltung der Eiweiße in ihre Bausteine ein.

Komplette Zerlegung der Nährstoffe im Dünndarm

Durch einen ringförmigen Muskel am Magenausgang, den Pförtner, wird der Nahrungsbrei portionsweise in den 3 bis 4 m langen **Dünndarm** abgegeben. Dort wird er von wellenförmigen Bewegungen der Darmwandmuskulatur langsam weitertransportiert. In den ersten Abschnitt des Dünndarms, den Zwölffingerdarm, geben Gallenblase und Bauchspeicheldrüse Verdauungsflüssigkeiten ab. Die Gallenflüssigkeit wird in der Leber erzeugt. Sie zerlegt Fette in kleinste Tröpfchen und unterstützt so deren Verdauung. Die Verdauungssäfte der Bauchspeicheldrüse und weitere aus der Dünndarmwand enthalten Verdauungsenzyme. Sie sorgen dafür, dass bisher noch nicht vollständig verdaute Kohlenhydrate, Eiweiße und Fette in ihre Grundbausteine zerlegt werden.

Resorption ins Blut

Die Innenwand des Dünndarms wird durch viele Falten, auf denen winzige fingerförmige Dünndarmzotten sitzen, auf über 150 m² vergrößert. Durch die dünne Wand der Darmzotten erfolgt die **Resorption,** das heißt die Aufnahme der Grundbausteine ins ▶ **Blut.** Über den ▶ Blutkreislauf werden sie dann zu allen Körperzellen transportiert und versorgen diese.

Im Dickdarm: Nur nichts verschwenden

Unverdauliche Reste, die ▶ Ballaststoffe, gelangen in den **Dickdarm.** Dort werden dem noch flüssigen Brei Wasser und Mineralstoffe entzogen, die der Körper noch verwenden kann. So eingedickt sammeln sich die Reste im Mastdarm und werden als Kot durch den **After** ausgeschieden.

■ In den verschiedenen Organen des Verdauungssystems werden die Nährstoffe durch Enzyme in ihre wasserlöslichen Bausteine zerlegt und dann ins Blut aufgenommen.

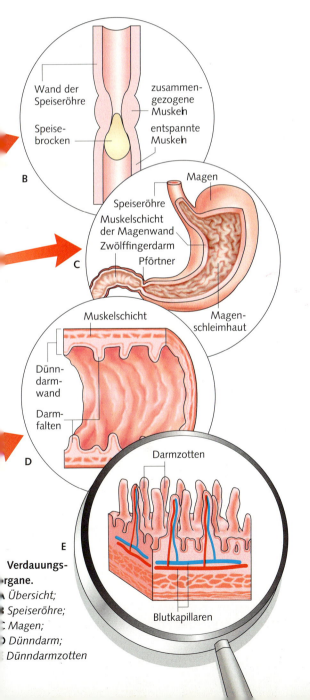

Nährstoffkette

Verdauungsenzym

Grundbausteine

Blutgefäß

2 Zerlegung der Nährstoffe (Schema)

Wand der Speiseröhre

zusammengezogene Muskeln

Speisebrocken

entspannte Muskeln

B

Magen

Speiseröhre

Muskelschicht der Magenwand

Zwölffingerdarm

Pförtner

C

Muskelschicht

Magenschleimhaut

Dünndarmwand

Darmfalten

D

Darmzotten

E

Verdauungsorgane.
A Übersicht;
B Speiseröhre;
C Magen;
D Dünndarm;
E Dünndarmzotten

Blutkapillaren

Kohlenhydrate machen fit

1. Untersuche die Wirkung des Enzyms Amylase auf Kohlenhydrate. Gib dazu in zwei Bechergläser jeweils 100 ml Wasser und eine Messerspitze Stärke. Rühre gut um. Füge nun in ein Becherglas etwas Amylase-Lösung zu und lass diese kurz einwirken. Gib anschließend in beide Bechergläser drei Tropfen Iod-Kaliumiodid-Lösung und rühre um.
Schreibe zu dem Versuch ein Versuchsprotokoll.

2. Kohlenhydrate unterteilt man in Einfachzucker, Zweifachzucker und Vielfachzucker. Erkläre mithilfe der Abbildung 2 diese Einteilung.

3. Wasserlöslich nennt man einen Stoff, wenn er zusammen mit Wasser eine klare Flüssigkeit bildet und sich weder oben noch unter absetzt.
Überprüfe die Wasserlöslichkeit von Traubenzucker, Malzzucker, Haushaltszucker und Speisestärke.
Gib dazu jeweils wenige Gramm des Stoffes in je ein Becherglas mit etwa 50 ml Wasser und rühre gut um.

4. Das Säulendiagramm zeigt die Entwicklung des täglichen Zuckerkonsums in Deutschland in g/Tag.

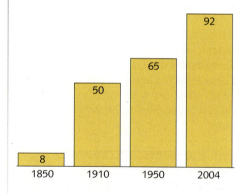

a) Beschreibe die Veränderung und nenne mögliche Ursachen.
b) Nenne gesundheitliche Folgen eines hohen Zuckerkonsums.

5. a) Beschreibe mithilfe der Grafik die Wirkungsweise des Enzyms Maltase.
b) Damit ein Stoff von einem Enzym gespalten werden kann, muss dieser genau zur räumlichen Gestalt des Enzyms passen. Man spricht hier vom Schlüssel-Schloss-Prinzip. Begründe, warum das Enzym Maltase Haushaltszucker nicht spalten kann.

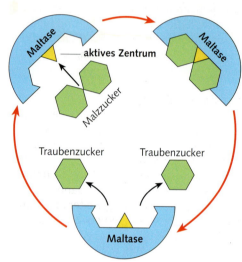

6. In einem Versuch wurden zwei verschiedene Frühstücke miteinander verglichen. Man wollte herausfinden, welches Frühstück länger satt macht. Nach dem Frühstück wurde dazu jeweils der Blutzuckerspiegel zu verschiedenen Zeitpunkten bestimmt. Das folgende Diagramm zeigt das Ergebnis.

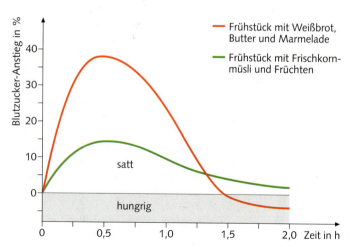

a) Beschreibe die Versuchsergebnisse.
b) Erkläre die Ergebnisse. Welches Frühstück hält länger fit?

1 Auswahl an kohlenhydratreichen Nahrungsmitteln

Bedeutung der Kohlenhydrate

Mit unserer Nahrung nehmen wir unterschiedliche Kohlenhydrate zu uns. Während Kartoffeln, Nudeln und Brot viel **Stärke** enthalten, findet sich in Süßwaren überwiegend Haushaltszucker. Im Körper werden die unterschiedlichen Kohlenhydrate zu **Traubenzucker** umgewandelt. Dieser kann dann von allen Zellen zur Energiegewinnung weiter abgebaut werden. Kohlenhydrate sind ▸ Betriebsstoffe, die dem Körper Energie liefern.

Kohlenhydratbedarf

Der Mensch sollte etwa die Hälfte seines Energiebedarfs durch Kohlenhydrate decken. Tatsächlich ist dieser Anteil jedoch geringer. Wir nehmen mit der Nahrung oft nicht nur zu wenig, sondern auch die falschen Kohlenhydrate zu uns: Haushaltszucker wird im Körper schnell in die beiden Bausteine Traubenzucker und Fruchtzucker zerlegt. Der Traubenzucker lässt dann den **Blutzuckerspiegel** rasch ansteigen. Unser Körper reagiert darauf und senkt den Blutzuckerspiegel wieder. Ein sinkender Blutzuckerspiegel ist jedoch ein Hungersignal. Wer zu viel Zucker isst, bekommt also schneller wieder Hunger. Außerdem fördert Zucker Übergewicht und Karies. Stärke verhält sich in unserem Körper anders: Dieser Vielfachzucker besteht aus langen Ketten von Traubenzucker-Bausteinen, die zunächst zerlegt werden müssen. Der Blutzuckerspiegel steigt somit nur allmählich an. Stärkehaltige Lebensmittel machen daher länger satt.

Frucht zucker

auben ucker

aushalts- ucker

Stärke

Modelle von Kohlenhydraten

Verdauung und Resorption der Kohlenhydrate

Bereits im Mund beginnt die Verdauung der Kohlenhydrate. Während wir unsere Nahrung kauen und einspeicheln, wird die Stärke zerlegt. Verantwortlich hierfür ist das Enzym **Amylase.** Es wird in den Speicheldrüsen gebildet und spaltet Stärke in zahlreiche Einheiten aus Malzzucker. Dieser Zweifachzucker besteht aus zwei Traubenzucker-Bausteinen. Mithilfe des Enzyms **Maltase** wird anschließend Malzzucker im Dünndarm zu Traubenzucker zerlegt. Auch Haushaltszucker wird hier gespalten. Die Verdauung der Kohlenhydrate ist damit abgeschlossen. Traubenzucker gelangt nun durch die Darmwand ins Blut und wird dann zu den Zellen transportiert. Hier erfolgt bei der ▸ Zellatmung die eigentliche Energiegewinnung.

Nehmen wir mit der Nahrung mehr Kohlenhydrate auf als wir benötigen, so werden diese in der Leber und den Muskeln gespeichert. Bei Bedarf können sie kurzfristig wieder zu Traubenzucker abgebaut werden.

Mundhöhle

Amylase

Amylase

Magen

Leber

Bauchspeicheldrüse

Maltase

Dünndarm

Blutgefäß

3 Verdauung von Kohlenhydraten

Eine besondere Rolle bei der Verdauung spielen die **Ballaststoffe.** Bei diesen Vielfachzuckern sind die einzelnen Zucker-Bausteine so miteinander verknüpft, dass sie von den Enzymen im Darm nicht zerlegt werden können. Unverdaut füllen sie den Magen und bewirken so ein Sättigungsgefühl. Gleichzeitig verstärken sie die Darmbewegung.

4 Ballaststoffreiche Lebensmittel

■ **Kohlenhydrate liefern dem Körper Energie. Stärke wird durch Enzyme zunächst in Malzzucker und dann weiter zu Traubenzucker zerlegt. Dieser gelangt ins Blut.**

Fette bringen (zu) viel Energie

1. Fette sind lebenswichtig, können aber auch belastend sein. Erläutere diese Aussage mit mehreren Argumenten für die eine oder andere Position.

2. a) Untersuche mithilfe der Fettfleckprobe, ob Fett in verarbeiteten Lebensmitteln nachweisbar ist. Teste zum Beispiel Käse, Marmelade, Mayonnaise, Magermilchjoghurt, Pommes frites und Salzkartoffeln.
b) Ziehe aus den Ergebnissen Rückschlüsse auf die Verwendung der untersuchten Lebensmittel.

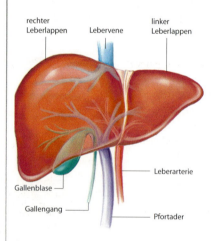

rechter Leberlappen
Lebervene
linker Leberlappen
Leberarterie
Gallenblase
Gallengang
Pfortader

3. a) Erläutere die Funktion der Gallenflüssigkeit bei der Verdauung.
b) Manche Menschen leiden an einer verminderten Produktion von Gallenflüssigkeit. Welche Auswirkung könnte dies haben? Begründe deine Antwort.

4. Recherchiere, zum Beispiel im Internet, weitere Funktionen der Leber. Stelle die Ergebnisse in der Klasse vor.

5. Die Tabelle zeigt den Fettgehalt einiger Lebensmittel.
a) Erkläre den Begriff „versteckte Fette".
b) Vergleiche die Fettmenge einer Salami-Pizza mit der empfohlenen Tagesration an Fett. Ziehe eine sinnvolle Schlussfolgerung.

1 Salami-Pizza (400 g)	52 g Fett
Erdnüsse geröstet (100 g)	50 g Fett
100 g Chips	39 g Fett
Eiskaffee mit Sahne (200 ml)	32 g Fett
1 Tafel Schokolade	30 g Fett
2 Wiener Würstchen	28 g Fett
1 Stück Sahnetorte	25 g Fett
Fleischsalat (100 g)	19 g Fett
Erdnuss-Schokoladenriegel (60 g)	17 g Fett
Pommes frites (150 g)	15 g Fett
Hamburger	12 g Fett
1 Schokocroissant (60 g)	12 g Fett
Sahnejoghurt (150 g)	12 g Fett

6. Mit diesem Versuch lässt sich die Wirkung von Galle bei der Verdauung verdeutlichen. Fülle dazu zwei Reagenzgläser jeweils mit 5 ml Wasser und zehn Tropfen Speiseöl. Gib in das zweite Reagenzglas zusätzlich 5 ml Ochsengalle. Diese erhältst du in der Apotheke oder einem Fachgeschäft für Farben und Zeichenbedarf. Verschließe die Reagenzgläser mit einem Stopfen und schüttle sie kräftig. Stelle die Reagenzgläser für etwa fünf Minuten in den Reagenzglasständer.
a) Beschreibe deine Beobachtungen.
b) Erkläre die Versuchsergebnisse.

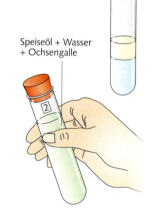

Speiseöl + Wasser
+ Ochsengalle

7. Der Fettkonsum in Deutschland ist rapide angestiegen. Täglich essen wir durchschnittlich 180 g Fett. Der Anteil versteckter Fette liegt bei 90 g.
a) Gib mögliche Ursachen für den Anstieg des Fettkonsums an.
b) Nenne gesundheitliche Folgen des erhöhten Fettkonsums.
c) Diskutiert in der Klasse, wie sich die tägliche Fettaufnahme verringern lässt.

Bedeutung der Fette

Fette sind wichtige ▶ Betriebsstoffe des Körpers. Jedes Gramm Fett liefert bei seinem Abbau mehr als doppelt soviel Energie wie ein Gramm Kohlenhydrate. Fette sind damit die energiereichsten Nährstoffe in unserer Nahrung. Wer regelmäßig zu viel Fett zu sich nimmt, hat schnell ein Gewichtsproblem. Überschüssige Fette werden in unserem Körper als Depotfette an Bauch, Hüften und Gesäß gespeichert. Neben Übergewicht können Herz-Kreislauf-Erkrankungen und Zuckerkrankheit weitere Folgen eines erhöhten Fettkonsums sein.

1 Fettdepots

Doch kleinere Fettdepots sind wichtig für unseren Körper. Sie schützen empfindliche Organe wie Augen und Nieren vor Druck und Stoß, isolieren gegen Kälte und sind am Aufbau von Zellmembranen beteiligt. Fette ermöglichen die Aufnahme der fettlöslichen Vitamine im Darm. Daneben dienen sie als **Energiereserve,** etwa bei längeren Krankheiten.
Fette unterteilt man, je nach Herkunft, in tierische und pflanzliche Fette. Schmalz und Butter sind Beispiele für tierische Fette. Nüsse und Olivenöl enthalten pflanzliche Fette.
Fette findet man aber nicht nur in Streichfetten oder Ölen, sondern auch versteckt in Wurstwaren, Fleisch, Käse oder Süßwaren. Bereits eine Tafel Schokolade enthält 30 g Fett und deckt damit einen großen Teil der empfohlenen Tagesration von 60–80 g. Ein Zuviel an **versteckten Fetten** kann so leicht zum Problem werden.

2 Fetthaltige Nahrungsmittel

Glycerin	Fettsäure 1
	Fettsäure 2
	Fettsäure 3

3 Grundaufbau von Fetten

Aufbau der Fette

Fette besitzen stets den gleichen Grundaufbau: Sie bestehen aus Glycerin und drei meist verschiedenen Fettsäuren. Einige dieser Fettsäuren sind für uns Menschen **essenziell,** d. h. lebensnotwendig. Wir können sie nicht selbst bilden und müssen sie daher mit der Nahrung aufnehmen. Essenzielle Fettsäuren kommen vorwiegend in Pflanzenölen wie beispielsweise Sonnenblumenöl vor. Solche Fette sollte man deshalb tierischen Fetten vorziehen.

Verdauung und Resorption der Fette

Fette sind in Wasser unlöslich. Damit sie verdaut werden können, muss zunächst die von der Leber gebildete **Gallenflüssigkeit** einwirken. Sie umhüllt das Fett und wirkt so als Vermittler zwischen Fett und Wasser. Die Fette sind nun **emulgiert,** d. h. in kleinste Tröpfchen im Wasser verteilt. Durch diese Oberflächenvergrößerung kann jetzt das wasserlösliche Enzym der Bauchspeicheldrüse, die **Lipase,** einwirken. Im Dünndarm zerlegt dieses Enzym Fett in Glycerin und Fettsäuren. Die Resorption dieser Spaltprodukte erfolgt in die Lymphflüssigkeit, die mit dem Blut in Verbindung steht. Anschließend dienen die Fettbausteine der Energiegewinnung oder werden als eigenes Körperfett gespeichert.

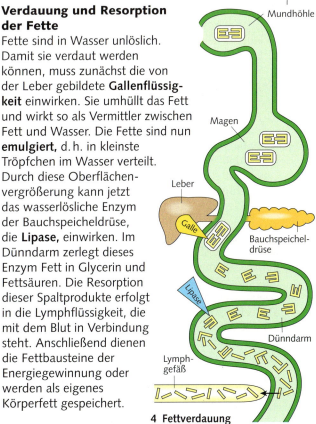

4 Fettverdauung

■ Fette liefern sehr viel Energie. Gallenflüssigkeit emulgiert die Fette, bevor sie durch Enzyme zu Fettsäuren und Glycerin zerlegt und in die Lymphe resorbiert werden.

Eiweiße – wichtige Baustoffe

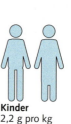 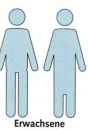

Täglicher Eiweißbedarf

Kinder
2,2 g pro kg
Körpergewicht

Erwachsene
0,8 g pro kg
Körpergewicht

1. Gerichte wie Pellkartoffeln mit Quark oder Linsensuppe mit Wurst stellen ideale Eiweißquellen dar. Begründe, warum gerade die Kombination dieser Lebensmittel wertvolles Eiweiß liefert.

2. a) Ermittle deinen persönlichen täglichen Eiweißbedarf.
b) Begründe, warum Säuglinge und Kleinkinder einen erhöhten Eiweißbedarf haben.

3. Untersuche die Wirkung von Säuren auf Eiweiß. Fülle dazu ein Reagenzglas halbvoll mit Milch und gib einige Tropfen Zitronensaft hinzu. Verschließe das Reagenzglas mit einem Stopfen und schüttle es kräftig.
a) Notiere deine Beobachtungen.
b) Erkläre das Versuchsergebnis.
c) Wo findet während der Verdauung ein ähnlicher Vorgang statt?

4. Ähnliche Vorgänge wie in dem Versuch aus Aufgabe 3 finden auch bei der Herstellung von Jogurt und Dickmilch statt. Recherchiere, wie diese Lebensmittel hergestellt werden und wodurch die Ansäuerung der Milch erfolgt.

5. Manche Kleinkinder leiden schon kurz nach dem Abstillen unter chronischen Durchfällen. Ihr Wachstum ist verzögert, auch sind sie sehr dünn. Verantwortlich ist eine Krankheit, die man *Zöliakie* nennt.
a) Recherchiere die Ursachen der Zöliakie.
b) Finde heraus, wie diese Krankheit behandelt wird.
c) Wofür steht das abgebildete Zeichen?

6. Die folgende Abbildung zeigt die Durchführung eines Experiments zur Eiweißverdauung.

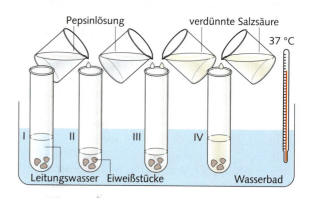

Pepsinlösung   verdünnte Salzsäure

37 °C

I   II   III   IV

Leitungswasser   Eiweißstücke   Wasserbad

Nach 30 Minuten konnte man folgende Beobachtung machen:

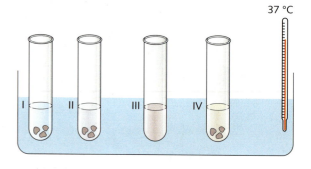

37 °C

I   II   III   IV

a) Beschreibe den Versuchsablauf und die Ergebnisse.
b) Vergleiche die Versuchsbeobachtungen mit den entsprechenden Vorgängen bei der Eiweißverdauung im Magen.

Aufbau der Eiweiße

Im unserem Körper gibt es eine Vielzahl unterschiedlicher Eiweiße mit unterschiedlichen Funktionen. Trotz dieser Vielfalt besitzen Eiweiße einen ähnlichen Aufbau: Ihre Grundbausteine sind stets **Aminosäuren,** die wie Perlen einer Kette aneinandergereiht sind. Die Ketten sind dann knäuelartig umeinandergewunden.

Ein Teil der Aminosäuren kann vom Körper selbst hergestellt werden. Die übrigen **essenziellen** Aminosäuren müssen mit der Nahrung aufgenommen werden.

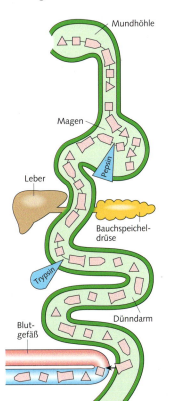

Aminosäuren (Beispiele)

Eiweißmolekül (Beispiel)

1 Modelle von Aminosäuren und von einem Eiweißmolekül

3 Eiweißreiche Nahrungsmittel

Verdauung und Resorption der Eiweiße

Die Eiweißverdauung beginnt im Magen: Salzsäure im Magensaft lässt die Eiweiße gerinnen. Dabei entknäulen sich die langen Eiweißketten und können nun vom Enzym **Pepsin** in kürzere Ketten gespalten werden.
In der Flüssigkeit der Bauchspeicheldrüse finden sich weitere Enzyme wie das **Trypsin.** Es zerlegt die nun kürzeren Ketten in die einzelnen Aminosäuren, die durch die Darmwand ins Blut gelangen. Von dort gelangen sie zu den Zellen und hier werden aus ihnen körpereigene Eiweiße aufgebaut.

Eiweißbedarf

Eiweiß ist ein lebenswichtiger Baustoff. Im Gegensatz zu Kohlenhydraten und Fetten kann unser Körper keine Eiweißreserven anlegen. Zum

Mundhöhle

Magen

Pepsin

Leber

Bauchspeicheldrüse

Trypsin

Dünndarm

Blutgefäß

2 Eiweißverdauung im Überblick

Aufbau körpereigener Eiweiße müssen wir daher täglich Eiweiß zu uns nehmen.
Etwa zwei Drittel des Nahrungseiweißes sollte von pflanzlichen Lebensmitteln wie Kartoffeln, Bohnen, Linsen, Erbsen und Nüssen stammen. Tatsächlich nehmen wir aber meist zu viel tierisches Eiweiß, insbesondere zu viel Fleisch und Wurstwaren, zu uns. Durch hohen Fettkonsum werden Übergewicht, Herz- und Gefäßkrankheiten sowie Gelenkerkrankungen begünstigt.
Nahrungseiweiß ist dann besonders wertvoll, wenn es möglichst viele verschiedene essenzielle Aminosäuren enthält. Dies erreicht man durch eine Kombination pflanzlicher und tierischer Eiweißquellen. Eine gesunde Ernährung enthält diese daher in einem ausgewogenen Verhältnis.

Ein Mangel an Nahrungseiweiß kommt bei uns praktisch nicht vor. Anders ist die Situation in **Entwicklungsländern.** Hier wird zu wenig Eiweiß gegessen. Tierisches Eiweiß ist teuer und kann von der armen Bevölkerung nicht gekauft werden. Insbesondere bei Kleinkindern kommt es daher zu **Unterernährung,** die zum Tod führen kann. Man versucht dieses Problem durch preiswertere, aber hochwertige Kombinationen pflanzlicher Lebensmittel zu lösen. Die Sojabohne bildet häufig die Grundlage dieser Eiweißmischungen.

4 Kleinkind mit Eiweißmangel

■ **Eiweiße sind wichtige Baustoffe. Mithilfe der Magensäure und durch Enzyme werden sie in ihre Bestandteile, die Aminosäuren, zerlegt. Anschließend erfolgt die Resorption ins Blut.**

Kleine Mengen – große Wirkung

📖 **3.** In einem Experiment wurde untersucht, wie sich der Gehalt an Vitamin C bei Petersilie innerhalb von 24 Stunden verändert. Dazu wurde die Petersilie unterschiedlich aufbewahrt: unzerkleinert bei 4 °C (a) bzw. bei 20 °C (b), zerkleinert bei 4 °C (c) bzw. bei 20 °C (d). Das folgende Diagramm zeigt die Versuchsergebnisse.

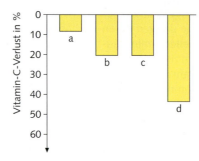

📖 **1.** Die Abbildung zeigt verschiedene, mit Ziffern gekennzeichnete Nahrungsmittel. Ermittle mithilfe der Pinnwand, welche Vitamine und welche Mineralstoffe in diesen Lebensmitteln enthalten sind.

📖 **2.** Rohes Gemüse ist besonders vitaminreich. Erkläre, warum es durchaus sinvoll ist, etwas Fetthaltiges dazu zu essen.

a) Erläutere, wovon der Vitamin C-Gehalt der Petersilie beeinflusst wird.
b) Gib Empfehlungen für eine vitaminschonende Lagerung und Zubereitung von Kräutern.

📖 **4.** Mineralstoffdrinks sollen uns nach dem Sport schnell wieder leistungsfähig machen. Diese recht teuren Getränke enthalten neben den eigentlichen Mineralstoffen häufig auch Zucker.
a) Begründe, warum diesen Getränken Mineralstoffe und Zucker zugesetzt werden.
b) Nenne preiswerte Getränke für Hobbysportler, die den gleichen Zweck wie Mineralstoffdrinks erfüllen.

Vitamine

Mit der Nahrung nehmen wir neben Nährstoffen auch Vitamine und Mineralstoffe zu uns. Sie liefern zwar keine Energie, sind aber dennoch lebensnotwendig. Bereits kleinste Mengen reichen aus, um unseren täglichen Bedarf zu decken.
Heute kennt man zahlreiche unterschiedliche Vitamine, die vielfältige Aufgaben übernehmen: Sie regulieren den Stoffwechsel, stärken das ▶ Abwehrsystem und sind am Aufbau von Zellen, Knochen, Zähnen sowie an der Blutbildung beteiligt. Die meisten Vitamine sind wasserlöslich. Zu ihnen zählt beispielsweise Vitamin C, von dem wir täglich mindestens 75 mg benötigen. Fettlösliche Vitamine hingegen können wir nur dann aufnehmen, wenn die Nahrung gleichzeitig Fett enthält. Fehlt aufgrund einseitiger Ernährung auch nur ein einziges Vitamin, kann es zu bedrohlichen Mangelerkrankungen kommen. Bei einer abwechslungsreichen Ernährung tritt ein solcher Mangel aber praktisch nicht auf. Zusätzliche Vitaminpräparate sind deshalb in der Regel nicht notwendig.

Mineralstoffe und Spurenelemente

Mineralstoffe können verschiedene Funktionen haben: Calcium ist als Baustoff am Knochenaufbau beteiligt. Natrium und Kalium regulieren den Wasserhaushalt und sind für die Erregungsleitung von Nerven und Muskeln von Bedeutung. Mineralstoffe benötigt unser Körper in relativ geringen Mengen. Bei einem Bedarf von etwa einem Gramm pro Tag spricht man von Mengenelementen. Zu ihnen zählen beispielsweise Calcium, Natrium und Kalium. Spurenelemente wie Eisen, Magnesium oder Iod werden jedoch in deutlich geringeren Mengen benötigt. So liegt etwa der Tagesbedarf an Iod bei etwa 0,2 mg. Eine nicht ausreichende Versorgung kann zu Mangelkrankheiten führen: So wird der Kropf, eine Vergrößerung der Schilddrüse, durch eine zu geringe Zufuhr von Iod verursacht.

■ **Eine abwechslungsreiche Ernährung sorgt für die lebensnotwendigen Vitamine und Mineralstoffe.**

Vitamine, Mineralstoffe und Spurenelemente

Name	wichtig für …	enthalten in …	Mangelerscheinung
Vitamin B_1	Nervensystem, Verdauung von Kohlenhydraten und Fetten, Konzentrationsfähigkeit	Naturreis, Hülsenfrüchte, Kartoffeln, Milchprodukte, Schweinefleisch	oft unzureichende Versorgung, dauerhafter Mangel führt zu Beri-Beri
Vitamin B_2	Sehvorgang, Gesunderhaltung von Haut und Schleimhäuten, Kohlenhydratstoffwechsel	Fisch, Leber, Milchprodukte, Eier, Hefe	führt zu Erschöpfung, eingerissenen Mundwinkeln, Wachstumshemmung
Vitamin B_6	Verdauung der Eiweiße, Blutbildung, Nervensystem	Bananen, Leber, Walnüsse, Milch, Käse, Eier	führt zu fettiger, schuppiger Haut, Gewichtsverlust
Vitamin B_{12}	Bildung der roten Blutkörperchen, Verdauung, Wachstum	Fleisch, Innereien, Fisch, Milchprodukte, Eier	Störungen bei der Erneuerung von Nerven- und Blutzellen, Blutarmut
Vitamin C	Abwehrkräfte, Zähne, Zahnfleisch, Enzymaktivität	Paprika, Zitrusfrüchte, Kiwi, Brokkoli, Äpfel, Sauerkraut	erhöhte Anfälligkeit für Krankheiten, dauerhafter Mangel führt zu Skorbut
Folsäure	Blutbildung, Nervensystem	grünes Gemüse wie Kohl, Spinat, Salat, Eigelb, Tomaten	Blutarmut, gestörtes Immunsystem
Vitamin A	Neubildung von Haut und Schleimhäuten, Sehvorgang	Leber, Butter, Brokkoli, Vollmilch, als Vorstufe in Karotten	Nachtblindheit, Wachstumsstörung, geschädigte Haut
Vitamin D	Knochen, Zähne	Fisch, Leber, Lebertran, Ei, Milchprodukte	weiche und biegsame Knochen; dauerhafter Mangel führt zu Rachitis
Vitamin E	Sauerstoffversorgung der Zellen, Durchblutung	Walnüsse, Mandeln, Erdnüsse, Pflanzenöle, Hering	tritt bei Menschen äußerst selten auf
Vitamin K	Blutgerinnung	grünes Gemüse, Leber	Störung der Blutgerinnung
Calcium	Knochen, Zähne, Muskelbewegung	Milchprodukte, Nüsse, Vollkornbrot	Knochenentkalkung (Osteoporose)
Magnesium	Muskeltätigkeit, Knochen, Zähne, Nerven, Enzyme	Grünkohl, Weißkohl, Milch, Käse, Fisch	Krämpfe der Skelettmuskulatur
Eisen	Blutbildung, Sauerstoffversorgung, Enzyme	fast alle Lebensmittel außer Milchprodukte	Blutarmut (Anämie)
Iod	Funktion der Schilddrüse	Meeresfische, iodhaltiges Speisesalz	Kropfbildung
Fluor	Knochen und Zähne	Meeresfische, schwarzer Tee	Kariesanfälligkeit

wasserlösliche Vitamine   fettlösliche Vitamine   Mineralstoffe   Spurenelemente

1. Recherchiere über die Vitaminmangelkrankheiten Beri-Beri und Skorbut.

2. Gib Ergänzungsstoffe an, die für die gesunde Bildung von Knochen und Zähnen von Bedeutung sind.

3. Begründe, warum Schwangere einen erhöhten Eisenbedarf haben.

Ohne Energie nichts los

1. Paul und Linus fahren jeden Morgen 3 km zur Schule. Paul fährt Rad, Linus Mofa.
a) Paul hat trotz Frühstück in der ersten großen Pause wieder Hunger. Erkläre.
b) Erläutere die Auswirkungen der unterschiedlichen Fortbewegungsweisen für den ganzen Körper.

2. a) Eine Mutter sagt zu ihrem 15-jährigen Sohn: „Das ist ungerecht: Während du jeden Tag eine Tafel Schokolade essen könntest, werde ich schon beim Hinschauen dicker."
Benenne mithilfe der Tabelle Faktoren, die den Grundumsatz beeinflussen. Beurteile dann die Aussage der Mutter.
b) Nenne weitere Gründe, die die Aussage der Mutter unterstützen könnten.

	Grundumsatz	
Alter in Jahren	Mann 174 cm; 70 kg	Frau 166 cm; 60 kg
14–18	7 900 kJ	6 200 kJ
19–35	7 300 kJ	6 000 kJ
36–50	6 800 kJ	5 600 kJ
51–65	6 200 kJ	5 200 kJ

■ Leber	■ Rest	■ Nieren
■ Herz	■ Gehirn	■ Skelettmuskeln

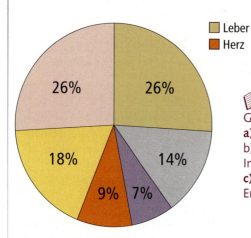

3. Die Grafik zeigt den Anteil verschiedener Organe am Grundumsatz.
a) Erkläre den Begriff Grundumsatz und werte die Grafik aus.
b) Berechne deinen persönlichen Grundumsatz mithilfe des Informationstextes auf der rechten Seite.
c) Im Winter ist der Grundumsatz oft höher als im Sommer. Erkläre.

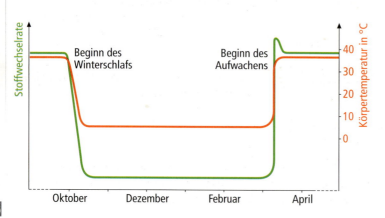

4. Tiere wie der Igel oder das Murmeltier halten einen Winterschlaf.
a) Erkläre mithilfe des Diagramms, wie die Tiere lange Phasen im Winterschlaf ohne Energiezufuhr überstehen.
b) Erläutere ausführlich, warum man zudem eine Abnahme des Körpergewichts während des Winterschlafs feststellt.

Grund- und Leistungsumsatz

Für alle unsere Lebensvorgänge benötigen wir ▶ Energie. Selbst in der Nacht, wenn wir schlafen, müssen Atmung, Herzschlag und Verdauung im Körper weiter ablaufen, um alle Organe mit Energie zu versorgen. Diese Energiemenge, die der Mensch in völliger Ruhe zur Aufrechterhaltung der genannten Funktionen pro Tag verbraucht, nennt man **Grundumsatz.** Die Maßeinheit für die Energie, die in der Nahrung enthalten ist, ist Kilojoule (kJ).

Eine vereinfachte Regel sagt, dass man sein Körpergewicht in kg mit 100 multiplizieren muss, um den ungefähren Grundumsatz in kJ pro Tag zu berechnen. Dieser wird noch durch viele andere Faktoren wie Alter, Geschlecht, Krankheiten oder Klima beeinflusst.

Zusätzliche Energie benötigen wir für unseren **Leistungsumsatz.** Er hängt von dem Ausmaß der verrichteten Arbeit ab und ist bei Muskelarbeit am größten, bei geistiger Arbeit am geringsten.

Als Faustregel kann man etwa 30 % des Grundumsatzes als Leistungsumsatz rechnen. Allerdings ist der Leistungsumsatz sehr stark abhängig davon, wie viel sich jemand bewegt. Wer die Tage hauptsächlich im Sitzen vor dem Computer zubringt, kann nur etwa 20 % als Leistungsumsatz berechnen, ein Sportler oder Schwerarbeiter bis zu 110 %. Grund- und Leistungsumsatz zusammen ergeben den **Gesamtumsatz.**

Woher kommt die Energie?

Um seinen Energiebedarf zu decken, muss sich der Mensch geeignete Nahrung beschaffen, sei es, wie bei manchen Naturvölkern noch heute durch Sammeln, Jagen und Fischen, durch Ackerbau und Viehzucht oder wie bei uns durch den Einkauf von Nahrungsmitteln im Supermarkt.

Die ausgewählten Nahrungsmittel enthalten verschiedene ▶ Nährstoffe. Bei der Verdauung werden diese in ihre Bestandteile zerlegt. Nach der Resorption werden die Bausteine durch Blut und Lymphe aufgenommen und im Körper verteilt. Die Bausteine der Nährstoffe werden in den Zellen abgebaut, wobei chemische Energie frei wird (▶ Zellatmung), die weitgehend für den Organismus genutzt werden kann. Chemische Energie aus den Nährstoffen kann z. B. in Bewegungsenergie und Wärme umgewandelt werden. Die Nahrungsbeschaffung stellte ursprünglich für den Menschen einen erheblichen Aufwand dar. Da die Bereitstellung der Nahrungsmittel bei uns sehr leicht geworden ist und viele Menschen sich durch Verände-

rungen in der Lebensweise weniger bewegen, haben sie einen deutlich geringeren Leistungsumsatz als früher. Folglich benötigen sie weniger Energie. Ist die aufgenommene Energiemenge jedoch größer als der Gesamtumsatz, dann speichert der Körper überschüssige Energie in Form von Fett. Auch Zucker oder Eiweiße, die nicht benötigt werden, können vom Körper in Fett umgewandelt und gespeichert werden. Der Mensch kann durch das Anlegen von Fettpolstern als **Energiereserve** Zeiten mit Nahrungsknappheit überstehen. Dann wird die Energie durch den Abbau körpereigener Stoffe gewonnen, zunächst von Kohlenhydraten und Fetten, später auch von Eiweißen. Bei hungernden Menschen werden somit auch Muskeln abgebaut.

In den Industrieländern haben wir dies Problem heute nicht mehr. Im Gegenteil, hier nehmen Menschen zu viel Energie auf, ohne die Fettreserven jemals zu verbrauchen. Die Folge ist **Übergewicht.** Wir müssen also darauf achten, die Energieaufnahme unserem Gesamtenergiebedarf anzupassen.

1 Nahrungsbeschaffung. A *Naturvolk bei der Jagd;*
B *Beim Einkauf im Supermarkt*

■ **Grund- und Leistungsumsatz ergeben den Gesamtumsatz. Die Energieaufnahme muss dem Energiebedarf angepasst sein.**

| 2000 kJ | 3650 kJ |
| 1100 kJ | 1250 kJ | 2900 kJ |

7⁰⁰ Uhr　　　**9³⁰ Uhr**　　　**13³⁰ Uhr**

Immer gut drauf

1. Jonas (obere Bildfolge) und Michel (untere Bildfolge) sind Freunde und gehen in dieselbe Klasse. Beschreibe die Tagesabläufe der beiden Jungen mithilfe der Abbildung. Notiere Unterschiede.

2. Die Mahlzeiten von Jonas und Michel unterscheiden sich in der Zusammensetzung und der Menge von Nährstoffen. Sie haben deshalb auch einen unterschiedlichen Energiegehalt. Du findest die entsprechenden Angaben in Kilojoule (kJ) auf den Bildfolgen und der Abbildung 1. Liste die Zahlen für Jonas und Michel getrennt auf, addiere sie und vergleiche.

3. Lebewesen benötigen auch während des Schlafes und der körperlichen Ruhe Energie. Gib an, welche Organe des Körpers dafür verantwortlich sind?

4. a) Stelle in zwei getrennten Listen die in der Abbildung dargestellten Tätigkeiten der beiden Jungen zusammen. Schreibe z. B.: „2 Stunden Computerspiele". Berücksichtige dabei, dass beide etwa 10 Stunden schlafen und 6 Stunden in der Schule lernen.

b) Ordne jeder Tätigkeit den entsprechenden Energieaufwand zu. In der Abbildung 1 rechts findest du dazu die notwendigen Angaben. Für die 5 Stunden, die an dem Tag nicht im Einzelnen angegeben worden sind, kannst du für jeden Jungen 1000 kJ berechnen.
c) Addiere die Werte für jeden der beiden Jungen und vergleiche.
d) Vergleiche für jeden Jungen den Gesamtenergiegehalt seiner Nahrung mit dem jeweiligen Gesamtenergieaufwand.

5. Stelle eine Vermutung auf, wie sich die Körper von Jonas und Michel mit der Zeit verändern würden, wenn jeder Tag so abliefe?

6. Mache Vorschläge, durch welche Maßnahmen Jonas und Michel im Laufe der Woche Nahrungszufuhr und Energieaufwand ausgleichen könnten.

7. Stelle deinen eigenen Energieaufwand für die Nachmittage und Abende einer Woche auf und vergleiche deine Ergebnisse mit denen deiner Mitschülerinnen und Mitschüler.

4000 kJ

1800 kJ

15⁰⁰–17⁰⁰ Uhr   18⁰⁰–19⁰⁰ Uhr   19³⁰ Uhr

Während unserer gesamten Lebenszeit benötigt unser Körper Energie. Rund um die Uhr arbeiten alle inneren Organe des Menschen wie Herz, Lunge und auch das Gehirn – auch wenn wir schlafen. Hinzu kommt noch der Energiebedarf für körperliche und geistige Tätigkeiten. Deshalb müssen wir regelmäßig essen. Die Lebensmittel enthalten die notwenigen Nährstoffe, die unseren Körper mit Energie versorgen.

Sind die Energiezufuhr und der Energieaufwand im Laufe einer Woche in etwa ausgeglichen, bleibt das Körpergewicht ungefähr gleich. Regelmäßige sportliche Bewegung hilft uns dabei. Außerdem wird das Herz trainiert und der Körper gut durchblutet. Es werden alle Organe ausreichend mit Sauerstoff versorgt, was auch dem Gehirn zugute kommt. Wenn wir uns ausgewogen ernähren und regelmäßig Sport treiben, steigern wir unsere Leistungsfähigkeit und schaffen damit gute Voraussetzungen für ein gesundes Leben.

■ **Ausgewogene Ernährung und regelmäßige Bewegung fördern einen ausgeglichenen Energiehaushalt und die Gesundheit.**

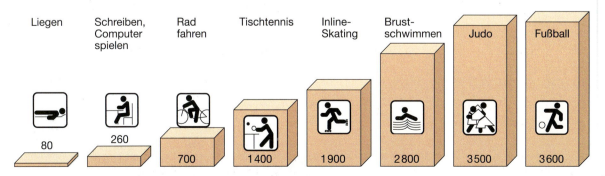

1 **Energieaufwand für verschiedene Tätigkeiten in kJ pro Stunde**

Ausgewogene Ernährung

✎ **1.** Entwickelt einen Fragebogen zu den Essgewohnheiten eurer Mitschüler und Mitschülerinnen. Denkt dabei auch an mögliche Zwischenmahlzeiten. Orientiert euch an dem Fragebogen „Meine Essgewohnheiten".

✎ **2.** Lasst den Fragebogen von möglichst vielen Schülerinnen und Schülern anonym ausfüllen. Wertet die Antworten aus. Teilt euch in vier Gruppen auf. Jede Gruppe stellt die Ergebnisse für nur eine Mahlzeit auf einem Plakat dar: Frühstück, Mittagessen, Abendbrot oder Zwischenmahlzeiten.

✎ **3.** Beurteilt die Umfrageergebnisse unter folgenden Fragestellungen: Fallen bestimmte Ernährungsgewohnheiten auf? Welche Bedeutung hat es, wenn man beim Essen häufig allein ist?

📖 **4. a)** Schreibe alle Lebensmittel eines Tages auf, die du zu dir nimmst.
b) Ordne sie den drei Nährstoffgruppen zu.
c) Beurteile anhand der Nahrungspyramide, ob es sich bei dir an diesem Tag um eine ausgewogene Ernährung handelt.

📖 **5.** Im Text auf der folgenden Seite findest du Vorschläge von Ernährungswissenschaftlern für eine optimale Zusammenstellung der Nahrung. Prüfe anhand deiner Liste aus Aufgabe 4, ob du dich mit deinen Lebensmittelportionen in etwa daran gehalten hast. Mache einen Vorschlag, wie du deine Lebensmittelauswahl noch verbessern kannst.

Fragebogenaktion „Meine Essgewohnheiten"

Frühstück
Kreuze an, was für dich jeweils gilt, wenn du an dein Frühstück eines Schultages denkst.

- ☐ Brot/Toast mit Marmelade oder Honig
- ☐ Brot/Toast mit Nussnugatcreme
- ☐ Brot/Toast mit Käse oder Wurst
- ☐ Müsli oder Cornflakes
- ☐ Obst
- ☐ Milch oder Kakao
- ☐ Obstsaft
- ☐ Kaffee oder Tee
- ☐ Wasser
- ☐ Ich trinke nichts
- ☐ Ich esse nichts
- ☐ Ich esse allein
- ☐ Ich esse mit mindestens einem Familienmitglied zusammen

📖 **6.** Schau dir die Zusammensetzung der Mahlzeiten von Jonas und Michel auf der vorherigen Seite noch einmal an. Zeige einen Mangel bei Jonas Ernährung auf. Schlage eine abwechslungsreichere Ernährung vor.

📖 **7.** Mache einen Vorschlag für einen Tagesplan mit drei Hauptmahlzeiten und zwei Zwischenmahlzeiten. Berücksichtige dabei die Empfehlungen der Ernährungswissenschaftler.

📖 **8.** Beschreibe die nebenstehende Abbildung, in der die Leistungsbereitschaft eines Menschen im Tagesverlauf gezeigt ist. Begründe, warum zu Beginn des Tages ein Frühstück besonders wichtig ist.

📖 **9.** Erkläre, wie sich eine kleine Zwischenmahlzeit am Nachmittag auf die Leistungskurve auswirken könnte.

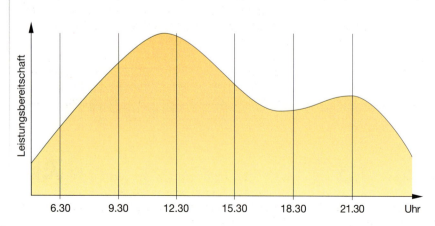

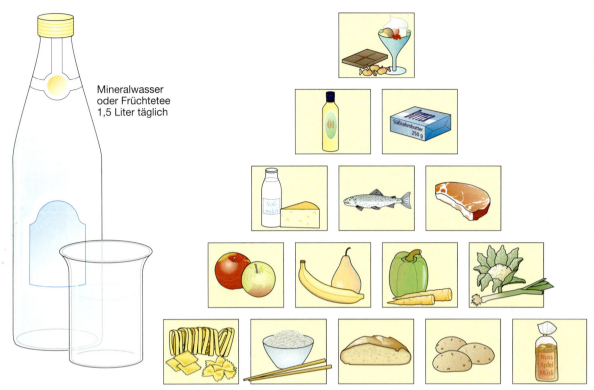

Mineralwasser
oder Früchtetee
1,5 Liter täglich

1 Ernährungspyramide (Stufenbild)

Die richtige Auswahl

Wenn wir Lebensmittel einkaufen, finden wir in den Regalen ein großes Angebot. Wie aber treffen wir die richtige Wahl? Ernährungswissenschaftler sagen, dass es keine supergesunden, aber auch keine „verbotenen" Lebensmittel gibt. Es kommt vielmehr darauf an, wie oft und in welcher Menge wir von einer bestimmten Lebensmittelgruppe essen. Wenn wir uns abwechslungsreich ernähren, haben wir die besten Voraussetzungen für eine gesunde Ernährung. In der Abbildung 1 sind die wichtigsten Erkenntnisse in einem Stufenbild zusammengefasst.

Lebensmittel aus der unteren breiten Stufe wie Vollkornbrot, Kartoffeln, Nudeln, Müsli und Reis sollten wir reichlich mit 4 bis 5 Portionen am Tag genießen. Sie enthalten Kohlenhydrate, die uns über lange Zeit mit Energie versorgen. Unter einer Portion versteht man z. B. eine Scheibe Brot oder 2 bis 3 Kartoffeln.
Auch aus der Obst- und Gemüsegruppe solltest du 4 bis 5 Mal am Tag zugreifen. So nimmst du genügend Vitamine und Mineralstoffe zu dir. Bei Fleisch, Fisch, Milch und Milchprodukten reichen 2 bis 3 Portionen.
Butter, Schmalz oder Wurst enthalten tierische Fette, die möglichst nicht zu oft auf den Tisch kommen

sollten. Pflanzliche Öle jedoch wie z. B. das Olivenöl oder auch Nüsse sind gesund und lebenswichtig. An der Spitze der **Ernährungspyramide** findest du Lebensmittel wie Schokolade, süße Getränke, Eis, Kuchen und andere Süßigkeiten. Wenn du diese Produkte nur hin und wieder genießt, ist das in Ordnung.

Gut durch den Tag

Nach der langen Nacht müssen wir unsere Energiereserven wieder auffüllen. Ein Frühstück mit ausreichend Kohlenhydraten hilft uns dabei. Auch kleine Zwischenmahlzeiten am Vormittag und Nachmittag können dazu beitragen, während des Tages leistungsfähiger zu bleiben.
Neben der richtigen Auswahl der Lebensmittel darf man auch die Zufuhr von Wasser nicht vergessen. Wer über den Tag verteilt 1,5 bis 2 Liter Wasser, Früchtetee oder Apfelschorle trinkt, versorgt seinen Körper mit ausreichend Flüssigkeit.

■ **Die fünfstufige Ernährungspyramide hilft bei der Zusammenstellung einer ausgewogenen und damit gesunden Ernährung. Dazu gehört auch die nötige Zufuhr von Wasser.**

Nahrungsmittel auf dem Prüfstand

📖 **1.** Erkläre den Unterschied zwischen Schadstoffen und Zusatzstoffen.

✏️ **2.** a) Recherchiere, welche Aufgaben die aufgeführten Zusatzstoffe erfüllen sollen.
b) Berichte über Zusatzstoffe, die Allergien auslösen können.

Nr.	Funktion (Name)	Anwendung z. B. in
E 150	Farbstoff (Zuckercouleur)	Bonbons, Brot, Soßen
E 200	Konservierungsstoff (Sorbinsäure)	Kartoffelsalat, Fischsalat
E 300	Antioxidationsmittel (Ascorbinsäure)	Fertigsuppen, Fruchtjoghurt
E 621	Geschmacksverstärker (Glutamat)	Tütensuppe, Chips

📖 **3.** Verbraucher und Wissenschaftler wurden zu Risiken durch Nahrungsmittel befragt:

Risiko aus Sicht von Verbrauchern	Risiko aus Sicht von Wissenschaftlern
1. Umweltgifte	1. falsche Ernährung
2. Zusatzstoffe	2. mangelnde Hygiene
3. falsche Ernährung	3. natürliche Gifte
4. mangelnde Hygiene	4. Umweltgifte
5. natürliche Gifte	5. Zusatzstoffe

a) Vergleiche die Reihenfolge der beiden Einschätzungen und stelle die Unterschiede heraus.
b) Erläutere, wie sich die Unterschiede möglicherweise erklären lassen.

„Salmonellen im Speiseeis" – „Nitrat im Gemüse" – angesichts solcher Meldungen fragen sich viele: Was darf ich noch essen? Wie gelangt so etwas überhaupt ins Essen?

1 Guten Appetit?

Schadstoffe

Salmonellen sind **Bakterien,** die sich in rohen Lebensmitteln wie Hackfleisch, Geflügel und Eiern rasch vermehren.
Dabei bilden sie Giftstoffe. Nach dem Verzehr infizierter Lebensmittel kommt es zu Erbrechen und Durchfall. Für Säuglinge oder geschwächte Menschen können Salmonellenvergiftungen sogar tödlich verlaufen. Hygiene und vollständiges Durchgaren schützen hier. Aber auch viele **Schimmelpilze** befallen Nahrungsmittel und produzieren dabei Giftstoffe. Verschimmelte Lebensmittel gehören daher in den Mülleimer. Gemüse, Obst und Kartoffeln können Rückstände von ▶ **Pflanzenschutzmitteln** enthalten. Wenn sie zudem zu stark gedüngt wurden, enthalten Pflanzen zu viel Nitrat, was bei Säuglingen bereits in geringer Konzentration zu Vergiftungen führen kann. Biogemüse gilt als relativ unbelastet. Alles Obst und Gemüse sollte trotzdem gründlich gewaschen werden. Auch **Schwermetalle** wie Blei und Cadmium sowie Umweltgifte aus Abgasen können Lebensmittel belasten.
Im Fleisch wurden wachstumsfördernde **Hormone** nachgewiesen. Bei Säuglingen kann solches Fleisch Gesundheitsstörungen verursachen. Hier empfiehlt es sich, nur Fleisch von ausgesuchten Metzgern oder Biofleisch zu kaufen.

Zusatzstoffe

Industriell hergestellte Lebensmittel wie Tütensuppen oder Fruchtjogurts enthalten häufig Zusatzstoffe. Diese sollen beispielsweise die Haltbarkeit verlängern oder für eine ansprechende Farbe sorgen. Zusatzstoffe in abgepackten Lebensmitteln sind auf dem Etikett vermerkt: Hier wird zuerst der Verwendungszweck und dann der Name des Zusatzstoffes oder seine E-Nummer genannt. Der Buchstabe E weist auf die für Europa geltende Kennzeichnung hin. Für Zusatzstoffe gelten strenge gesetzliche Vorschriften. Einige Zusatzstoffe stehen im Verdacht, Allergien auszulösen.

2 Lebensmitteletikett mit E-Nummern

■ **Schadstoffe und Zusatzstoffe können die Gesundheit belasten.**

Ernährungspläne auswerten

Methode

Um zu beurteilen, ob deine Ernährung wirklich abwechslungsreich und ausgewogen ist, kannst du einen Ernährungsplan auswerten. Dazu schreibst du zum Beispiel von deinem Frühstück zu Hause und in der Schule alle Lebensmittel auf. Daneben notierst du die entsprechende Menge in Gramm. Diese kannst du mithilfe einer Küchenwaage bestimmen.

Um diese Werte zu verwenden, musst du die Zusammensetzung der Lebensmittel kennen. Du kannst die Tabelle auf dieser Seite nutzen oder andere Tabellen aus dem Schulbuch, aus Fachbüchern oder aus dem Internet.

Bestimme, wie viel Gramm Kohlenhydrate, Fette und Eiweißstoffe in deinem ersten und zweiten Frühstück enthalten sind.

Berechne dann die Abweichung zu folgender Empfehlung für ein ausgewogenenes Frühstück für Schülerinnen und Schüler: 18 g Eiweißstoff, 27 g Fett, 96 g Kohlenhydrate. Beurteile dein Frühstück.

LINDA

1. Frühstück

1 Brötchen 40 g
Butter 20 g
Marmelade 20 g
Milch (entrahmt) 150 g
Kakaopulver 5 g

2. Frühstück

Mischbrot 50 g
Butter 10 g
Leberwurst (mager) 15 g
Apfel 100 g
Banane 100 g
Orangensaft 330 g

JAN

1. Frühstück

1 Brötchen 40 g
Butter 20 g
Schoko-Nuss-Aufstrich 40 g
Cornflakes 150 g
Kuhmilch 50 g
Zucker 20 g

2. Frühstück

1 Brötchen 40 g
Butter 20 g
gekochter Schinken 55 g
Cola 330 g
Chips 50 g
Schoko-Müsli-Riegel 25 g

Lebensmittel	Eiweiß-stoffe g	Fett g	Kohlen-hydrate g
Brötchen (40 g)	2,8	0,4	23,2
Mischbrot (50 g)	3,5	0,5	26
Butter (20 g)	0,2	16,6	–
Marmelade (20 g)	–	–	13,2
Schoko-Nuss Aufstrich (20 g)	1,6	5,8	11,86
Milch, entrahmt (150 g)	6	–	7,5
Kakaopulver (5 g)	1	1,25	1,9
Leberwurst, mager (15 g)	2,55	3,15	0,3
Schinken, gekocht (55 g)	10,5	11	–
Salami (20 g)	3,56	9,94	–
Apfel (100 g)	0,3	–	12
Banane (100 g)	1,1	0,2	18,8
Vollmilchjoghurt (200 g)	10	8	10
Cornflakes (150 g)	12	1,5	124,5
Zucker (20 g)	–	–	20
Kuhmilch (50 g)	1,75	1,75	2,5
Orangensaft (330 g)	0,66	–	9,24
Orangenlimonade (330 g)	–	–	39,6
Cola (330 g)	–	–	36,3
Schoko-Müsli-Riegel (25 g)	1,5	3,4	16,3
Milchwaffel (25 g)	2	8	13
Chips (50 g)	2,75	15,75	20,3

1. Bestimme bei Linda und Jan, wie viel Gramm Kohlenhydrate, Fette und Eiweiße in ihrem ersten und zweiten Frühstück zusammen sind.

2. Berechne für Linda und Jan, um wie viel Gramm die einzelnen Nährstoffe, die insgesamt im ersten und zweiten Frühstück enthalten sind, von den Empfehlungen abweichen. Bewerte die Frühstücke.

Zu dick – zu dünn?

A Die Toilette der Venus, Rubens, 1614

B Charlotte von Mecklen-burg-Strehlitz, Dance, 1773

1. Auf den Abbildungen sind unterschiedliche Schönheitsideale aus verschiedenen Zeitaltern abgebildet. Beschreibe die unterschiedlichen Schönheitsideale auf den Abbildungen.

2. a) Recherchiere weitere Schönheitsideale anderer Epochen oder aus anderen Kulturkreisen.
b) Vergleiche deine Ergebnisse mit denen deiner Mitschülerinnen und Mitschüler.

D Schönheitsideal heute?

C Model, 1990

3. Gustav ist 1,70 m groß und wiegt 60 kg. Überprüfe mithilfe des Diagrammes, ob er sich mit seinem Körpergewicht im Normalbereich befindet.

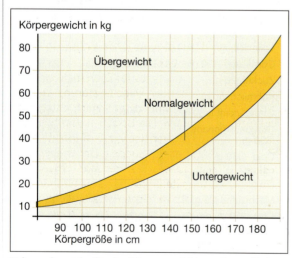

Toleranzbereiche für das Körpergewicht von Jugendlichen.

4. a) Finde heraus, unter welcher Essstörung Katharina leidet. Begründe.
b) Beschreibe, welchen Weg Katharina aus ihrer Essstörung gefunden hat.

Katharina, 15 Jahre, Schülerin
Ich wollte bleiben, wie ich war: klein, zierlich und umsorgt. Als ich in die Pubertät kam, dachte ich, ich gehe völlig aus dem Leim. Ich achtete streng auf die Kalorien, um mein Gewicht unter Kontrolle zu bringen. Ich magerte immer mehr ab. Trotzdem kam ich mir noch immer viel zu dick vor. Deshalb hungerte ich weiter. Gelegentliche Heißhungeranfälle betrachtete ich als Schwäche und gab mich ihnen immer seltener hin.
Es bereitete mir regelrecht Freude, wenn meine Eltern sich um meine Gesundheit sorgten. „Mit meinem Körper mache ich was ich will", dachte ich und merkte gar nicht, wie ich mir schadete. Nach einem Kreislaufzusammenbruch war ich eine Zeitlang in der Klinik. Ohne die regelmäßige psychologische Betreuung hätte ich wahrscheinlich allein keinen Weg zu mir selbst gefunden.

5. a) Recherchiert im Internet Adressen für Hilfsangebote bei Essstörungen.
b) Stellt die Organisationen in der Klasse vor.

Was heißt schon normal?

Viele Jugendliche finden sich im Laufe des Erwachsenwerdens zu dick, obwohl sie normalgewichtig sind. Durch ▶ Hormone während der Pubertät verändern sich Körperbau und Körperproportionen. Fettgewebe lagert sich vor allem bei den Mädchen an Hüften, Po und Oberschenkeln an. Diese Entwicklung ist ganz normal. Doch in der Werbung werden oft nur superschlanke Models gezeigt, denen viele Jugendliche nacheifern. Denn Schlankheit wird oft gleichgesetzt mit Schönheit und Beliebtheit.

Häufig versuchen Jugendliche mit Radikaldiäten die hormonell gesteuerte Gewichtszunahme zu stoppen. Doch der Körper stellt sich schnell auf geringere Nahrungsmengen ein. Isst man nach einer Diät normal weiter, ist das Anfangsgewicht schnell wieder erreicht oder sogar überschritten. Dieser Jojo-Effekt führt zu weiteren Diäten. Wer schlank bleiben oder werden möchte, sollte auf eine ausgewogene Ernährung achten und sich ausreichend bewegen. Das Wichtigste ist aber, dass man entspannt mit seinem Körper umgeht und sich wohlfühlt.

Essstörungen

Manchmal führt der Wunsch, schlank zu sein, zu einem extremen Essverhalten. Dies gilt sowohl für Mädchen als auch für Jungen. Entsteht aus diesem Verhalten ein Zwang, spricht man von einer krankhaften Essstörung. Hierzu gehören Krankheiten wie Magersucht und Bulimie. Es gibt aber auch Essstörungen, die eine starke Gewichtszunahme zur Folge haben, wie die Esssucht.

Die einzelnen Krankheitsbilder sind meistens nur schwer voneinander abzugrenzen, da sie häufig ineinander übergehen. Eines haben sie aber alle gemeinsam: Es sind ernstzunehmende Krankheiten, die ohne professionelle Behandlung zu schwerwiegenden Schäden bis zum Tod führen können.

1 Zu dick oder zu dünn?

Magersucht oder Anorexie ist wohl die bekannteste Essstörung. Ein typisches Merkmal ist der extreme Gewichtsverlust. Durch den zwanghaften Wunsch, dünn zu sein, nehmen die betroffenen Jugendlichen nur sehr wenig oder keine Nahrung zu sich, treiben übermäßig viel Sport oder greifen sogar zu Medikamenten wie Abführmitteln und Appetitzüglern. An Magersucht Erkrankte verlieren oft ihre eigene Körperwahrnehmung und sehen so selbst nicht, wie stark und lebensgefährlich der Gewichtsverlust ist.

Bulimie oder Ess-Brechsucht ist eine Essstörung, die selten auffällt, da das Körpergewicht meistens gleich bleibt. Die Erkrankten leiden unter häufigen Essattacken. Aus schlechtem Gewissen, zu viel gegessen zu haben, lösen sie anschließend selbst Erbrechen aus. Die häufigen Essanfälle und das anschließende Erbrechen führen auf Dauer zu Verätzungen der Speiseröhre, Selbstekel oder Depressionen.

Die **Esssucht** oder Binge-Eating-Störung wird durch regelmäßiges, zu vieles Essen verursacht. Die Folge ist starkes Übergewicht, auch Adipositas genannt.

Auswege aus einer Essstörung

Ein gestörtes Essverhalten allein ist noch keine Essstörung, muss aber unbedingt ärztlich untersucht werden. Die Ursachen sind häufig psychischer Natur, z. B. Konflikte mit Eltern oder Freunden. Daher erscheinen Auswege oft nur sehr schwer. Erkrankte müssen sich nicht schämen. Es gibt zahlreiche Hilfsangebote bei Ärzten und Beratungsstellen. Der erste Schritt ist meist das ehrliche Gespräch mit den Eltern, Freunden oder Lehrern.

■ **Magersucht, Bulimie und Esssucht sind unterschiedliche Formen von Essstörungen. Um sie behandeln zu können, ist professionelle Hilfe nötig.**

Wem geht die Puste aus?

🔍 **1. a)** Messt die Anzahl der Atemzüge bei ruhigem Sitzen und nach 20 Kniebeugen. Notiert die Messwerte.
b) Stellt eine Tabelle mit den Ergebnissen aller Schülerinnen und Schüler eurer Klasse zusammen.
c) Vergleicht die Ergebnisse. Erklärt die Unterschiede.

📖 **2. a)** Beschreibe den Weg der Atemluft beim Ein- und Ausatmen.
b) Begründe, warum man besser durch die Nase statt durch den Mund atmen sollte.

📖 **4.** In der Tabelle findest du Angaben, welche Luftmenge pro Stunde ein Mensch bei unterschiedlichen Tätigkeiten braucht.
a) Fertige dazu ein ▸ Säulendiagramm an.
b) Stelle einen Zusammenhang zwischen Tätigkeit und Luftmenge her.

🔍 **3.** Beobachte deine Atembewegungen im Liegen oder im Stehen. Lege dabei deine Hände locker auf den Brustkorb und auf den Bauch. Atme tief ein und aus.
a) Beschreibe deine Beobachtungen.
b) Vergleiche Brust- und Bauchatmung.

Benötigte Luftmenge pro Stunde	
Schlafen	280 l
Liegen	400 l
Stehen	450 l
Gehen	1000 l
Radfahren	1400 l
Schwimmen	2600 l
Bergsteigen	3100 l
Rudern	3600 l

🔍 **5.** Führt einen Versuch zum Prinzip der Oberflächenvergrößerung durch. Umwickelt dabei einen Strauß Lollis mit Alufolie.
Tipp: Oberflächeninhalt einer Kugel $O = \pi \cdot d \cdot d$
a) Vergleicht im Ergebnis die Oberfläche der Alufolie, die um die gesamten Lollis gewickelt ist, mit der Gesamtoberfläche aller einzelnen Lolli-Papiere.
b) Wendet das Ergebnis eurer Beobachtung auf das Prinzip der Oberflächenvergrößerung bei Lungenbläschen an. Nutzt das Erschließungsfeld Bau und Funktion.

Die Atembewegungen

Beim Atmen arbeitet die Lunge wie ein Blasebalg. Abwechselnd saugt sie Luft ein und stößt sie wieder aus. Da die Lunge selbst kein Muskelgewebe besitzt, wird die Atembewegung von anderen Muskeln übernommen. Eine wichtige Rolle spielt das **Zwerchfell,** eine dünne Muskelschicht, die unterhalb der Lunge quer durch den Bauchraum gespannt ist. Zum Einatmen zieht sich das Zwerchfell nach unten. Der Brustraum vergrößert sich, und mit ihm erweitern sich die Lungenflügel. So entsteht ein Unterdruck im Brustraum und die Luft wird in die Lunge gesogen. Entspannt sich das Zwerchfell wieder, wird es von den Bauchorganen nach oben gedrückt. Der Druck in der Lunge steigt und die Luft strömt aus. Durch die Bewegung des Zwerchfells wird die Bauchdecke leicht nach vorne gewölbt. Man spricht deshalb von der **Bauchatmung.**
Bei tiefen Atembewegungen wird die Bauchatmung von der **Brustatmung** unterstützt. Dabei ziehen Muskeln die Rippen schräg nach oben. Brustraum und Lunge erweitern sich und die Luft wird eingesogen. Kehren die Rippen in ihre Ausgangsstellung zurück, wird die Luft zum Ausatmen wieder herausgepresst.

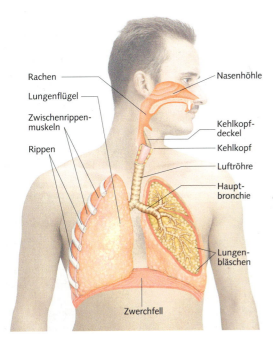

1 Atmungsorgane

Der Weg der Atemluft

Beim Einatmen strömt Luft durch die beiden Nasenlöcher in die **Nasenhöhle.** Die Wände der Nasenhöhle sind mit einer gut durchbluteten Schleimhaut überzogen. Diese erwärmt die eingeatmete Luft und befeuchtet sie. Außerdem bleiben an dem Schleim Staub und Bakterien haften.
Durch den **Rachen** gelangt die Luft zum **Kehlkopf.** Hier trennen sich **Luftröhre** und Speiseröhre. Die Luft strömt weiter in die Luftröhre. Diese wird durch Knorpelringe ständig offen gehalten. Der Kehlkopfdeckel verschließt die Luftröhre beim Schlucken, damit keine Speisereste eindringen können. „Verschluckt" man sich trotzdem einmal, wird der Fremdkörper durch heftiges Husten wieder aus der Luftröhre entfernt.
Im Brustraum teilt sich die Luftröhre in zwei **Bronchien.** Diese führen zu den beiden Teilen der **Lunge,** den Lungenflügeln. In der Lunge verzweigen sich die Bronchien in immer kleinere Kanäle, die in den Lungenbläschen enden. Die kleinen Bläschen zusammen bilden eine viel größere Oberfläche als ein einfacher Luftsack. So steht eine möglichst große Fläche für den ▶ **Gasaustausch** zur Verfügung. An dieser großen Oberfläche können viele Sauerstoffteilchen gleichzeitig aus der Luft ins Blut übertreten. Ebenso gelangt viel Kohlenstoffdioxid aus dem Blut in die Luft der Lungenbläschen. Von hier aus wird die eingeatmete Luft auf demselben Weg wieder ausgeatmet.

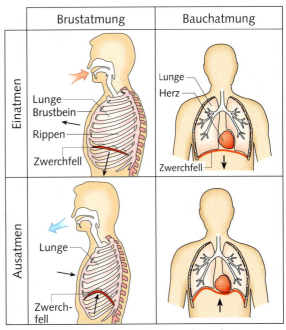

2 Ein- und Ausatmen durch Brust- und Bauchatmung

■ **Die Atemluft gelangt durch Nase, Rachen, Kehlkopf, Luftröhre und Bronchien in die Lunge. Zwerchfell und Zwischenrippenmuskeln bewirken durch Vergrößerung und Verkleinerung des Lungenvolumens die Atembewegungen.**

Auf der Spur von Sauerstoff und Kohlenstoffdioxid

1. Untersucht, wie lange eine Kerzenflamme in frischer Luft und in ausgeatmeter Luft brennt. Die Abbildung zeigt euch, wie ihr die ausgeatmete Luft einfangen könnt.
a) Messt die Brenndauer der Kerzenflamme mit einer Stoppuhr.
b) Begründe die unterschiedlichen Ergebnisse.
c) Nenne Hinweise, die sich für die Zusammensetzung von eingeatmeter Luft und ausgeatmeter Luft ergeben.

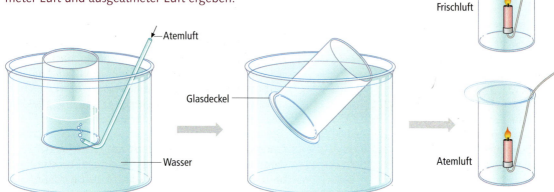

2. Untersucht das Gas, das aus Mineralwasser sprudelt.
Sicherheitshinweis: Kalkwasser erhaltet ihr von eurer Lehrerin oder eurem Lehrer. Kalkwasser ist ätzend. Schutzbrille tragen! Nicht trinken!
a) Baut den abgebildeten Versuch auf. Schüttelt die Flasche vorsichtig, wenn die Gasentwicklung nachlässt.
Leitet das Gas in Kalkwasser.
Beschreibt eure Beobachtungen.
Tipp: Das Gas, das aus Wasser mit Kohlensäure sprudelt, ist Kohlenstoffdioxid.
b) Führt nun einen ähnlichen Versuch durch, indem ihr mit einem Blasebalg Frischluft durch Kalkwasser leitet.
c) Eure Lehrerin oder euer Lehrer pustet mithilfe eines Trinkröhrchens vorsichtig Atemluft durch Kalkwasser.
d) Vergleicht die Beobachtungen mit dem Ergebnis aus der Aufgabe 2 a).
e) Leite aus den Versuchen einen Unterschied zwischen Einatemluft und Ausatemluft ab.

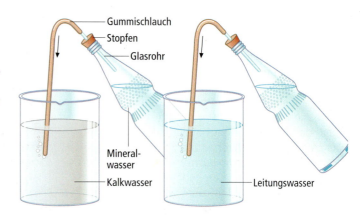

3. Erkläre, warum bei der Atemspende (Mund-Nase-Beatmung) die Atemluft zum Überleben noch reicht, obwohl der Patient dabei nur Ausatemluft erhält.

Gas	Einatemluft [%]	Ausatemluft [%]
Stickstoff	78,08	78,08
Sauerstoff	20,95	etwa 16
Kohlenstoff-dioxid	0,03	etwa 4
Edelgase	0,94	0,94

1 Zusammensetzung der Luft

Was wir atmen

Die Luft besteht aus einem Gemisch verschiedener Gase. Die Frischluft, die wir einatmen, enthält 20,95 % Sauerstoff und etwa 0,03 % Kohlenstoffdioxid. In der Ausatemluft sind dagegen 16 % Sauerstoff vorhanden, aber 4 % Kohlenstoffdioxid. Unser Körper nimmt also Sauerstoff auf und gibt dafür Kohlenstoffdioxid ab. Diesen Vorgang nennt man ▶ **Gasaustausch.**

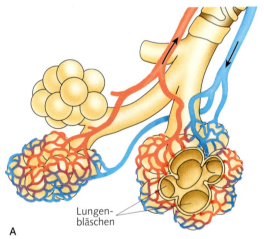

Lungen-bläschen

A

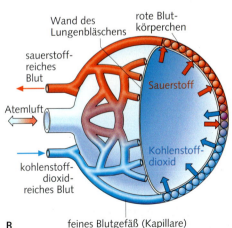

Wand des Lungenbläschens — rote Blut-körperchen

sauerstoff-reiches Blut

Sauerstoff

Atemluft

Kohlenstoff-dioxid

kohlenstoff-dioxid-reiches Blut

B — feines Blutgefäß (Kapillare)

2 Lungenbläschen. A *Bau;* **B** *Gasaustausch*

Warum wir atmen

Mithilfe des aufgenommenen Sauerstoffes können wir aus den Nahrungsmitteln Energie für alle Lebensvorgänge gewinnen. Ein Teil dieser Energie ist gespeichert in ▶ Traubenzucker, der mit dem Blut zu allen Körperzellen transportiert wird.
Dort wird der Traubenzucker aufgenommen und im Inneren der Zelle mithilfe des Sauerstoffs „verbrannt". Hierbei wird Energie freigesetzt. Als Abbauprodukte entstehen Kohlenstoffdioxid und Wasser.

Besonders in den Muskel- und Gehirnzellen ist der Energiebedarf sehr hoch. Je stärker die Muskeln beansprucht werden, desto mehr Sauerstoff zur Verbrennung benötigen sie. Wir atmen dann schneller und tiefer, um dem Körper mehr Sauerstoff zuzuführen.

Gasaustausch in den Lungenbläschen

Durch die Luftröhre gelangt die eingeatmete Luft bis in die Lunge. Wie aber kommt der Sauerstoff von dort in alle Zellen des Körpers und das Kohlenstoffdioxid wieder heraus?

Dieser Gasaustausch findet in den Lungenbläschen statt. Die Lungenbläschen sind mit einem Netz feinster Blutgefäße, den ▶ Kapillaren, überzogen. Die Wände dieser Blutgefäße sind so dünn, dass die Sauerstoffteilchen durch sie hindurch gelangen. Das vorbeiströmende Blut aus den Körpergeweben ist sauerstoffarm. Es wandern Teilchen vom Ort der hohen Konzentration zum Ort der niedrigen Konzentration. Sauerstoffteilchen treten so mit dem Konzentrationsgefälle in das Blut über. Mithilfe der ▶ roten Blutkörperchen werden sie dann zu allen Zellen des Körpers transportiert. Kohlenstoffdioxidteilchen gelangen aus allen Körperzellen ins Blut und werden zur Lunge transportiert. Dort treten sie mit dem Konzentrationsgefälle aus dem Blut in die Luft über.

■ In der Lunge findet der Gasaustausch statt. Der Sauerstoff der Luft gelangt durch die Wände der Lungenbläschen ins Blut. In den Zellen wird er für die Energieversorgung gebraucht. Dabei bildet sich Kohlenstoffdioxid, das vom Blut in die Lunge transportiert und ausgeatmet wird.

Über tausend Gifte

Teer 10 mg
Nikotin 0,8 mg
Kohlen-monoxid 10 mg

1. Nach dem Gesetz ist auf jeder Zigaretten-packung aufgedruckt, wie viel Nikotin (N) und Kondensat (Teer, K) eine Zigarette enthält. Berechne, wie viel kg Teer ein Raucher in 20 Jahren aufnimmt, wenn er täglich 20 Zigaretten raucht. **Hinweis:** 1 g = 1000 mg, 1 kg = 1000 g

2. Führt in der Klasse eine Pro- und Contra-Diskussion zu dem Thema durch, ob Rauchverbote an Schulen „sinnvoll" oder „scheinheilig" sind.

Forscher in New York untersuchten das Blut von gesunden Kindern, deren Mütter oder Väter ca. 10 Zigaretten täglich in Anwesenheit ihrer Kinder rauchen. Man fand im Kinderblut hohe Konzentra-tionen von Stoffwechselprodukten des Nikotins und des Teerkondensats. Diese Stoffe gelten als Krebs-erreger und fördern die Entstehung von Asthma. Seit langem ist bekannt, dass Neugeborene von Rau-cherinnen ein geringeres Geburtsgewicht haben und später unter Entwicklungsstörungen leiden können.

3. a) Lies den oben stehenden Artikel und notiere, wie sich Raucherinnen und Raucher verhalten sollten, damit sich Kinder gesund entwickeln können. **b)** Stellt dazu eine Liste mit Verhaltensregeln auf, wie ihr euch vor dem Passivrauchen schützen könnt.

Rauchen kann tödlich sein

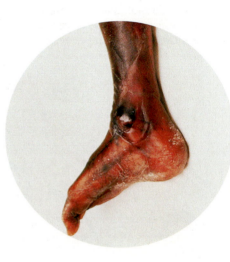

Die schädlichsten Gifte

Mit dem Zigarettenrauch nimmt ein Raucher über 1000 verschie-dene giftige Substanzen zu sich. Dazu gehören vor allem Nikotin, Teerstoffe und Kohlenstoffmono-oxid.

Nikotin ist ein Stoff, der abhängig macht. Nikotin lässt den Blutdruck steigen und das Herz schneller schlagen. Es bewirkt, dass sich die feinen Blutgefäße verengen. Dadurch wird die Haut weniger durchblutet. Sie erscheint grau und blass. Bei starkem Rauchen kann es zu Durchblutungsstö-rungen in den Organen und auch in den Beinen und Füßen führen. Im Extremfall stirbt das Bein langsam ab (Raucherbein).

Kohlenstoffmonooxid verhindert, dass das Blut Sauerstoff aufneh-men und transportieren kann.

Deshalb wird manchen Rauchern bei den ersten Zügen schwinde-lig oder übel. Um die Organe dennoch mit ausreichend Sauer-stoff zu versorgen, muss das Herz schneller und kräftiger schlagen. Diese Überlastung kann zu schwer-wiegenden Herzerkrankungen bis hin zum tödlichen Herzinfarkt führen.

Die **Teerstoffe** im Zigarettenrauch verkleben die Atemwege bis zur Lunge. Dadurch kommt es zu Verschleimungen und Atembe-schwerden. Viele der Teerstoffe sind krebserregend. Das Risiko, an Lungenkrebs zu erkranken, ist für Raucher 15 bis 30-mal so hoch wie für Nichtraucher.

Passivrauchen

Als Passivrauchen bezeichnet man die Tatsache, dass Nicht-raucher an vielen Orten unge-wollt den giftigen Tabakrauch einatmen. Besonders Kleinkinder sind dadurch stark gefährdet. Selbst bei Ungeborenen im Mutterbauch besteht Vergif-tungsgefahr, vor allem, wenn die Schwangere selbst raucht.

■ Tabakrauch enthält den Sucht-stoff Nikotin, Teerstoffe, Koh-lenmonooxid und viele weitere Gifte. Auch Passivrauchen ist schädlich.

Eine Umfrage planen, durchführen und auswerten

Die Schülerinnen und Schüler der Klasse 6 gestalten ein Projekt zum Thema „Rauchen". Eine Gruppe möchte herausfinden, in welchen Situationen und zu welchen Anlässen Raucher zur Zigarette greifen. Um möglichst viele Antworten zu erhalten, führen sie eine Umfrage durch. Eine Umfrage bietet sich auch bei vielen anderen Themen an. Beachtet dabei folgende Schritte:

1. Überlegt euch, was ihr wissen möchtet. Entwerft dazu einen Fragebogen. Am einfachsten ist es, wenn man die Antworten nur ankreuzen muss (wie unser Beispiel in Abb. 1 B). Dazu müsst ihr vorher mögliche Antworten formulieren.

2. Wenn ihr auf eine Frage freie Antworten erwartet, braucht ihr einen Kassettenrekorder zum Aufnehmen oder freie Zeilen auf dem Umfragebogen.

3. Macht euch Gedanken, wen ihr befragen möchtet und wo die Umfrage durchgeführt werden soll. Überlegt euch einen Ort, an dem ihr in kurzer Zeit möglichst viele Leute trefft, beispielsweise in der Nähe eines Einkaufszentrums.

4. Es macht mehr Spaß und es ist einfacher, wenn ihr die Umfrage in Teamarbeit durchführt. Überlegt euch in der Gruppe, wer die Fragen stellt und wer die Antworten festhält. Zum Aufschreiben braucht ihr eine feste Schreibunterlage.

5. Wenn ihr Personen ansprecht, begrüßt sie höflich und stellt euch vor. Sagt, wofür ihr die Umfrage macht, und fragt, ob der oder die Angesprochene überhaupt mitmachen möchte.

6. Falls die angesprochene Person zustimmt, könnt ihr mit den Fragen beginnen. Notiert sorgfältig alle Antworten. Am Schluss bedankt ihr euch für das Gespräch und verabschiedet euch. Verwendet für jede befragte Person einen neuen Fragebogen.

7. Wertet die Fragebögen zu Hause oder in der Schule aus. Ihr könnt zu den einzelnen Fragen Strichlisten wie im Abb. 1 B erstellen. Beiträge, die ihr auf Kassetten habt, müssen stichwortartig aufgeschrieben werden. Überlegt euch, wie ihr die Ergebnisse in eurer Klasse vorstellt.

A

In welchen Situationen und bei welchen Anlässen rauchst du / rauchen Sie vorwiegend?

Ich rauche vor allem, wenn ich

• mit anderen zusammen bin   ⅢⅢ Ⅲ

• Kaffee, Tee oder Alkohol trinke   Ⅲ ‖

• mich entspannen will |||

• nervös bin   Ⅲ

• mich konzentrieren muss |

• mich geärgert habe ||||

• mich unsicher fühle

• im Stress bin   Ⅲ |

• Langeweile habe

• alleine bin und lese

• fernsehe ||

• . . .

B

1 Umfrage. A *Durchführung;* **B** *Ergebnisse*

📖 **1.** Sortiere die Antworten in Abbildung 1 B nach ihrer Häufigkeit und stelle sie zur Präsentation in einem geeigneten ▸ Diagramm dar.

✍ **2.** Übt das Durchführen einer Umfrage in eurer Klasse. Überlegt euch dazu ein Thema und geht nach den Schritten 1 bis 7 vor.

Rauchen

In den letzten Jahren wird mehr und mehr über die Probleme des Rauchens gesprochen. Zudem gilt seit August 2007 in einigen Bundesländern Rauchverbot in Behörden, Krankenhäusern und Schulen. Knapp 20 Millionen Deutsche über 15 Jahren rauchen regelmäßig. Obwohl die Zahl der jugendlichen Raucher in den letzten Jahren leicht sinkt, fangen immer noch viele mit dem Rauchen an, manche schon im Alter von 12 Jahren oder noch früher. Dabei ist Rauchen extrem gesundheitsschädlich: Es gibt fast kein Organ des menschlichen Körpers, welches davon nicht geschädigt wird.

Außerdem ist Rauchen sehr teuer – was könnte sich ein Raucher alles leisten, wenn er zum Nichtraucher würde? Ist es wirklich so schwer, mit dem Rauchen aufzuhören? Sind die Raucher alle süchtig? Oder geht es eher darum, dass man den Freunden imponieren und nicht als „Memme" dastehen will? Mit den folgenden Anregungen könnt ihr die Antworten auf diese und viele weitere Fragen herausfinden.

1. Wie kann ich „Nein" sagen?

Wieso fangen Jugendliche an zu rauchen, obwohl es teuer und schädlich ist? Kann man wirklich nicht „Nein" sagen? Wie verhält sich eine Clique, wenn jemand nicht rauchen will? Ist Rauchen wirklich „cool"? Und: Was kann man tun, wenn man zwar nicht rauchen, seine Freunde aber auch nicht verlieren und zum Außenseiter werden will? Viele dieser Fragen könnt ihr sicher aus eigener

WWW-TIPP
Geeignete Suchstichworte sind z.B. „rauchen", „Kosten", „Nikotinsucht", „Tabakabhängikeit" und Kombinationen dieser Begriffe.
Informative Seiten zum Thema sind „www.bzga.de" und „www.rauchfrei.de".

Erfahrung beantworten. Natürlich könnt ihr auch eine ▶ Umfrage durchführen und Jugendliche befragen, wie sie zu dem Thema stehen.
Um die Ergebnisse der Klasse vorzustellen, könntet ihr zum Beispiel eine ▶ Gesprächsrunde zum Thema organisieren, ein Rollenspiel vorbereiten oder einen „Ratgeber für beliebte Nichtraucher" schreiben.

2. Kosten

Sicher weißt du ungefähr, wie teuer eine Packung Zigaretten ist. Aber wie viel geben Raucher pro Tag, pro Monat, pro Jahr oder in zehn Jahren für das Rauchen aus?
Um diesen und ähnlichen Fragen nachzugehen,

könnt ihr z. B. eine ▶ Umfrage durchführen und Raucher zu den Kosten des Rauchens befragen. Wichtig ist, dass ihr euch gut überlegt, wie ihr eure Ergeb-

nisse übersichtlich und interessant darstellen könnt. Ihr könnt die Daten in Tabellen zusammenstellen und ▶ Diagramme zeichnen. Ihr könnt aber auch eine Collage anfertigen, die zeigt, was ein Raucher sich alles hätte kaufen können, wenn er zum Beispiel fünf Jahre lang nicht geraucht hätte. Oder fällt euch eine bessere Methode ein, die Ergebnisse darzustellen?

3. Gesundheitliche Risiken

Sicher hat jeder von euch schon oft gehört, dass Rauchen sehr gesundheitsschädlich ist. Aber stimmt das wirklich? Und wenn ja, warum ist das so und wo genau liegen die Risiken? Findet heraus, welche Krankheiten durch das Rauchen verursacht werden, wie viele Menschen in Deutschland jedes Jahr an den Folgen des Rauchens sterben und wie viele Jahre ein Raucher durchschnittlich früher stirbt als ein Nichtraucher. Was genau ist Passivrauchen und welche Folgen hat es? Zusätzlich könnt ihr auch den nebenstehenden Modellversuch durchführen. Stellt eure Ergebnisse in einer Präsentation vor. Dazu könnt ihr eine kleine ▸ Ausstellung mit dem Versuch und ▸ Plakaten erstellen. Der folgende Modellversuch zeigt sehr anschaulich, was Zigarettenrauch in den feinen Strukturen der ▸ Bronchien und der Lunge bewirkt:

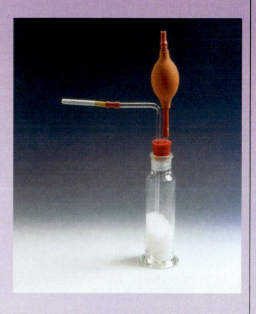

Material:

- Waschflasche
- Kolbenprober oder Blaseball
- passender Stopfen mit 2 Löchern
- 2 Glasröhrchen, davon 1 gewinkelt
- 2 kurze Schlauchstückchen
- angefeuchtete Watte
- Zigarette

Durchführung:

Die Apparatur wird so zusammengebaut, dass man wie in der Abbildung gezeigt, Luft durch die Zigarette in die Flasche mit der feuchten Watte saugen kann. Auf diese Weise „raucht" die Maschine nun eine Zigarette (Abzug!). Danach holt man die Watte heraus und beschreibt, wie sie sich verändert hat.

Fragen zur Versuchsauswertung:

Für welches Körperteil steht die Watte hier im ▸ Modell? Was bedeutet eure Beobachtung für die Wirkung von Zigarettenrauch auf den Körper?

4. Süchtig?

Sind alle Raucher süchtig oder abhängig? Warum fällt es so schwer, mit dem Rauchen aufzuhören? Gibt es Hilfsprogramme? Fragt hierzu gezielt Raucher, ob sie lieber aufhören würden zu rauchen, ob sie es schon einmal versucht haben und warum sie es vielleicht nicht geschafft haben. Haben sie Entzugserscheinungen gehabt und wie sahen die aus? Sammelt eure Ergebnisse und überlegt euch, wie ihr sie am besten vorstellen könnt.

Unser Blut ist immer in Bewegung

🔍 **1. a)** Baue ein einfaches Stethoskop (Hörrohr). Verwende dazu zwei Trichter und einen Schlauch.
b) Beschreibe die Geräusche beim Abhören der Herztöne.

🔍 **2. a)** Finde heraus, an welchen Stellen deines Körpers du den Puls fühlen kannst. Eine gut geeignete Stelle zeigt die nebenstehende Abbildung.
b) Zähle die Pulsschläge in einer Minute im Sitzen, sofort nach fünfzehn Kniebeugen und nach einer darauf folgenden, dreiminütigen Ruhepause. Notiere deine Ergebnisse in einer Tabelle in deinem Hefter.

	im Sitzen	nach 15 Kniebeugen	nach dreiminütiger Pause
Pulsschläge	…	…	…

📖 **3.** Erkläre den Zusammenhang zwischen Puls und Herzschlag.

c) Erkläre deine Messergebnisse.

📖 **4.** In den Darstellungen von Blutkreisläufen werden häufig die Farben Rot und Blau verwendet.
Begründe die Verwendung der Farben mit den Eigenschaften des Blutes.

📖 **8.** Benenne die mit Kreisziffern gekennzeichneten Teile eines Tierherzens.

🔍 **5.** Der Blasebalg kann als Funktionsmodell des Herzens dienen.
a) Untersuche die Funktion des Blasebalgs. Verfolge dabei den Weg der Luft.
b) Beschreibe Gemeinsamkeiten und Unterschiede in der Funktion von Blasebalg und Herz.

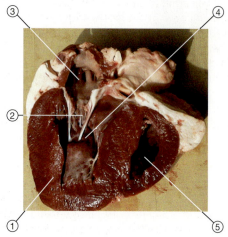

③ ④ ② ① ⑤

📖 **9.** Erkläre, warum in den Abbildungen von Herz und Blutkreislauf rechts und links „vertauscht" scheinen.

📖 **6.** Begründe, warum Arterien auch als Schlagadern und Kapillaren als Haargefäße bezeichnet werden.

📖 **10. a)** Zeichne ein Schema, das den Weg des Blutes im Körper zeigt. Beginne mit der Körpervene. Verfolge den Weg bis zur Körperkapillare.
b) Rahme alle Stationen rot ein, in denen sauerstoffreiches Blut transportiert wird. Die Stationen mit kohlenstoffdioxidreichem Blut rahme blau ein.

📖 **7.** Begründe, weshalb Arterien und Venen häufig dicht nebeneinander verlaufen.

Körpervene → rechter Vorhof →

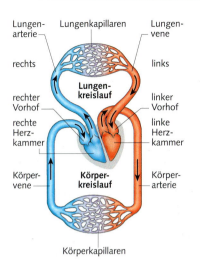

1 **Doppelt geschlossener Blutkreislauf des Menschen** (Schema)

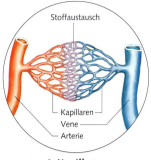

4 **Kapillaren**

Das Blut kann seine Aufgaben nur erfüllen, wenn es alle Teile des Körpers erreicht. Deshalb zirkuliert es ständig in den **Blutgefäßen** durch den Körper. Den Antrieb für diesen **Blutkreislauf** liefert das Herz.

Das **Herz** pumpt das Blut bei jedem Herzschlag mit hohem Druck in die große **Körperarterie,** die **Aorta.** Diesen Pulsschlag kann man bei einigen **Arterien** ertasten. Arterien nennt man alle Blutgefäße, die das Blut vom Herzen weg transportieren. Ihre Wände besitzen eine kräftige Muskelschicht. Zusätzlich sind sie innen und außen mit einer elastischen Haut umgeben. Sie halten den hohen Blutdruck aus und pressen das Blut durch ihre Elastizität weiter. Die Arterien verzweigen sich immer mehr bis in die sehr feinen **Kapillaren.** Die Wände der Kapillaren sind nur eine Zellschicht dünn. Hier findet der Stoffaustausch mit den Körperzellen statt. Dabei werden Sauerstoff und gelöste Nährstoffbausteine in das umgebende Gewebe abgegeben. Gleichzeitig gelangen Kohlenstoffdioxid und Abfallstoffe durch die Kapillarwände ins Blut.

Die Kapillaren vereinigen sich wieder zu größeren Blutgefäßen, den **Venen.** Ihre dünnen Wände haben nur wenige Muskeln. Sie besitzen viele **Venenklappen** als Ventile, die den Rückfluss des Blutes verhindern. Dadurch kann das Blut in den Beinvenen sogar „bergauf" transportiert werden. Arterien oder Muskeln helfen dabei mit, indem sie auf die Venen drücken und dadurch das Blut weiterbefördern. Wenn das Blut durch die Körpervene wieder ins Herz transportiert wird, ist der **Körperkreislauf** geschlossen.

Das Blut durchläuft nun einen zweiten Kreislauf, den **Lungenkreislauf.** Es wird durch die **Lungenarterie** in die ► Lunge gepumpt. Dort gibt das Blut in den Kapillaren Kohlenstoffdioxid ab und nimmt Sauerstoff auf. Das Blut fließt durch die **Lungenvene** zum Herzen zurück. Der **doppelte Blutkreislauf** ist geschlossen. Das Blut wird über die Körperarterien zu den Organen gepumpt und der Stoffaustausch beginnt von neuem.

3 **Der Kreislauf verbindet alle Organe**

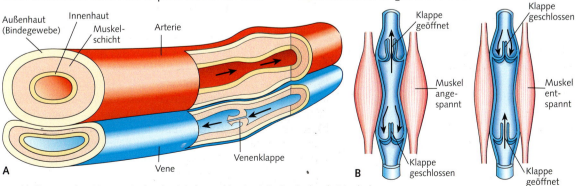

2 **Blutfluss in den Venen. A** *durch eine benachbarte Arterie;* **B** *durch Muskeln*

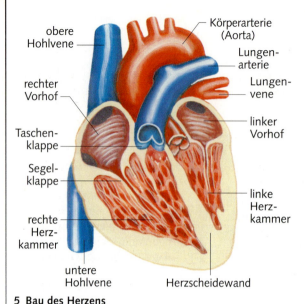

obere Hohlvene

Körperarterie (Aorta)

Lungen- arterie

Lungen- vene

rechter Vorhof

linker Vorhof

Taschen- klappe

Segel- klappe

linke Herz- kammer

rechte Herz- kammer

untere Hohlvene

Herzscheidewand

5 Bau des Herzens

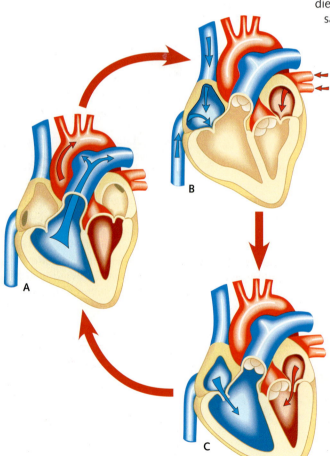

A

B

C

6 Herzmuskelbewegungen. A *Herzkammerentleerung;*
B *Erschlaffung;* **C** *Vorhofleerung*

Bau und Funktion des Herzens

Unser Herz ist ein etwa faustgroßer Hohlmuskel. In jeder Minute pumpt es die gesamte Blutmenge durch unseren Körper. Der **Herzmuskel** wird durch **Herzkranzgefäße** mit Blut und somit mit Sauerstoff und Nährstoffen versorgt.

Im Inneren wird das Herz durch die **Herzscheide- wand** in eine linke und eine rechte Hälfte getrennt. Dadurch kann sich das sauerstoffreiche Blut nicht mit dem sauerstoffarmen Blut vermischen.

Beide Herzhälften bestehen aus je einem **Vorhof** und je einer **Herzkammer.** Diese arbeiten bei der Pumpwirkung des Herzens zusammen. Zwischen Vorhof und Herzkammer wirken **Segelklappen** als Ventile. Vor den Arterien erfüllen **Taschenklappen** diese Funktion.

Wenn das Herz schlägt, ziehen sich die Herzkam- mern zusammen und pressen das Blut in die Lun- gen- und Körperarterien. Die Segelklappen sind dabei geschlossen und verhindern, dass das Blut in die Vorhöfe zurückgedrückt wird. Gleichzeitig saugen die Vorhöfe Blut aus den Lungen- und Körpervenen an. Diesen Arbeitstakt des Herzens nennt man **Systole.**

Wenn die beiden Herzkammern geleert sind, entspannt sich der Herzmuskel. Dabei füllen sich die Herzkammern wieder. Das Blut fließt aus den Vorkammern in die Herzkammern. Die Taschenklappen schließen sich, das Blut kann nicht zurück- fließen. Dieser Arbeitstakt wird **Diastole** genannt.

Systole und Diastole – Zusammenziehen und Erschlaffung – wiederholen sich unaufhörlich etwa 70 Mal pro Minute beim gesunden Erwachsenen. Kinder und Jugendliche haben einen höheren Puls.

Herzmuskelzellen erzeugen bei ihrer Tätigkeit schwache elektrische Impulse. Sie können als ► **EKG** (Elektrokardiogramm) aufgezeichnet werden.

■ Arterien führen das Blut vom Herzen weg. Venen führen das Blut zum Herzen hin. Kapillaren dienen dem Stoff- und Gasaustausch. Das Herz ist ein etwa faustgroßer Hohlmuskel. Es pumpt das Blut durch die Blutgefäße. Der Mensch hat einen doppelt geschlossenen Blut- kreislauf: den Körperkreislauf und den Lungenkreislauf.

Blutende Verletzungen – was kann ich tun?

Du hast es bestimmt schon einmal erlebt: ein Sturz, und die Wunde blutet. Jetzt ist schnelle und richtige Hilfe notwendig. Mit dem Wissen über Erste Hilfe kannst du anderen Menschen helfen. Wertvolle Anleitungen erhältst du im Internet. Die notwendigen Kenntnisse erlernst du auch in einem Erste-Hilfe-Kurs. Beachte bei allen Hilfsmaßnahmen, dass du zum Eigenschutz stets Schutzhandschuhe trägst.

Was muss ich tun …

… bei einer Schürfwunde?

Bei einem Sturz vom Fahrrad, Skateboard oder beim Fußballspielen wird oft die Haut an den Ellenbogen oder Knien abgerieben. Die Wunde blutet nur ganz wenig. Stattdessen ist eine farblose, wässrige Flüssigkeit in der Wunde zu sehen. Bei solchen Schürfwunden ist die Infektionsgefahr durch Verschmutzungen relativ gering.

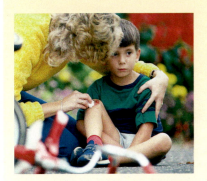

Es genügt deshalb meist, die Wunde zu reinigen und mit einem sauberen, keimfreien Verband abzudecken. Oft verheilt die Wunde an der Luft.

… bei einer schwach blutenden Wunde?

Manche Verletzungen bluten stärker, da sie so tief gehen, dass Blutgefäße in der Haut aufgerissen werden. Je nach Größe der Wunde verwendet man ein Pflaster oder man legt ein keimfreies Mullkissen auf und befestigt es mit einem Pflaster auf der Haut.

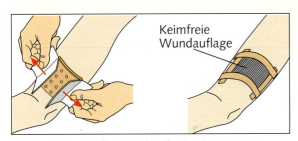

Keimfreie Wundauflage

2 Anlegen eines Pflasterverbandes

… bei einer stark blutenden Wunde?

Ein Blutverlust von einem Liter bedeutet bei einem Erwachsenen bereits Lebensgefahr. Eine starke Blutung muss daher unbedingt zum Stillstand gebracht werden. Oft genügt das Anlegen eines Druckverbandes. Die Wunde darf dabei nicht ohne entsprechende Schutzhandschuhe berührt werden. Zuerst wird eine möglichst sterile Wundauflage auf die Wunde gelegt. Danach fertigt man mit einem Dreieckstuch oder einem Handtuch einen ersten Umschlag. Nun wird ein ungeöffnetes Verbandspäckchen als Druckpolster über die Wunde auf den ersten Umschlag gelegt und mit einem zweiten Tuch festgehalten. Dieser zweite Umschlag wird fest, aber nicht zu kräftig, verknotet. Wichtig ist, dass die verletzte Stelle hochgehalten wird. Dann muss so schnell wie möglich Hilfe mit der Notrufnummer 112 geholt werden. Sollten nach dreißig Minuten keine Rettungskräfte eingetroffen sein, muss der Druckverband kurzzeitig gelockert werden.

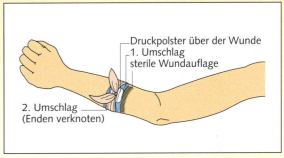

Druckpolster über der Wunde
1. Umschlag
sterile Wundauflage

2. Umschlag
(Enden verknoten)

3 Anlegen eines Druckverbandes

🔍 **1.** Zeichne auf dem Unterarm deines Banknachbarn einen etwa einen Zentimeter langen Strich. Lege darauf einen Pflasterverband wie in Abbildung 2 an.

🔍 **2.** Lege am Arm einer Mitschülerin oder eines Mitschülers einen Druckverband wie in Abbildung 3 an. Nimm den Verband nach einer Minute wieder ab.

📖 **3.** Aus einer Beinwunde spritzt stoßweise hellrotes Blut hervor.
a) Begründe, welches Blutgefäß verletzt wurde.
b) Beschreibe die wichtigsten Erste-Hilfe-Maßnahmen.
c) Notiere die Notrufnummer in deinen Hefter und in dein Hausaufgabenheft.

Erkrankungen von Herz und Kreislauf kann man vorbeugen

1. Frau Nadler fühlt plötzlich einen heftigen, stechenden Schmerz in der Brust. Das Atmen fällt ihr schwer. Sie hat das Gefühl, als werde ihr Brustkorb zusammengepresst und sie müsse ersticken.
a) Stelle eine Vermutung über die Erkrankung von Frau Nadler auf.
b) Gib Symptome an, die bei einem Herzinfarkt oder einem Schlaganfall auftreten. Informiere dich bei einem Rettungssanitäter, im Internet oder in Nachschlagewerken.
c) Notiere Sofortmaßnahmen eines Ersthelfers bei Herzinfarkt sowie Schlaganfall.

2. a) Welche Risikofaktoren begünstigen Erkrankungen von Herz und Kreislauf? Nimm den Comic zur Hilfe.
b) Nenne Maßnahmen zur Vorbeugung dieser Erkrankungen.

3. In den hochentwickelten Industriestaaten sind Herz-Kreislauferkrankungen mit etwa 50 Prozent die häufigste Todesursache. Finde dafür Gründe.

4. a) Benenne die unten abgebildete Untersuchungsmethode.
b) Beschreibe, was man mit dieser feststellen kann.

Herz-Kreislauf-Erkrankungen

Sie beginnen oft mit **Bluthochdruck** und Arterienverkalkung oder **Arteriosklerose.** Ein ständig erhöhter Druck des Blutes auf die Arterienwände führt dazu, dass diese dicker werden und ihre Elastizität verlieren. An solchen krankhaft veränderten Wänden lagern sich im Laufe der Jahre Fettbestandteile und Kalk ab. Die Gefäße werden immer enger und härter. Als Folge einer solchen Arterienverkalkung treten Durchblutungsstörungen auf. Im schlimmsten Fall wird ein verkalktes Blutgefäß vollständig verstopft. Verantwortlich dafür ist meist ein Blutgerinnsel, welches sich an einer Engstelle festsetzt und den Blutstrom blockiert. Dadurch fällt die lebenswichtige Versorgung mit Sauerstoff und Nährstoffen für Teile des Körpers aus.
Geschieht dies im Gehirn, handelt es sich um einen Hirnschlag oder **Schlaganfall.**
Als Folgen treten oft Lähmungen oder Wahrnehmungsstörungen auf.

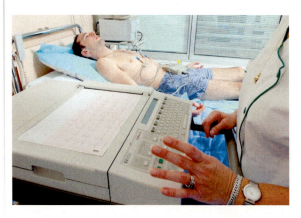

5. a) Beschreibe den Zustand eines Menschen bei einem Schock.
b) Notiere drei Maßnahmen der Ersten Hilfe bei einem Schock.

Bei einem **Herzinfarkt** sind die Herzkranzgefäße verstopft. Teile des Herzmuskels sterben ab. Dies kann zu einem Herzstillstand führen. Manchmal gibt es vorher schon deutliche Anzeichen, die man ernst nehmen sollte. Bei länger andauernden oder immer wiederkehrenden Herzschmerzen kann die Herztätigkeit durch ein **EKG** (Elektrokardiogramm) überprüft werden. Damit können Unregelmäßigkeiten des Herzschlages festgestellt und in einer Grafik gezeigt werden.

Stellt man eine ausgedehnte **Arteriosklerose** fest, wird eine Bypass-Operation vorgenommen. Verengte Herzkranzgefäße werden dabei mit einer „Umleitung", dem Bypass, versehen. Dazu wird meist mit einem Stück Vene aus dem Bein das verstopfte Gefäß überbrückt. Geringere Engpässe in Herzkranzgefäßen lassen sich auch durch einen Ballon dehnen. Ein kleines Röhrchen (stent) hält das Gefäß offen.

Schock aufgrund psychischer Belastung

Der Begriff **Schock** wird allgemein als lebensbedrohlicher Zustand nach einem schweren Unfall, einer Verletzung oder einem traumatischen Erlebnis verwendet. Häufig zeigt sich ein Schock durch eine schwache Herzfunktion, Absinken des Blutdrucks, Blässe im Gesicht und Muskelschwäche.

Die Folgen eines Schocks sind mangelhafte Versorgung der Zellen und Organe mit Sauerstoff und Stoffwechselstörungen.

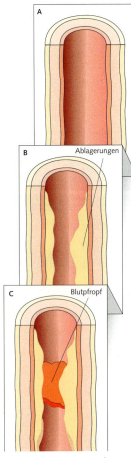

Ablagerungen

Blutpfropf

2 Arterien. A *gesund;* **B** *verengt;* **C** *verschlossen*

Als Maßnahmen zur Ersten Hilfe soll der Patient angesprochen, vor Unterkühlung geschützt, die Atemwege freigehalten und seine Beine angehoben werden. Durch eine Notrufmeldung ist schnellstens professionelle Hilfe zu rufen.

Risikofaktoren für Herz-Kreislauf-Erkrankungen

Risikofaktoren sind Rauchen, Alkoholmissbrauch, Bewegungsmangel, Stress, ungesunde Ernährung sowie die Einnahme illegaler Drogen. Sehr gefährlich sind auch Dopingmittel im Leistungssport, die zwar verboten sind, aber zur Steigerung der körperlichen Leistungsfähigkeit oder zum Muskelaufbau häufig eingesetzt werden.

Die Inhaltsstoffe des Tabakrauches verursachen Arteriosklerose und weitere Gefährdungen der Gesundheit, wie beispielsweise Krebs. Das im Rauch enthaltene Nikotin führt zudem zur Abhängigkeit. Übermäßiger Alkoholgenuss und fettes Essen schädigen ebenfalls das Herz-Kreislaufsystem. Bewegungsarmut verstärkt die Wirkung der Risikofaktoren.

Vorbeugung vor Herz-Kreislauf-Erkrankungen

Schon als Jugendlicher kann man Herz-Kreislauf-Erkrankungen vorbeugen, wenn man bestimmte Risikofaktoren ausschaltet und sich eine gesunde Lebensweise angewöhnt. Dazu gehören der Verzicht auf Tabakwaren, illegale Drogen und Dopingmittel sowie der nur maßvolle Genuss von Alkohol. Eine ausgewogene, fettarme Ernährung ist ebenfalls wichtig. Ausreichend Schlaf und Freizeit sowie die Vermeidung von Stress sollten für Erholung sorgen. Regelmäßige sportliche Betätigung, vor allem ein Ausdauertraining, führt zu einer stärkeren Durchblutung der Gefäße und beugt so ebenfalls den Herz-Kreislauf-Erkrankungen vor. Mehrmals in der Woche zwanzig bis vierzig Minuten Laufen, Rad fahren oder andere Sportarten sind zu empfehlen. Mit Anderen zusammen macht Sport doppelt soviel Spaß.

■ **Zu den häufigsten Herz-Kreislauf-Erkrankungen zählen Bluthochdruck, Arteriosklerose, Herzinfarkt und Schlaganfall. Risikofaktoren sind Rauchen, Alkoholmissbrauch, illegale Drogen, fettes Essen und Bewegungsarmut. Mit einer gesunden Lebensweise lässt sich vorbeugen.**

1 Schocklagerung

Mit Stress kann man leben

📖 **1. a)** Beschreibe die abgebildeten Stresssituationen.
b) Notiere drei weitere Situationen deines Alltages, die du als besonders stressig empfindest.

📖 **2.** Beschreibe die Vorgänge in deinem Körper, die bei einer Stresssituation ablaufen.

📖 **3. a)** Vergleiche die nebenstehenden Kurven miteinander.
b) Erläutere den Unterschied zwischen dem Ablauf des normalen Stresses (A) und dem des Dauerstresses (B).

📖 **4.** Erläutere vier Maßnahmen, mit deren Hilfe du Stress abbauen kannst.

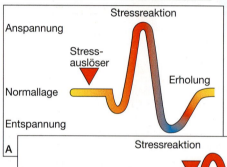

A

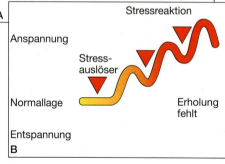

B

📝 **5.** Beschreibe an zwei Beispielen persönliche Maßnahmen zur Erholung nach einem stressigen Tag.

📖 **6.** Betrachte die Abbildung 1. Notiere zu den Buchstaben deines Vornamens Begriffe zum Stressabbau.

📖 **7. a)** Beschreibe drei Situationen für positiven Stress.
b) Begründe die Bedeutung des positiven Stresses.

Stress im Alltag

„Michaela, steh' endlich auf, es ist schon halb acht." Immer noch schläfrig, hört Michaela, wie ihre Mutter sie zum dritten Mal weckt. Doch dann ist Michaela plötzlich hellwach. Schon halb acht? Wie soll sie dann nur den Schulbus schaffen? In der ersten Stunde wird eine Klassenarbeit geschrieben. Michaela hetzt ins Bad, springt in ihre Sachen, greift die Schultasche und rennt los. Gerade noch rechtzeitig erwischt sie den Bus. Du hast sicher auch schon einen ähnlichen Start in den Tag erlebt. Wenn wir wie Michaela unter Zeit- und Leistungsdruck stehen, erleben wir **Stress.** Unser Körper reagiert auf eine solche belastende Reaktion, indem er das ▶ **Hormon** Adrenalin ins Blut abgibt. Adre-

nalin bewirkt, dass das Herz schneller schlägt, die Muskeln gut durchblutet werden und wir tiefer atmen. Gleichzeitig werden Energiereserven aktiviert. Wir sind jetzt in der Lage, kurzfristig körperliche Höchstleistungen zu erbringen.
Dass eine solche Stresssituation durchaus sinnvoll ist, hat auch Michaela gemerkt, als sie zur Bushaltestelle rannte. Im Bus konnte sie sich erholen. Der Adrenalingehalt im Blut sank, Herz und Kreislauf beruhigten sich allmählich.
Als der Lehrer die Aufgaben für die Klassenarbeit ausgibt, stellt Michaela fest, dass sie die Formelsammlung vergessen hat. Sie gerät in Panik. Mit klopfendem Herzen und feuchten Händen sitzt sie vor den Aufgaben. Es fällt ihr kein Lösungsweg ein.

Diese Reaktion ist typisch für eine Stresssituation, in der zwar alle Kraftreserven des Körpers bereitgestellt werden, gleichzeitig aber das Nachdenken verhindert wird. Das nennt man eine Denkblockade.
Jetzt hilft es Michaela nur, den Lehrer nach den erforderlichen Unterlagen zu fragen, tief durchzuatmen, um dann an die Arbeit zu gehen.

Auswirkungen von Stress

Wenn im Leben eines Menschen eine Stresssituation auf die andere folgt, befindet er sich im **Dauerstress.** Weil die Erholungsphasen fehlen, wird auch das Abwehrsystem des Körpers geschwächt. Man wird anfälliger gegenüber zahlreichen Krankheiten. Bluthochdruck, Migräne, Magen- und Darmerkrankungen, Herzinfarkt oder sogar Krebs können die Folgen sein.

Der Mensch kennt aber nicht nur den krank machenden, **negativen Stress,** den **Disstress.** Wir unterliegen auch einem **positiven Stress,** dem **Eustress.** Er zeigt sich zum Beispiel bei großer Freude und Verliebtheit. Man fühlt sich stark und voller überschüssiger Energie, könnte die Welt umarmen und Bäume ausreißen. Unterschwellig sorgt positiver Stress auch für erhöhte Aufmerksamkeit und Reaktionsschnelligkeit. Der Körper ist immer in der Lage, auf plötzliche Veränderungen der Umwelt zu reagieren. Dieser Effekt wird durch ausreichend Schlaf, eine gesunde Lebensweise und eine abwechslungsreiche Tagesgestaltung gefördert.

Stressbewältigung

Da niemand vor Stress gefeit ist, gibt es eine ganze Reihe von Maßnahmen zur Stressbewältigung. Vorschläge dazu findest du in Abbildung 1. Natürlich hat jeder sein „Geheimrezept", mit Stress umzugehen. Wichtig ist nur, dass man dem negativen Stress vorbeugt, indem man Aufgaben rechtzeitig erledigt, sich über Probleme mit Vertrauten austauscht sowie Rat und Hilfe sucht.
Ein „Hineinfressen" von Problemen oder die Flucht in Alkohol oder illegale Drogen bieten keine Lösung. Dadurch werden die Stresssituationen nur verstärkt.

Ausruhen
Aufgaben abhaken

Nachdenken über den Tag
Nichtstun

Terminkalender führen
Tagesablauf einteilen

Inline-Skating
Insel der Gemütlichkeit schaffen

Spaß haben
Spielen

Toben
Tanzen

Reden mit Freunden
Rad fahren

Entspannen bei Musik
Erholen beim Hobby

Sorgen teilen
Schluchzen

Sauna
Schlafen

1 Möglichkeiten zur Stressbewältigung

■ Bei Stress werden alle Kraftreserven des Körpers bereitgestellt, um schnell reagieren zu können. Ein Wechsel von positivem Stress und Erholung erhöht das Wohlbefinden. Dauerstress kann zu schweren gesundheitlichen Schäden führen. Vorbeugen kann man durch geplanten, sinnvollen Tagesablauf, pünktliche Erledigung von Aufgaben sowie den Verzicht auf Alkohol und illegale Drogen.

Blut hat viele Aufgaben

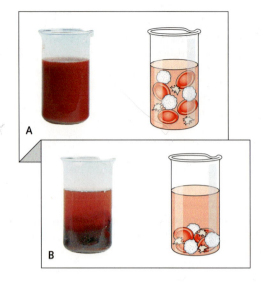

A

B

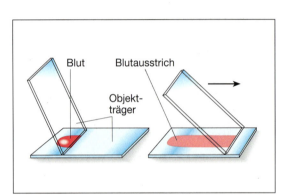

Blut

Blutausstrich

Objekt-
träger

1. Lasst euch Tierblut geben, das ungerinnbar gemacht wurde. Füllt es in ein kleines Becherglas und lasst es einen Tag lang ruhig stehen.
Beobachtet und erklärt den Vorgang. Die rechte Abbildung hilft euch dabei.
Hinweis: Wegen Infektionsgefahr ist es verboten, menschliches Blut in der Schule zu untersuchen.

2. a) Betrachtet das Tierblut aus Versuch 1 unter dem ▶ Mikroskop. Gebt mit einem Glasstab einen Tropfen Blut auf die linke Seite eines Objektträgers und stellt einen Blutausstrich her. Bedeckt den Blutausstrich mit einem Deckgläschen. Beginnt beim Mikroskopieren mit der kleinsten Vergrößerung. Verändert die Blende so, dass ihr die Blutzellen gut erkennen könnt.
b) Beschreibt, um welche Blutzellen es sich handelt.
c) Zeichnet das Bild bei der stärksten Vergrößerung (▶ mikroskopische Zeichnung).

3. a) Das nebenstehende elektronenmikroskopische Bild zeigt verschiedene Blutzellen. Ordne den Ziffern ① – ③ die richtigen Begriffe zu und begründe deine Zuordnung.
b) Erstelle eine Tabelle mit den Zelltypen und ihren Funktionen.

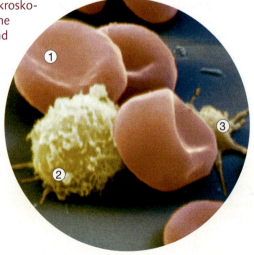

①

②

③

4. Fertige eine Liste mit den Funktionen des Blutplasmas an.

5. a) Erfindet einen Modellversuch zum Vorgang der Blutgerinnung. Überlegt euch, womit man das Netz aus Fibrinfäden und die darin hängenbleibenden Blutkörperchen darstellen kann.
Tipp: Benutzt ein Sieb, Knetmasse, Papierschnipsel oder andere Materialien.
b) Vergleicht euer Modell mit der Wirklichkeit, indem ihr Gemeinsamkeiten und Unterschiede nennt.

Zusammensetzung und Funktionen des Blutes

Im Körper eines Erwachsenen befinden sich etwa vier bis sechs Liter Blut. Blut ist ein Gemisch aus festen und flüssigen Bestandteilen. Lässt man frisches Blut in einem Glasgefäß eine Weile stehen und verhindert durch ein hinzugefügtes Mittel die Blutgerinnung, sinken die festen Bestandteile, die **Blutzellen,** nach unten. Sie bilden eine rote, undurchsichtige Masse. Darüber steht die hellgelbe, durchsichtige Blutflüssigkeit, das **Blutplasma.**

Das Blutplasma besteht zum größten Teil aus Wasser. Es ist das wichtigste Transportmittel unseres Körpers und befördert Nährstoffe, Abbaustoffe und Botenstoffe des Körpers, die Hormone, an ihr Ziel. Gleichzeitig verteilt es die Körperwärme über alle Körperteile.

Im Blutplasma schwimmen die Blutzellen. Man unterscheidet drei Gruppen. Eine Gruppe, die **roten Blutkörperchen,** sind als scheibenförmige, leicht eingedellte Zellen gut im Mikroskopbild zu erkennen. Sie enthalten den roten Blutfarbstoff Hämoglobin. Ihre Funktion besteht im Transport von Sauerstoff aus den Lungenbläschen zu allen Zellen des Körpers und im Rücktransport von Kohlenstoffdioxid zur Lunge. In weitaus geringerer Zahl entdeckt man im Blutbild als zweite Gruppe farblose, unregelmäßig geformte Zellen, die **weißen Blutkörper-**

chen. Sie sind Teil unseres ▶ Abwehrsystems und bekämpfen Krankheitserreger und Gifte, die beispielsweise durch Wunden in die Blutbahn eingedrungen sind. Bei der Bekämpfung von Krankheitserregern können sie durch die Poren der kleinsten Blutgefäße auch in das benachbarte Gewebe wandern.

Die dritte Gruppe der Blutzellen bilden die **Blutplättchen.** Sie sind an der Blutgerinnung beteiligt.

Blutgerinnung

Ist eine blutende Wunde entstanden, sammeln sich an der Wundstelle Blutplättchen. Diese geben durch den Kontakt mit der Luft einen Stoff frei, der dafür sorgt, dass an dieser Stelle ein Netz aus langen Eiweißfäden entsteht. In diesem Fibrinnetz bleiben die Blutzellen hängen und verschließen die Wunde. Durch Austrocknung entsteht schließlich Schorf.

Blutzellen

Rote Blutkörperchen

Aussehen:	runde, flache Scheiben, in der Mitte eingedellt, ohne Zellkern
Herkunft:	rotes Knochenmark
Funktion:	Transport von Sauerstoff und Kohlenstoffdioxid, enthalten den roten Blutfarbstoff Hämoglobin
Lebensdauer:	etwa 120 Tage

Weiße Blutkörperchen

Aussehen:	kugelförmig bis unregelmäßig, mit Zellkern
Herkunft:	rotes Knochenmark, Lymphknoten, Milz
Funktion:	vernichten Krankheitserreger
Lebensdauer:	wenige Tage bis Jahre

Blutplättchen

Aussehen:	unregelmäßig geformt, ohne Zellkern
Herkunft:	rotes Knochenmark
Funktion:	lösen Blutgerinnung aus
Lebensdauer:	7 Tage

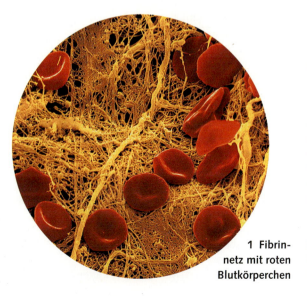

1 Fibrinnetz mit roten Blutkörperchen

■ **Blut besteht aus Blutplasma, roten und weißen Blutkörperchen sowie Blutplättchen. Alle Bestandteile haben ihre Funktionen.**

Auf die Blutgruppe kommt es an

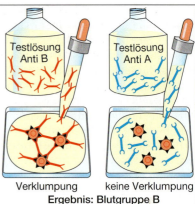

Testlösung Anti B

Testlösung Anti A

Verklumpung keine Verklumpung

Ergebnis: Blutgruppe B

📖 **1.** Tina (Blutgruppe A) hat einen schlimmen Unfall gehabt und benötigt eine Blutübertragung. Kevin (Blutgruppe B) erklärt sich sofort bereit, Blut für Tina zu spenden. Kann Kevin Tina helfen? Begründe deine Entscheidung.

📖 **2.** Im Labor werden zwei Blutproben untersucht. Probe 1 verklumpt weder mit der Testlösung „Anti-A" noch „Anti-B". Probe 2 verklumpt mit beiden. Gib jeweils die Blutgruppe der beiden Proben an.

📖 **3.** Nur selten wird heute noch „Vollblut übertragen". Oft wird nur Blutplasma benötigt. Welches Spenderplasma verträgt sich mit welchem Empfängerblut? Fertige eine Tabelle an.

📝 **4. a)** Recherchiere für deinen Wohnort, wo Blutspenden durchgeführt werden.
b) Erkundige dich, wer Blut spenden darf. Berichte darüber in der Klasse.
c) Notiere Argumente, warum man Blut spenden sollte.

📖 **5.** Finde heraus, welche Personen im LANDSTEINERschen Versuch (Seite 95) die gleiche Blutgruppe haben.

Blutübertragung

Bei Verkehrsunfällen verlieren Verletzte oft so viel Blut, dass sie dafür Ersatz brauchen. Auch bei Operationen und zur Behandlung einiger Krankheiten sind Blutübertragungen, auch **Bluttransfusionen** genannt, nötig. Organisationen wie das Rote Kreuz rufen deshalb immer wieder zur Blutspende auf.
Bevor gespendetes Blut verwendet wird, muss die Blutgruppe festgestellt werden. Denn wenn das Spenderblut nicht zum Empfängerblut passt, verklumpt es. Das ist lebensgefährlich, weil der entstehende Blutpfropf Kapillaren verstopfen kann. Worin unterscheidet sich das Blut der verschiedenen Blutgruppen?

Kennzeichen der Blutgruppen

Es gibt vier Blutgruppen: A, B, AB und 0 (Null). Die Oberfläche der roten Blutkörperchen hat bei jeder Blutgruppe einen anderen Bau, den man **Antigen** nennt.

Außerdem sind im Blutplasma spezielle **Antikörper** vorhanden, die auf fremdes Blut reagieren.

Menschen mit der Blutgruppe A weisen das Antigen A auf ihren roten Blutkörperchen auf und in ihrem Blutserum befinden sich Antikörper vom Typ Anti-B. Bei der Blutgruppe B ist auf den roten Blutkörperchen das Antigen B und im Serum sind die Antikörper Anti-A. Menschen mit der Blutgruppe AB haben auf den roten Blutkörperchen sowohl Antigen A als auch Antigen B. Im Blutserum sind aber keine Antikörper enthalten. Umgekehrt ist es bei der Blutgruppe 0. Die roten Blutkörperchen besitzen keine Antigene, ihr Blutserum enthält aber Antikörper vom Typ Anti-A und Anti-B.

Blutgruppe	rote Blutkörperchen mit Antigenen	Antikörper im Serum
A Antigene A = ●		Anti-B
B Antigene B = ▲		Anti-A
AB Antigene AB = ●▲		keine
0 keine Antigene		Anti-B Anti-A

1 Merkmale der Blutgruppen (schematisch

Zur Verklumpung kommt es, wenn Antikörper Anti-A mit Antigen A zusammentreffen, also wenn Blut der Blutgruppe A oder AB mit Blut der Blutgruppe B vermischt wird. Ebenso reagiert Anti-B mit Antigen B der Blutgruppe B oder AB. Da die roten Blutkörperchen der Blutgruppe 0 keine Antigene besitzen, kommt es nicht zu der gefährlichen Verklumpungsreaktion. Daher können Menschen mit der Blutgruppe 0 notfalls ihr Blut für Personen beliebiger anderer Blutgruppen spenden.

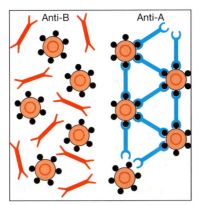

2 Blutgruppenverträglichkeit.
Verträglichkeit und Verklumpung

Weitere Untersuchungen
Vor einer Blutübertragung werden noch weitere Untersuchungen durchgeführt. Dabei wird die Übereinstimmung des Rhesusfaktors kontrolliert. Man unterscheidet Rhesus-positives (Rh) und Rhesus-negatives (rh) Blut.
Gespendetes Blut wird auch auf Krankheitserreger untersucht. Deshalb ist die Gefahr, durch eine Blutübertragung an AIDS oder Hepatitis zu erkranken, relativ gering.

Die Blutgruppen **A, B, AB, 0** sind **gekennzeichnet** durch:

Verklumpung des Blutes

Antigen: *Merkmal* auf den Roten Blutkörperchen

+

Antkörper: *Verklumpungsstoff* im Blutplasma

3 Blutgruppen-auf einen Blick

■ **Man unterscheidet beim Menschen die vier Blutgruppen A, B, AB, 0. Bei Blutübertragungen müssen die Blutgruppen übereinstimmen, sonst kann das Blut verklumpen.**

LANDSTEINER entdeckt die Blutgruppen

Bis zu Beginn des 20. Jahrhunderts verliefen Blutübertragungen von Mensch zu Mensch in zwei Drittel der Fälle tödlich. Untersuchte man die an der Übertragung Gestorbenen, fand man, dass die roten Blutzellen verklumpt und die Blutgefäße verstopft waren. Zur Aufklärung dieses Phänomens machte der Wiener Arzt Karl LANDSTEINER (1868–1943) im Jahre 1901 ein entscheidendes Experiment. Er entnahm fünf seiner Mitarbeiter und sich selbst etwas Blut und trennte jeweils rote Blutkörperchen und Serum. Auf einer Glasplatte schrieb er am linken Rand senkrecht seinen Namen sowie die seiner Mitarbeiter. Nun gab er waagerecht daneben jeweils sechs Tropfen Serum dieser Personen. Jede der sechs Serumreihen versetzte er mit

roten Blutkörperchen von je einem Mitarbeiter. Auf diese Weise ergaben sich 36 Kombinationen. Dabei stellte sich heraus, dass Blutzellen von Dr. STÖRK und Dr. LANDSTEINER nie verklumpten. Bei den anderen Mitarbeitern reagierten die Blutkörperchen gegenüber den Seren unterschiedlich, aber

immer zwei in gleicher Weise. LANDSTEINER schloss draus, dass es drei verschiedene Blutgruppen geben müsse. Er bezeichnete sie zunächst mit A, B und C. Ein Jahr später wurde eine vierte Blutgruppe entdeckt. Seit 1928 werden die vier Blutgruppen international einheitlich mit A, B, AB und 0 bezeichnet.

Serum \ Rote Blutkörperchen	Dr. Störk	Dr. Pletschnig	Dr. Sturli	Dr. Erdheim	Zaritsch	Dr. Landsteiner
Dr. Störk						
Dr. Pletschnig						
Dr. Sturli						
Dr. Erdheim						
Zaritsch						
Dr. Landsteiner						

Infektionskrankheiten können jeden treffen

1. Beschreibe den Verlauf einer Infektionskrankheit. Teile den Verlauf dabei in mehrere Phasen ein.

2. In Krankenhäusern müssen auch Besucher manchmal Schutzkleidung anlegen. Begründe.

5. Auch bei Tieren brechen von Zeit zu Zeit Seuchen aus, zum Beispiel die Maul- und Klauenseuche bei Rindern und Schweinen. Seuchen sind besonders in der Viehhaltung ein großes Problem. Auf dem Foto siehst du Desinfektionsmaßnahmen zur Verhinderung einer Viehseuche.
a) Informiere dich über Tierseuchen und nenne Beispiele.
b) Wähle eine Seuche aus. Welcher Erreger verursacht die Seuche?
c) Erstelle ein Plakat.

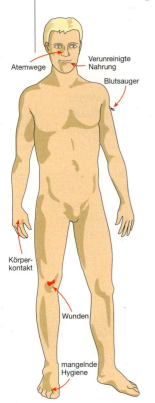

Atemwege

Verunreinigte Nahrung

Blutsauger

Körperkontakt

Wunden

mangelnde Hygiene

3. a) Beschreibe mithilfe der Abbildung, wie Krankheitserreger in den Körper gelangen können.
b) Mache zu jedem Beispiel Vorschläge, wie man sich vor einer entsprechenden Infektion schützen kann.

4. a) Geht arbeitsteilig vor und informiert euch über die in der Tabelle aufgeführten Infektionskrankheiten. Ermittelt jeweils den Erreger, den Infektionsweg, typische Symptome sowie Vorbeugungs- und Behandlungsmöglichkeiten.
b) Erstellt Steckbriefe zu den Krankheiten und berichtet der Klasse über eure Ergebnisse.

Geschätzte Anzahl der tödlich verlaufenden Infektionen im Jahr 2010 laut Weltgesundheitsorganisation (WHO)

Krankheit	Todesfälle (2010)
AIDS	1,7 Millionen
Tuberkulose	1,4 Millionen
Malaria	660.000
Keuchhusten	195.000
Masern	140.000
Cholera	120.000
Gelbfieber	30.000
Wundstarrkrampf	12.000

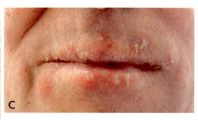

1 Jeder kann sich infizieren.
A *Röteln;* **B** *Grippe;* **C** *Lippenherpes*

Es kann jeden treffen

Unsere Umwelt ist voller mikroskopisch kleiner Organismen, die mit dem bloßen Auge nicht zu erkennen sind. Die meisten sind für Menschen und Tiere ungefährlich, einige jedoch sind Verursacher von Krankheiten. Bei den Krankheitserregern handelt es sich überwiegend um ▶**Bakterien** und ▶**Viren.** Sie gelangen auf unterschiedlichen Wegen in den Körper. Sie werden mit der Nahrung aufgenommen oder dringen über die Atemwege, über Wunden oder durch Körperkontakte in den Körper ein – häufig aufgrund mangelnder Hygiene.

Am Anfang steht die Infektion

Wenn Krankheitserreger in den Körper eingedrungen sind, hat man sich infiziert. Die **Infektion** ist die erste Phase aller Infektionskrankheiten. Da viele dieser Krankheiten von Mensch zu Mensch übertragbar sind, spricht man auch von ansteckenden oder übertragbaren Krankheiten.

Die Erkrankung nimmt ihren Lauf

In den meisten Fällen bemerkt ein Betroffener gar nicht, dass er sich infiziert hat, da die natürlichen Schutzeinrichtungen des Körpers die Eindringlinge sofort vernichten. Gelingt diese Abwehrarbeit nicht, beginnen sich die Krankheitserreger im Körper zu vermehren. Es vergeht dann noch eine gewisse Zeit, bis die Krankheit ausbricht. Diesen Zeitraum nennt man **Inkubationszeit.** Sie kann Stunden, Tage, Monate oder sogar Jahre betragen.

Mit dem **Ausbruch der Krankheit** treten typische **Symptome** auf, beispielsweise Fieber, Appetitlosigkeit, Kopf- und Gliederschmerzen und allgemeine Schwäche. Meist schafft es das körpereigene ▶**Immunsystem** – manchmal unterstützt durch Medikamente – die Erreger nach wenigen Tagen unschädlich zu machen. In einigen Fällen bleibt der Mensch jedoch dauerhaft krank. Man spricht dann von einer chronischen Erkrankung. Im schlimmsten Fall endet eine Infektion, zum Beispiel mit dem ▶HI-Virus, tödlich.

Die Genesung unterstützen

Bei einer schweren Infektionserkrankung wie der Grippe sollte man unbedingt einen Arzt zu Rate ziehen. Er entscheidet, ob Medikamente zum Einsatz kommen, oder ob die Selbstheilungskräfte des Körpers mit der Infektion alleine fertig werden. Einfache Verhaltensregeln können die **Genesung** unterstützen. Bettruhe und Schonung entlasten den Organismus, frische Luft im Krankenzimmer und reichlich Trinken unterstützen das Abwehrsystem. Bewährte Hausmittel wie kalte Wadenwickel oder kalte Waschlappen auf der Stirn senken das Fieber.

Epidemien

Wenn große Teile der Bevölkerung von einer Infektion betroffen sind, spricht man von einer **Seuche** oder **Epidemie**. Pest- und Pockenepidemien sind Beispiele aus früheren Jahrhunderten. Ihnen fielen Millionen Menschen zum Opfer.
Dank moderner Medizin sind diese Krankheiten heute weitgehend unter Kontrolle. Vor allem durch den gezielten Einsatz von ▶**Antibiotika** und durch vorbeugende ▶**Impfungen** können Masseninfektionen meist vermieden werden. Dennoch treten in einigen Entwicklungsländern Krankheiten wie Typhus und Cholera heute noch als Seuchen auf – häufig bedingt durch verunreinigtes Trinkwasser, mangelhafte Hygiene oder fehlende ärztliche Versorgung. Weltweit gehören die Infektionskrankheiten deshalb immer noch zu den häufigsten Todesursachen.

■ **Bei Infektionskrankheiten werden Erreger wie Bakterien und Viren auf den Menschen übertragen. Der typische Verlauf ist: Infektion, Inkubationszeit, Ausbruch der Krankheit mit ihren Symptomen und Genesung oder selten auch Tod.**

Viren – Winzlinge, die krank machen können

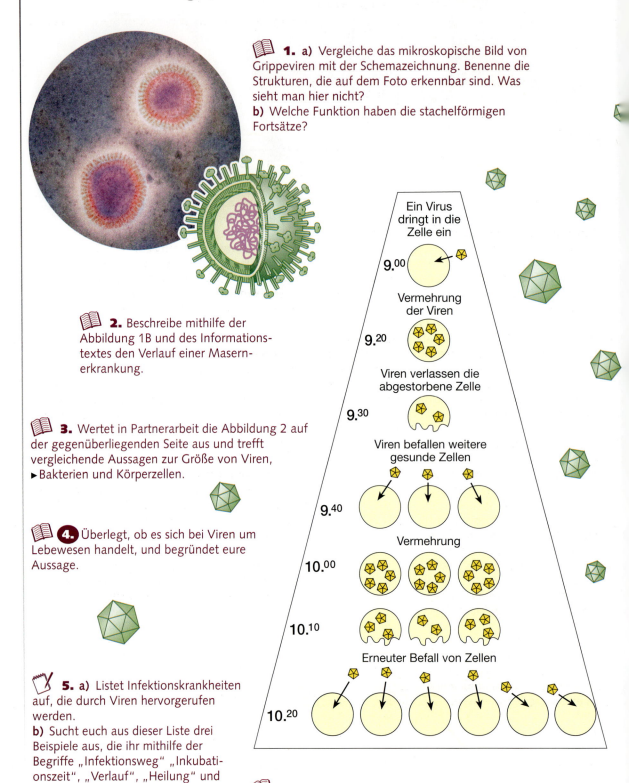

1. a) Vergleiche das mikroskopische Bild von Grippeviren mit der Schemazeichnung. Benenne die Strukturen, die auf dem Foto erkennbar sind. Was sieht man hier nicht?
b) Welche Funktion haben die stachelförmigen Fortsätze?

2. Beschreibe mithilfe der Abbildung 1B und des Informationstextes den Verlauf einer Masernerkrankung.

3. Wertet in Partnerarbeit die Abbildung 2 auf der gegenüberliegenden Seite aus und trefft vergleichende Aussagen zur Größe von Viren, ▶ Bakterien und Körperzellen.

4. Überlegt, ob es sich bei Viren um Lebewesen handelt, und begründet eure Aussage.

5. a) Listet Infektionskrankheiten auf, die durch Viren hervorgerufen werden.
b) Sucht euch aus dieser Liste drei Beispiele aus, die ihr mithilfe der Begriffe „Infektionsweg" „Inkubationszeit", „Verlauf", „Heilung" und „Vorbeugung" weiter bearbeitet.

6. Erläutere mithilfe dieser Abbildung, wie sich Viren im Körper massenhaft vermehren können.

Ein Virus dringt in die Zelle ein
9.00

Vermehrung der Viren
9.20

Viren verlassen die abgestorbene Zelle
9.30

Viren befallen weitere gesunde Zellen
9.40

Vermehrung
10.00

10.10

Erneuter Befall von Zellen
10.20

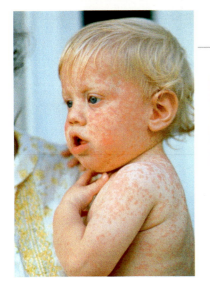

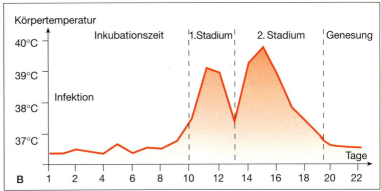

Körpertemperatur

Inkubationszeit | 1.Stadium | 2. Stadium | Genesung

Infektion

B Tage

1 Masern. A *Hautausschlag;* **B** *Verlauf*

Masern – eine harmlose Kinderkrankheit?

Masern werden häufig als harmlose Kinderkrankheit betrachtet. Damit unterschätzt man ihre möglichen Folgen.

Meist stecken sich Kinder mit dem Erreger, einem **Virus,** gegenseitig an. Nach etwa zehn Tagen ▶Inkubationszeit zeigen sich erste Symptome wie Schnupfen und Husten. Weißliche Flecken auf der Wangenschleimhaut und Fieber sind typische Anzeichen des Krankheitsausbruches. Nach drei bis fünf Tagen geht die Krankheit in das 2. Stadium über. Die Viren haben sich inzwischen stark vermehrt. Das Fieber steigt oft bis 40 °C. Die Erkrankten fühlen sich elend und entwickeln einen roten Hautausschlag. Bekämpft das Immunsystem die Viren erfolgreich, verschwinden alle Symptome ein bis zwei Wochen nach Ausbruch der Krankheit.

Bei geschwächten Kindern kann es jedoch zu Folgeerkrankungen wie Mittelohr- und Lungenentzündung oder einer lebensgefährlichen Hirnhautentzündung kommen. Dieses Risiko lässt sich durch eine rechtzeitige ▶Impfung vermindern.

Viren verursachen nicht nur Masern, sondern auch viele andere Infektionskrankheiten, beispielsweise Kinderlähmung, Grippe, Herpes, Windpocken, Röteln, Gelbsucht, Mumps, Tollwut und ▶AIDS. Es gibt derzeit noch keine Medikamente, die Viren beseitigen können. Mit virenhemmenden Mitteln kann man jedoch die Dauer der Erkrankung verkürzen. Einen sicheren Schutz erreicht man nur mit Impfungen.

Viren – Aufbau und Vermehrung

Viren sind wesentlich kleiner als ▶Bakterien und erreichen kaum einmal $\frac{1}{10\,000}$ mm. Sie sind trotz unterschiedlicher äußerer Gestalt im Wesentlichen gleich aufgebaut: Eine Eiweißhülle schützt das Erbmaterial im Inneren. Viren bestehen nicht aus Zellen, sodass sie weder einen eigenen Stoffwechsel besitzen, noch sich selbst vermehren oder wachsen können. Zur Vermehrung sind Viren auf **Wirtszellen** angewiesen, zum Beispiel Zellen von Menschen, Tieren und Pflanzen.

Hat man sich mit dem Virus infiziert, dringt es in eine Wirtszelle ein. Das Virus verändert diese Zelle so, dass sie in kürzester Zeit viele neue Viren erzeugt. Schließlich platzt die Wirtszelle. Die neuen Viren werden freigesetzt und können weitere Zellen befallen.

■ **Viele Infektionskrankheiten wie Masern werden durch Viren verursacht. Impfungen schützen vor Virusinfektionen.**

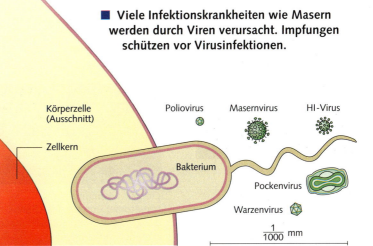

2 Größenvergleich Viren – Bakterium – Körperzelle

Infektionskrankheiten – ausgelöst durch Bakterien, Viren und Pilze

Kinderlähmung

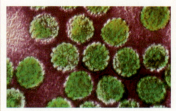

Erreger: Viren
Symptome: Lähmungen, Muskelschwund; Atemstillstand
Übertragung: Tröpfchen- oder Schmierinfektion, besonders bei mangelnder Hygiene in sanitären Anlagen

Tetanus

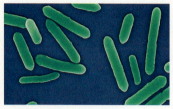

Erreger: Bakterien
Symptome: Krämpfe der Kiefer- und Zungenmuskulatur; später im Nacken, Rücken und Bauch; Atemlähmung
Übertragung: Kontakt mit Schmutz und Erde über kleine Verletzungen

Windpocken

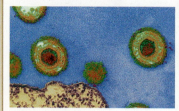

Erreger: Viren
Symptome: Fieber und Gliederschmerzen; später rote, flüssigkeitsgefüllte Bläschen auf der Haut; Juckreiz; weitere Infektion durch Aufkratzen der Bläschen
Übertragung: Tröpfchen- und Schmierinfektion

Tuberkulose

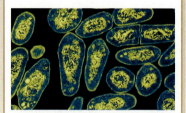

Erreger: Bakterien
Symptome: Nachtschweiß, Fieber, Knochen- und Gelenkschmerzen, Husten, Bauchschmerzen, Sehstörungen, Kopfschmerzen, Lungenversagen
Übertragung: Tröpfchen- und Schmierinfektion

Tollwut

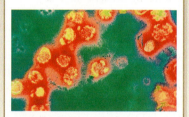

Erreger: Viren
Symptome: Kopfschmerzen, Krämpfe der Atemmuskulatur, Atemnot, starker Durst, schäumender Speichel
Übertragung: Biss von infizierten Tieren, die häufig ihre Scheu verlieren

Scharlach

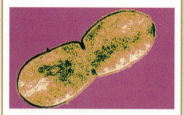

Erreger: Bakterien
Symptome: hohes Fieber, stark geröteter Rachen; Entzündung der Zunge; gelblich belegte Mandeln; roter Ausschlag auf Hals und Brust
Übertragung: direkter Kontakt mit Infizierten

Mumps (Ziegenpeter)

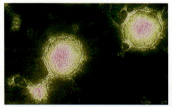

Erreger: Viren
Symptome: schmerzhafte Anschwellung der Ohrspeicheldrüsen, Entzündung der Hoden (Sterilität) und Bauchspeicheldrüse ist möglich
Übertragung: Tröpfcheninfektion oder direkter Kontakt mit Infizierten

Hautpilz (Fußpilz)

Erreger: Fadenpilze
Symptome: Rötung, Bläschenbildung, Juckreiz und Entzündungen zwischen den Zehen
Übertragung: direkter Kontakt mit Infizierten oder Schmierinfektion

📖 **1.** Ordne die in der Pinnwand aufgeführten Krankheiten den Bakterien, Viren oder Pilzen als Erreger zu. Fertige dazu eine Tabelle an.

📖 **2.** Beschreibe Möglichkeiten, wie die Übertragung von Viren, Bakterien und Pilzen eingeschränkt oder verhindert werden kann.

📖 **3.** Beschreibe die Unterschiede zwischen Tröpfcheninfektion und Schmierinfektion.

Antibiotika

FLEMING entdeckt Penicillin

Im Jahre 1928 machte der schottische Bakterienforscher ALEXANDER FLEMING eine bedeutende Entdeckung. In einer Kulturschale mit einem speziellen Nährboden hatte er ▶Bakterien gezüchtet. Auf der Schale schimmelte es. In der Nähe der Schimmelpilze wuchsen plötzlich keine Bakterien mehr. Gab der Schimmelpilz einen Stoff ab, der das Wachstum der Bakterien hemmt oder diese sogar abtötet?

1 ALEXANDER FLEMING (1881 – 1955)

Um diese Annahme bestätigen zu können, unternahm FLEMING Versuche mit einem Schimmelpilz, dem **Pinselschimmel Penicillium**. FLEMING züchtete den Pilz in einer speziellen Nährlösung für Bakterien und Pilze. Als Bakterien mit dieser Lösung in Kontakt gebracht wurden, hörten sie auf zu

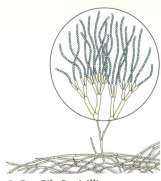

2 Der Pilz Penicillium

wachsen. Damit bestätigte sich seine Annahme, dass der Schimmelpilz einen Stoff erzeugt, der die Vermehrung von Bakterien hemmt. Diesen Stoff nannte FLEMING **Penicillin** nach dem wissenschaftlichen Namen Penicillium. Damit war das erste **Antibiotikum** entdeckt.

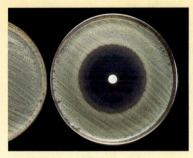

3 Wirkung von Penicillin auf Bakterien in einer Kulturschale

1940 gelang es, Penicillin in größeren Mengen herzustellen. Wenige Jahre später konnten bereits viele Patienten, die an Tuberkulose, Diphtherie, Wundstarrkrampf oder bestimmten Geschlechtskrankheiten litten, durch Medikamente geheilt werden, die Penicillin als Wirkstoff enthielten.

Wie wirken Antibiotika?

Heute gibt es viele verschiedene Antibiotika. Sie schädigen gezielt nur die Zellen der Bakterien, nicht die des Menschen. Einige Antibiotika hemmen den Aufbau der Zellwand von Bakterien oder schädigen die Zellmembran. Andere können den gesamten Stoffwechsel der Bakterien blockieren.

Vorsicht geboten!

Antibiotika dürfen nur nach ärztlicher Verschreibung und unter gewissenhafter Beachtung der Einnahmevorschriften genommen werden, weil sie zum Beispiel neben den krankmachen-

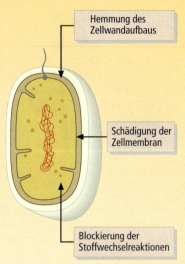

Hemmung des Zellwandaufbaus

Schädigung der Zellmembran

Blockierung der Stoffwechselreaktionen

4 Wirkungsweise von Antibiotika

den Bakterien auch nützliche Bakterien wie Milchsäurebakterien und bestimmte Darmbakterien bekämpfen.

In jüngerer Zeit treten immer häufiger Bakterien auf, die gegenüber Antibiotika unempfindlich sind. Sie sind resistent. Bei der Teilung dieser resistenten Bakterien wird die **Resistenz** an die nächste Bakteriengeneration weitergegeben. Wird nun das Antibiotikum erneut eingesetzt, bleibt die Behandlung erfolglos. Deshalb müssen immer neue Antibiotika entwickelt werden.

📖 **1.** In Apotheken sind verschiedene Antibiotika erhältlich. Ärzte verschreiben jedoch nur ein bestimmtes davon. Welchen Grund kann das haben?

📖 **2.** Der Zusatz von Antibiotika in der Tiermast zur Steigerung der Leistung und des Wachstums ist in der EU seit 2006 verboten. Welche Gründe könnte es dafür geben?

Stark in der Abwehr – das Immunsystem

📖 **1. a)** Gestalte zur Arbeitsweise des Immunsystems auf der Grundlage von Abbildung 1 ein Plakat oder eine Computerfolie. In der Legende sollen alle Zelltypen des Abwehrsystems und ihre Funktionen aufgelistet sein.
b) Nutze die Darstellung als Grundlage für einen Kurzvortrag.

📖 **2.** Bringe die Abbildung 2 mit der Arbeit des Immunsystems in einen Zusammenhang und entwickle dazu eine Tabelle.

📖 **3.** Erläutere unter Verwendung der Abbildung 4 die Wirkung der Immunisierung.

📝 **4.** Menschen, die nach einer Transplantation mit einem Organ eines anderen Menschen leben, müssen Medikamente zur Unterdrückung des Immunsystems nehmen. Begründe diese Maßnahme. Welche Risiken entstehen für den Patienten?

📖 **5.** Beschreibe Lebensgewohnheiten, die das Immunsystem positiv oder negativ beeinflussen können.

Krankheitserreger gibt es überall

Im Alltag sind die Menschen überall Krankheitserregern ausgesetzt: Wenn zum Beispiel jemand neben uns niest, wenn wir eine Türklinke anfassen oder ungewaschenes Obst essen. Unser Körper würde solche Angriffe auf die Gesundheit nur wenige Stunden überleben, gäbe es nicht eine leistungsfähige Abwehr, die die meisten Krankheitserreger erfolgreich bekämpft.

Die erste Abwehrkette

Die gesunde Haut gehört zu den ersten Barrieren, die den Menschen vor Infektionen schützen. Ihre Hornschicht und der Säureschutzmantel, der sich aus den Ausscheidungen der Schweiß- und Talgdrüsen bildet, wehren Krankheitserreger ab. Die gleiche Funktion erfüllen die Schleimhäute, der Speichel, die Tränenflüssigkeit, die Salzsäure im Magen und die körpereigenen Bakterien im Darm.

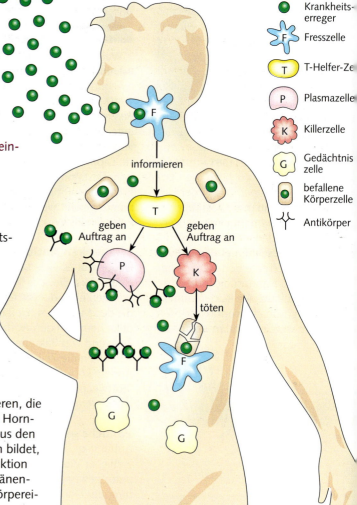

○ Krankheits-erreger
Ⓕ Fresszelle
Ⓣ T-Helfer-Ze
Ⓟ Plasmazelle
Ⓚ Killerzelle
Ⓖ Gedächtnis zelle
▣ befallene Körperzelle
⋎ Antikörper

informieren

geben Auftrag an   geben Auftrag an

töten

1 Funktion des Immunsystems (Schema)

Das Immunsystem greift ein

Dort, wo Erreger in den Körper eindringen können, beginnt das Immunsystem mit seiner Arbeit. Es sind im Wesentlichen die **weißen Blutkörperchen,** die diese Aufgabe als Abwehrzellen übernehmen. Sie entstehen fortwährend neu im **Knochenmark** der Röhrenknochen und gelangen mit dem Blut und einer anderen Körperflüssigkeit, der Lymphe, an alle Stellen des Körpers. In den **Lymphknoten,** zum Beispiel in den Mandeln oder unter den Achseln, befinden sich besonders viele dieser Abwehrzellen. Wir unterscheiden mehrere Arten von weißen Blutkörperchen: Fresszellen, Killerzellen, Plasmazellen, T-Helfer-Zellen und Gedächtniszellen.

Überall im Körper können **Fresszellen** eingedrungene Erreger aufnehmen und verdauen. Die Fresszellen haben im **Thymus,** einem kleinen Organ unter dem Brustbein, „gelernt", zwischen körpereigenen und fremden Zellen zu unterscheiden. Sie erkennen die Erreger an **Antigenen** – besonderen Strukturen an der Außenseite von Bakterien und Viren – und vernichten die Erreger daraufhin.

Manchmal gelingt es den fremden Zellen trotz dieser Abwehr, weiter in den Körper einzudringen und sich dort zu vermehren. Dann informieren die Fresszellen mithilfe von Antigen-Bruchstücken der verdauten Erreger andere Zellen im Blut, die **T-Helfer-Zellen.** Diese Zellen informieren die **Plasmazellen,** die spezifische **Antikörper** bilden können, welche gegen die jeweiligen Erreger gerichtet sind. Diese Antikörper sind in der Lage, sich mit den Antigenen auf der Oberfläche der Erreger zu verbinden. Dies führt zu einer Verklumpung der Eindringlinge. Die verklumpten Zellverbände werden schließlich von Fresszellen beseitigt.

Weiter alarmieren die T-Helfer-Zellen die **Killerzellen.** Diese suchen nach Körperzellen, die bereits von Erregern befallen sind und töten sie ab. Auch diese Reste werden von Fresszellen vernichtet.

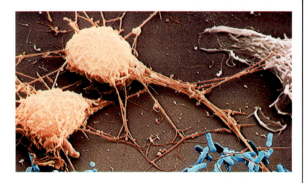

3 Fresszellen (orange) vernichten Bakterien (blau)

Immunisierung

Während das Abwehrsystem arbeitet, bilden sich die **Gedächtniszellen.** Das sind Zellen, die sich nach dem Kontakt mit einem bestimmten Antigen zu langlebigen Zellen entwickeln. Sie können noch Jahre später bei einem erneuten Kontakt mit demselben Erregertyp sofort aktiv werden und in großen Mengen Antikörper produzieren, so dass die Infektionskrankheit erst gar nicht erneut ausbricht. Auf diese Weise wird der Mensch im Verlaufe seines Lebens gegen verschiedene Erreger **immun.**

Das Abwehrsystem unterstützen

Jeder Mensch kann selbst dazu beitragen, das Immunsystem bei seiner Aufgabe zu unterstützen. Man weiß heute, dass vor allem während des Schlafes die Abwehrzellen aktiv sind. Deshalb ist ausreichender Schlaf besonders wichtig. Vitaminreiche Ernährung unterstützt das Abwehrsystem ebenso wie regelmäßige sportliche Bewegung. Das Immunsystem ist aber auch abhängig von unserem psychischen Befinden. Negativer Stress führt häufiger zu Erkrankungen.

■ **Zum Immunsystem zählen eine Reihe spezialisierter Zellen und Antikörper. Gemeinsam bekämpfen sie in den Körper eingedrungene Erreger.**

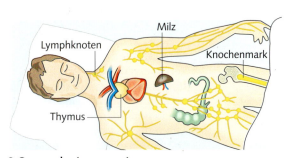

2 Organe des Immunsystems

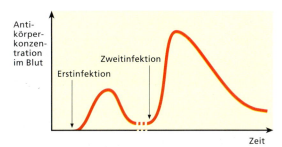

4 Konzentration von Antikörpern bei Infektionen

Impfen kann Leben retten

1. a) Sieh in deinem Impfpass nach, welche Impfungen durchgeführt wurden.
b) Vergleiche die Eintragungen im Impfpass mit den Angaben des Impfkalenders.
c) Notiere Konsequenzen, die sich für dich ergeben können.

2. Vergleiche Schutzimpfung und Heilimpfung. Stelle dazu Gemeinsamkeiten und Unterschiede tabellarisch gegenüber.

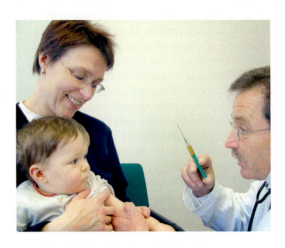

3. Gib Empfehlungen, welche Impfungen vor Antritt einer Fernreise durchgeführt werden sollten. Recherchiere und begründe die Empfehlungen.

4. a) Sammele Informationen über die Rötelninfektion. Halte einen Kurzvortrag.
b) Bewerte die Aussage: „Für die Röteln-Schutzimpfung gibt es eine besondere Verantwortung."

WORLD HEALTH ORGANIZATION
ORGANISATION MONDIALE DE LA SANTÉ
WELTGESUNDHEITSORGANISATION

INTERNATIONAL CERTIFICATES
OF VACCINATION

CERTIFICATS INTERNATIONAUX
DE VACCINATION

INTERNATIONALE BESCHEINIGUNGEN
ÜBER IMPFUNGEN
UND IMPFBUCH

gemäß § 16 Bundes-Seuchengesetz

with / avec / mit

Emergency Certificate / Certificat pour urgence / Ausweis für den Notfall

Deutlich weniger Impfungen

NIEDERSACHSEN. Die Ärzteschaft zeigt sich besorgt über die abnehmende Zahl von Impfungen unter Kindern, Jugendlichen und Erwachsenen. Eine Impfrate von nur wenig über 70 Prozent bei den wichtigen Impfungen gegen Masern, Mumps und Röteln und von nur 30 bis 40 Prozent bei allen zur Verfügung stehenden Impfungen sei nicht akzeptabel, sagte der Präsident der Ärztekam~~~~ ~~~~

5. a) Formuliere die Kernaussagen des Zeitungsartikels in eigenen Worten.
b) Nenne Gründe für die sinkende Zahl von Impfungen. Recherchiere unter den Stichworten „Impfmoral" und „Impfmüdigkeit".

Impfkalender Empfehlungen der Ständigen Impfkommission (STIKO)	
Impfungen	**Empfohlenes Impfalter**
1. Impfung – Pneumokokken (Lungenentzündung, Hirnhautentzündung, Mittelohrentzündung)	2 Monate
1. Impfung – Diphtherie, Tetanus, Keuchhusten, Polio (Kinderlähmung), Hepatitis B (Gelbsucht), Haemophilus influenza Typ b (HiB; Hirnhautentzündung, Kehldeckelentzündung)	2 Monate
2. Impfung – Pneumokokken	3 Monate
2. Impfung – Diphtherie, Tetanus, Keuchhusten, Polio, Hepatitis B, HiB	3 Monate
3. Impfung – Pneumokokken	4 Monate
3. Impfung – Diphtherie, Tetanus, Keuchhusten, Polio, Hepatitis B, HiB	4 Monate
1. Impfung – Masern, Mumps, Röteln, Windpocken	11–14 Monate
4. Impfung – Pneumokokken	11–14 Monate
4. Impfung – Diphtherie, Tetanus, Keuchhusten, Polio, Hepatitis B, HiB	11–14 Monate
1. Impfung – Meningokokken C (Hirnhautentzündung)	12–23 Monate
2. Impfung – Masern, Mumps, Röteln	15–23 Monate
1. Auffrischung – Diphtherie, Tetanus, Keuchhusten	5– 6 Jahre
1. Auffrischung – Polio	9–17 Jahre
2. Auffrischung – Diphtherie, Tetanus, Keuchhusten	9–17 Jahre
Grundimmunisierung gegen humane Papillomaviren für alle Mädchen (u. a. Gebärmutterhalskrebs)	12–17 Jahre

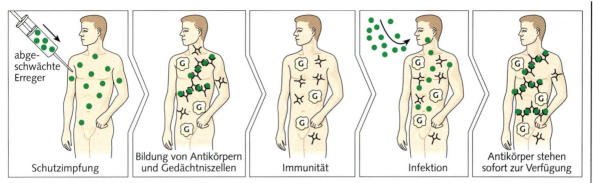

1 Schutzimpfung (aktive Immunisierung)

Impfungen unterstützen die Körperabwehr

Viele Infektionskrankheiten haben ihren Schrecken heute fast verloren. Diese Entwicklung ist vor allem auf den Einsatz von Impfungen zurückzuführen. Deren Wirkungsweise ist mit dem ▶ Immunsystem verbunden. Viele Infektionskrankheiten kann man für einen langen Zeitraum kein zweites Mal bekommen, weil das Immunsystem im Verlaufe der Erstinfektion spezifische ▶ Antikörper und ▶ Gedächtniszellen gebildet hat. Diese können bei einer erneuten Infektion mit den gleichen Erregern sofort mit der Abwehr beginnen. Bei Impfungen greift man auf diese Fähigkeit des Körpers zurück.

Aktive Immunisierung

Eine Reihe von Impfungen sollten bereits im Säuglingsalter erfolgen, zum Beispiel die Impfung gegen Wundstarrkrampf (Tetanus). Dabei nimmt das Kind Tetanus-Erreger auf, die vorher so abgeschwächt wurden, dass es zu keiner ernsthaften Erkrankung kommt. Diese regen das Abwehrsystem an, Antikörper und Gedächtniszellen zu bilden. So hat der Körper einen Langzeitschutz gegen die Krankheit, er ist immun. Diese Impfung nennt man **Schutzimpfung** oder aktive Immunisierung. Um die Immunität aufrecht zu erhalten, muss in regelmäßigen Abständen eine Auffrischungsimpfung erfolgen.

Passive Immunisierung

Wird das Immunsystem mit einem Erreger nicht alleine fertig, hilft möglicherweise eine andere Form der Impfung. Dabei müssen die passenden Antikörper gespritzt werden. Man gewinnt diese, indem man Haustiere mit abgeschwächten Erregern der betreffenden Infektionskrankheit impft. Nach einiger Zeit entnimmt man den Tieren Blut, filtert die gebildeten Antikörper heraus und verabreicht sie dem Patienten. Eine solche Impfung nennt man **Heilimpfung** oder passive Immunisierung. Sie wirkt nur drei bis vier Wochen, kann aber Leben retten.

Impfung gegen Röteln

Bei Röteln handelt es sich um eine Virusinfektion, die eine lebenslange Immunität hinterlässt. Erkrankt eine schwangere Frau, die nicht immun ist, können die Viren auf den Embryo übertragen werden. Schwere Schädigungen des Kindes wie Herzmissbildung, Blindheit und Taubheit können die Folge sein. Deswegen wird jedes Mädchen im Alter von etwa 11 Jahren untersucht, ob es Antikörper gegen Röteln im Blut hat. Sollte das nicht der Fall sein, ist eine Röteln-Schutzimpfung notwendig.

■ **Impfungen sind notwendig. Sie schützen vor schweren oder tödlichen Krankheiten.**

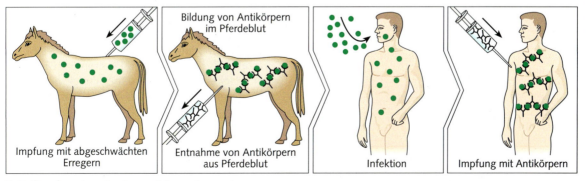

2 Heilimpfung (passive Immunisierung)

AIDS –
eine meist tödliche Infektionskrankheit

📖 **1.** Beschreibe die Vermehrung des HI-Virus anhand der Abbildung 2B.

✍ **2.** Recherchiere und stelle die Entstehung und Bedeutung dieser roten Schleife als Symbol vor.

📖 **3.** Beschreibe anhand der Abbildung 3, wie sich die Zahl der HIV-Infektionen in den letzten Jahren entwickelt hat.
Notiere Gründe, die du für diese Entwicklung vermutest.

✍ **4.** Viele Menschen haben Angst vor dem Kontakt mit einem oder einer HIV-Infizierten. Führt ein Rollenspiel durch zum Thema: Ein Mitglied unserer Clique ist HIV-positiv – wie gehe ich mit der Situation um?

📖 **5.** Erläutere, wie man sich vor einer Infektion mit HIV schützen kann.

✍ **6.** Gehe auf die Internetseite der BZgA (Bundeszentrale für gesundheitliche Aufklärung). Stelle aktuelle Plakate und Informationen der Aktion „Gib AIDS keine Chance" vor.

Was verbirgt sich hinter AIDS und HIV?

AIDS ist eine tödliche Infektionskrankheit. Die Abkürzung steht für **A**quired **I**mmuno**d**eficiency **S**yndrome. Dahinter verbirgt sich eine erworbene Immunschwäche des Menschen, die durch das **HI-Virus** (**H**umane **I**mmunodeficiency **V**irus) hervorgerufen wird.

Wie wird AIDS übertragen?

Die Übertragung des HI-Virus erfolgt nur über Körperflüssigkeiten wie Blut, Spermien- oder Scheidenflüssigkeit. Eine Ansteckung erfolgt daher fast ausschließlich durch ungeschützten Geschlechtsverkehr, bei dem ein Partner bereits durch das Virus infiziert ist.

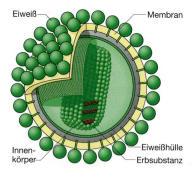

1 HI-Virus

(Eiweiß, Membran, Innenkörper, Eiweißhülle, Erbsubstanz)

Beginn der Infektion

Ist das Virus in den Körper eines Nichtinfizierten gelangt, befällt es dort die ►T-Helferzellen des Immunsystems, die bei der Immunabwehr eine wichtige Doppelrolle erfüllen. T-Helferzellen aktivieren zum einen Killerzellen, damit diese die befallene Zellen vernichten, zum anderen regen sie ►Plasmazellen zur Produktion von Antikörpern gegen Eindringlinge an. Das Virus schleust sein Erbgut in die T-Helferzellen ein. Diese beginnen daraufhin mit der Produktion neuer Viren, anstatt diese erfolgreich zu bekämpfen. Die Zahl der T-Helferzellen nimmt dabei immer mehr ab, bis das Immunsystem stark geschwächt ist.

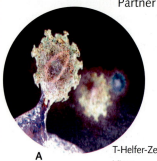

A

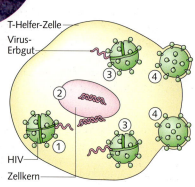

(T-Helfer-Zelle, Virus-Erbgut, HIV, Zellkern)

B

2 AIDS. A *Infektion;* **B** *Viren-Vermehrung in einer T-Helferzelle:* ① *HIV zerfällt und setzt sein Erbgut frei,* ② *im Zellkern wird neues HIV-Erbgut gebildet,* ③ *neue HI-Viren entstehen,* ④ *HI-Viren werden freigesetzt*

Der HIV-Test

Da die Infektion meist nicht bemerkt wird und die Krankheit zunächst keine erkennbaren Symptome verursacht, kann eine Infektion mit HI-Viren jahrelang unerkannt bleiben. Im Laufe von zwei bis vier Monaten nach der Infektion bildet das Immunsystem zwar Antikörper, diese schaffen es jedoch nicht, die HI-Viren unschädlich zu machen. Denn das Virus verändert sich sehr schnell. Allerdings lassen sich die Antikörper über einen HIV-Test im Blut nachweisen. Sind Antikörper im Blut vorhanden, ist das Ergebnis **„HIV-positiv"**.

Die Gewissheit, infiziert zu sein, ist mit vielen Ängsten verbunden. Denn unbehandelt nimmt die Erkrankung einen tödlichen Verlauf. Außerdem haben Betroffene häufig Probleme im Umgang mit anderen Menschen, wenn bekannt wird, dass sie HIV-infiziert sind.

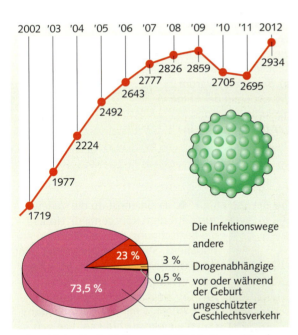

3 Anzahl der Neuinfektionen mit HIV in Deutschland

Die Infektionswege
- andere
- 23 % / 3 % Drogenabhängige
- 0,5 % vor oder während der Geburt
- 73,5 % ungeschützter Geschlechtsverkehr

Stadien der Krankheit AIDS

Wenn sich die Viren im Körper so stark vermehren, dass die Krankheit ausbricht, treten zunächst Fieber, Durchfall, Gewichtsverlust und Lymphknotenschwellungen auf. Man spricht auch vom **Vorstadium** der Krankheit.

Im Laufe der Zeit vermehren sich die Viren immer mehr, bis das Immunsystem zusammenbricht. Der Körper kann sonst harmlose Erreger nicht mehr abwehren. Viele Betroffene leiden unter Lungenentzündung, Pilzbefall der Organe, verschiedenen Krebserkrankungen und Erkrankungen des Gehirns.

Dieses Stadium wird als **Vollbild** der Krankheit bezeichnet.

Medikamente

Die Diagnose „HIV-positiv" bedeutete vor zehn Jahren noch den sicheren Tod. Inzwischen gibt es wirksame Medikamente, die die Vermehrung der HI-Viren hemmen. Durch die geringere Virenmenge funktioniert das Immunsystem besser. Die AIDS-Symptome werden gelindert oder entstehen bei frühzeitiger Therapie gar nicht erst. Eine vollständige Heilung bleibt jedoch aus. So müssen die Patienten ihr Leben lang eine Kombination aus mehreren Medikamenten mit strenger Regelmäßigkeit einnehmen. Außerdem haben die Medikamente starke Nebenwirkungen. Leider entwickeln die HI-Viren auch Unempfindlichkeiten (Resistenzen) gegen die Medikamente.

Unentbeerlich!

GIB AIDS KEINE CHANCE

mach's mit

4 Kondome schützen vor einer HIV-Infektion

Schutz vor Ansteckung

Da es gegenwärtig weder eine Heilung noch einen wirksamen Impfstoff gegen die Immunschwächekrankheit gibt, bleibt zur Vermeidung einer Ansteckung als einziger Schutz nur der geschützte Geschlechtsverkehr mit einem Kondom. Dies ist besonders bei wechselnden Partnern wichtig. Im Rahmen von Erste-Hilfe-Maßnahmen müssen bei der Behandlung von blutenden Verletzungen immer Einweghandschuhe getragen werden. Auch der verantwortungsbewusste Umgang mit der Krankheit und eine ausführliche Aufklärung können bewirken, dass die Zahl der Neuinfektionen weltweit in den nächsten Jahren zurückgeht.

■ **HIV verursacht die tödliche Infektionskrankheit AIDS. Medikamente können den Krankheitsausbruch herauszögern, AIDS aber nicht heilen. Vor der Ansteckung beim Geschlechtsverkehr schützen nur Kondome.**

Das Skelett gibt dem Körper Halt

1. Untersuche das Skelett aus der Biologie-sammlung. Löse die Forschungsaufträge, die auf dem Notizzettel stehen.

Forschungsaufträge am Skelett

- Gesamtzahl der Knochen des menschlichen Skeletts: ○ 153, ○ 211 oder ○ 317?
- Länge der größten und der besonders kleinen Knochen bestimmen. Hinweis: Der mit nur 2,7 mm kleinste Knochen des Skeletts befindet sich im Mittelohr.
- Anzahl der Knochen, aus denen die Hand besteht, bestimmen. Beweglichkeit des Handgelenks und der Finger feststellen.
- Unterschiede zwischen Röhrenknochen und Plattenknochen bestimmen. Beispiele für beide Typen finden.
- Hohlräume des Skeletts nennen und die in ihnen geschützt liegenden Organe aufzählen.

2. a) Versuche möglichst viele der in Abbildung 1 gezeigten Knochen an deinem Körper zu ertasten. Beginne mit Schlüsselbein und Brustbein.
b) Baue mit einem Partner ein „lebendes Skelett". Beschrifte dazu Kreppbandstreifen mit den Namen der Knochen und klebe sie auf die Kleidung deines Partners. Präge dir die Namen der Knochen gut ein.

3. a) Vergleiche das Skelett der Arme und Beine. Nenne Gemeinsamkeiten im Aufbau. Stelle die einander entsprechenden Knochen in einer Tabelle gegenüber.
b) Begründe, warum die Knochen der Beine die kräftigsten des ganzen Körpers sein müssen.

Armskelett	Beinskelett
Oberarm-knochen	Oberschenkel-knochen
Elle	…

5. a) Baue aus den abge-bildeten Materialien ein einfaches Modell für Röhrenknochen.
b) Erkunde mithilfe von Büchern oder anderen Gewichten, welche Belastungsrichtung Röhrenkno-chen besonders gut verkraften.

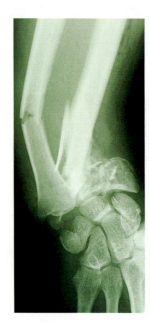

4. a) Erkennst du die Verlet-zung auf dem Röntgenbild? Notiere die Bezeichnung des betreffenden Knochens. Stelle eine Vermutung über die Ursache des Bruchs an. Berichte auch von eigenen Verletzungen.
b) „Der Knochen lebt!" Begründe diese Aussage mithilfe der Abbildung unten. Denke auch daran, wie sich Knochen beim Wachstum verändern und was nach einem Knochenbruch geschieht.

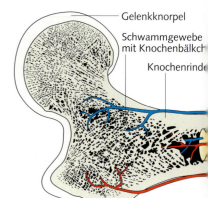

Gelenkknorpel

Schwammgewebe mit Knochenbälkch

Knochenrinde

Das Skelett stützt den Körper

Bewegungen bei Sport und Spiel werden erst möglich durch eine stabile innere Stütze: das **Skelett**.

Das **Armskelett** ermöglicht zum Beispiel das Schlagen des Balles mit dem Tennisschläger.

Das **Beinskelett** trägt das Gewicht des Körpers beim Laufen und Springen. Ober- und Unterschenkelknochen sind deshalb besonders kräftig gebaut.Damit der Sportler diese Bewegungen ausführen kann, müssen seine Gliedmaßen mit der **Wirbelsäule** beweglich verbunden sein. Diese Verbindungen werden durch **Schulter- und Beckengürtel** hergestellt. Die Wirbelsäule stützt das Skelett und hält es aufrecht. An ihr sind die übrigen Teile des Skeletts befestigt.

Das Skelett schützt den Körper

Kleine Stöße und Verletzungen lassen sich nicht vermeiden. Das Gehirn wird durch das **Kopfskelett** gut geschützt. Ähnlich schützt der **Brustkorb** das Herz und die empfindliche Lunge. Die zwölf Rippenpaare des Brustkorbs sind hinten mit der Wirbelsäule und vorn zum Teil mit dem Brustbein verbunden und bilden so einen schützenden Korb.

Knochen sind stabil

Röhrenknochen sind innen markhaltig. Kalziumsalze („Kalk") in den Knochen sorgen dafür, dass sie sehr fest sind, der Knochenknorpel macht sie elastisch.

■ **Das Skelett stützt den Körper und schützt die inneren Organe. Es gliedert sich in das Kopfskelett, das Rumpfskelett mit der Wirbelsäule und die Gliedmaßen.**

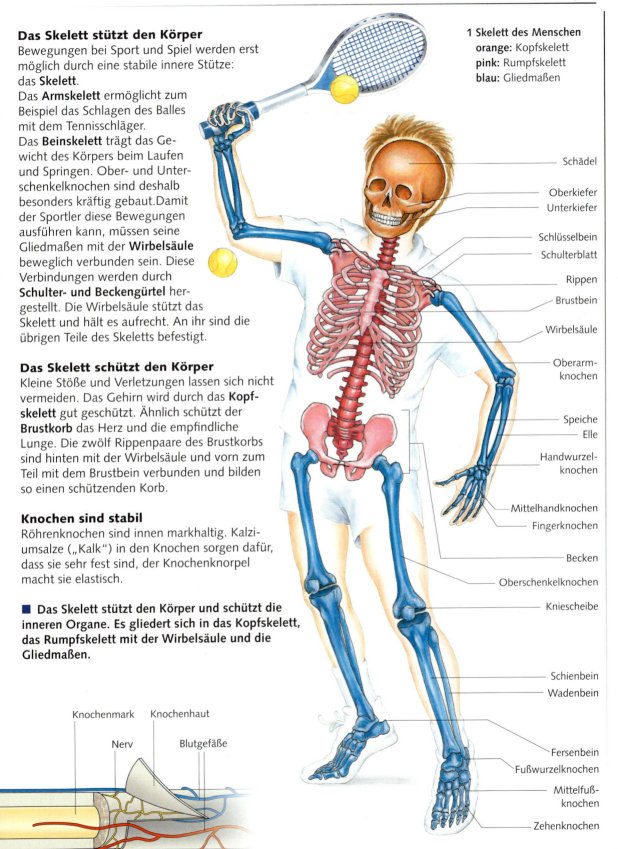

1 Skelett des Menschen
orange: Kopfskelett
pink: Rumpfskelett
blau: Gliedmaßen

Schädel
Oberkiefer
Unterkiefer
Schlüsselbein
Schulterblatt
Rippen
Brustbein
Wirbelsäule
Oberarm-knochen
Speiche
Elle
Handwurzel-knochen
Mittelhandknochen
Fingerknochen
Becken
Oberschenkelknochen
Kniescheibe
Schienbein
Wadenbein
Fersenbein
Fußwurzelknochen
Mittelfuß-knochen
Zehenknochen

Knochenmark
Knochenhaut
Nerv
Blutgefäße

2 Röhrenknochen

Die Wirbelsäule – Hauptstütze des Skeletts

1. a) Beuge deinen Rumpf nach vorn, nach hinten und zur Seite. Finde Bereiche mit größerer und Bereiche mit geringerer Beweglichkeit heraus. Benenne die Bereiche.
b) Ertaste am Rücken deines Partners die Wirbelsäule. Benenne die erfühlten Teile mithilfe der Abbildung 1C.

2. a) Hebe deinen Schulranzen wie in den Abbildungen gezeigt. Beschreibe den Unterschied in der Belastung der Wirbelsäule.
b) Demonstriere Familienmitgliedern das richtige Heben z. B. eines Getränkekastens.

3. a) Biegt mit 40 cm langen und ca. 2 mm dicken Drahtstücken die abgebildeten „Wirbelsäulen" nach. Achtet auf die unterschiedliche Krümmung.

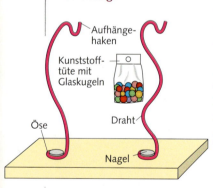

Aufhänge-haken
Kunststoff-tüte mit Glaskugeln
Öse
Draht
Nagel

b) Belastet die Modelle z. B. mit Murmelsäckchen. Erkundet, welche Form mehr trägt.
c) Erklärt den Zusammenhang zwischen den Modellen und der Wirbelsäule.

4. Ermittelt durch eine Befragung die Zeit, die ihr täglich in sitzender Haltung verbringt. Berechnet den Durchschnittswert und beurteilt die Ergebnisse.

5. a) Benenne Schäden, die beim krummen Sitzen auftreten können. Vergleiche dazu die Abbildung rechts mit Abbildung 1B.
b) Mache Vorschläge, wie Haltungsschäden vermieden werden können. Denke auch an passende Sitzmöbel.

Die Wirbelsäule hält den Körper aufrecht

Als stabile, aber bewegliche Säule durchzieht die Wirbelsäule den Körper. Von der Seite betrachtet ist sie in Form eines „Doppel-S" gekrümmt. So kann sie beim Laufen und Springen Stöße abfedern. Die Wirbelsäule besteht aus über 30 knöchernen **Wirbeln,** die durch elastische Knorpelscheiben voneinander getrennt sind. Diese **Bandscheiben** geben den Spielraum für das Drehen und Beugen. Außerdem wirken sie wie Stoßdämpfer. Die einzelnen Wirbel werden durch Bänder und Muskeln zu einer Einheit verspannt.
Kreuzbein und **Steißbein** bestehen aus miteinander verwachsenen Wirbeln. Sie sind nur wenig beweglich. Zwischen Wirbelkörper und Wirbelbogen liegt das **Wirbelloch.** Übereinander gereiht bilden diese Öffnungen den **Wirbelkanal.** Hier verläuft gut geschützt das Rückenmark, ein wichtiger Nervenstrang.

■ **Die Wirbelsäule stützt den Körper und schützt das Rückenmark.**

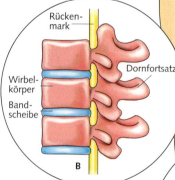

Rücken-mark
Wirbel-körper
Band-scheibe
Dornfortsatz

B

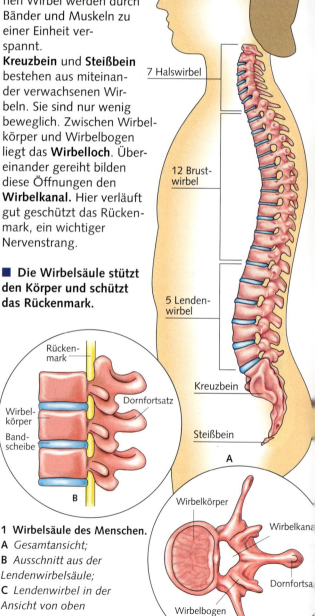

7 Halswirbel

12 Brust-wirbel

5 Lenden-wirbel

Kreuzbein

Steißbein

A

Wirbelkörper
Wirbelkanal
Dornfortsatz
Wirbelbogen

C

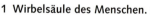

1 Wirbelsäule des Menschen.
A *Gesamtansicht;*
B *Ausschnitt aus der Lendenwirbelsäule;*
C *Lendenwirbel in der Ansicht von oben*

Arbeiten mit Modellen

Methode

Modelle veranschaulichen die Wirklichkeit und helfen, sie besser zu verstehen. Dabei werden nur bestimmte Eigenschaften und Merkmale des Originals dargestellt. Modelle werden immer dann eingesetzt, wenn komplizierte Sachverhalte besonders anschaulich gezeigt werden sollen.

Ein Beispiel: Das Modell der Wirbelsäule

Die Wirbelsäule ist ein kompliziert gebautes Gebilde. Die einzelnen Wirbel besitzen einen nur schwer verständlichen Bau mit verschiedenen Fortsätzen und Gelenkflächen. Zusammengehalten und stabilisiert wird das Ganze zusätzlich durch verschiedene Bänder und Muskeln.

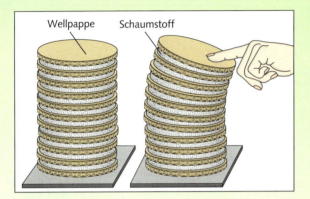

Bauanleitung:

- Schneide 11 runde Scheiben aus Wellpappe und 10 aus Schaumstoff (0,5 cm dick) heraus. Der Durchmesser sollte ca. 5 cm betragen.
- Verbinde die Teile mit Kunststoffkleber oder Silikon.

1 Einfaches Modell der Wirbelsäule

Modelle machen Kompliziertes einfach

Mit dem oben abgebildeten Modell kannst du den **Bau der Wirbelsäule** sehr viel leichter durchschauen. Auf Anhieb erkennst du, dass sie sich im Wesentlichen aus nur zwei Bestandteilen zusammensetzt. Dies zeigt folgende Tabelle:

Original	Modell
Wirbelkörper	Scheiben aus Wellpappe
Bandscheiben	Scheiben aus Schaumstoff

Das Modell veranschaulicht aber noch mehr. Mit einfachen Versuchen kannst du dir die **Funktion der Wirbelsäule** verdeutlichen:

- Drückst du das Modell von oben zusammen, verformt sich nur der Schaumstoff. Du erkennst daran, dass die Bandscheiben für die Stoßdämpferwirkung der Wirbelsäule verantwortlich sind.
- Belastest du das Modell seitlich, biegt es sich zur Seite. Auf diese Weise wird die seitliche Beweglichkeit der Wirbelsäule verdeutlicht.

Modelle zeigen nicht alles

Auch wenn das Modell den Bau und die Funktion der Wirbelsäule recht gut veranschaulicht, so hat es doch auch seine Grenzen:

- Der unterschiedliche Bau von Hals-, Brust- und Lendenwirbeln wird nicht gezeigt.
- Im Modell sind weder das Wirbelloch noch die Dornfortsätze zu erkennen. Das Gleiche gilt für die stabilisierenden Bänder und Muskeln.
- Es ist nicht erkennbar, dass die Wirbel im Brustbereich mit den Rippen verbunden sind.
- Im Bereich der Lendenwirbelsäule ist auch eine Drehbewegung möglich. In unserem Modell wird dies nicht deutlich.

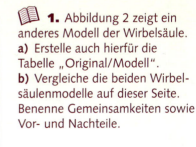

1. Abbildung 2 zeigt ein anderes Modell der Wirbelsäule.
a) Erstelle auch hierfür die Tabelle „Original/Modell".
b) Vergleiche die beiden Wirbelsäulenmodelle auf dieser Seite. Benenne Gemeinsamkeiten sowie Vor- und Nachteile.

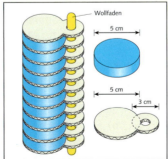

2 Verbessertes Modell der Wirbelsäule

Gelenke machen uns beweglich

1. a) Der Flickflack rechts zeigt, wie beweglich unser Körper ist. Benenne die Gelenke, die bei dieser Übung beteiligt sind.

b) Suche an deinem Körper nach Gelenken und untersuche, in welche Richtung sie beweglich sind. Beginne bei den Armen und Beinen. Denke aber auch an den Kopf und die Wirbelsäule.

2. a) Stülpe ein 30 cm langes Stück einer Papp- oder Teppichbodenröhre über den Ellenbogen. Versuche nun, dich zu kämmen oder in einen Apfel zu beißen. Beschreibe deine Erfahrung.

b) Befestige mit Kreppband den Daumen an der Handfläche. Nenne Tätigkeiten, die jetzt fast unmöglich sind. Erkläre den Satz: „Der Daumen macht die Hand zu unserem vielseitigsten Werkzeug."

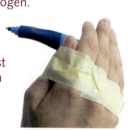

3. Untersuche am Skelett aus der Biologie-sammlung die Beweglichkeit von Hüftgelenk, Knie, Ellenbogen und Handgelenk. Erstelle eine Tabelle der Kugel- und Scharniergelenke. Finde weitere Beispiele.

Kugelgelenke	Scharniergelenke
Hüftgelenk	...
...	...

4. Vergleiche die abgebildeten Gegenstände mit Gelenktypen. Suche weitere technische Gelenke in deiner Umgebung.

5. a) Baut aus den abgebildeten Materialien das Modell eines Scharniergelenks.
- Schneidet aus einer der Papprollen seitlich einen etwa 3 cm breiten Steifen heraus.
- Klebt mit Heiß- oder 2-Komponenten-Kleber die Rundhölzer seitlich an die „Gelenkenden".
- Schiebt beide „Knochen" ineinander und überprüft die Bewegungsmöglich-keiten.

b) Entwerft und baut das Modell eines Kugelgelenks.
Material-Tipp: aufgeschnittene Bälle verschiedener Größe, Holzkugeln und Rundhölzer.

Aufbau eines Gelenks

Gelenke verbinden Knochen beweglich miteinander. Alle Gelenke besitzen dabei einen gemeinsamen Bauplan: Immer passt das Ende des einen Knochens, der **Gelenkkopf,** genau in die Vertiefung des anderen Knochens, die **Gelenkpfanne.** Beide Knochenenden sind durch eine feste und elastische **Gelenkkapsel** miteinander verbunden, die durch Muskeln und Bänder zusätzlich verstärkt wird. Die Gelenkflächen sind vom glatten **Gelenkknorpel** überzogen. Er federt Stöße elastisch ab und schützt so bei Bewegungen vor Beschädigungen. Im Gelenkspalt befindet sich außerdem ein Gleitmittel, die **Gelenkschmiere.** Sie vermindert die Reibung im Gelenk zusätzlich.

Das Kugelgelenk

Obwohl der Oberschenkel fest mit dem Becken verbunden ist, kann sich das Bein in fast alle Richtungen frei bewegen. Das Hüftgelenk ist damit ein typisches **Kugelgelenk.**

Das Scharniergelenk

Das Ellenbogengelenk dagegen lässt sich nur in eine Richtung bewegen. Weil es damit an das Scharnier einer Tür erinnert, zählt man es zu den **Scharniergelenken.** Hierzu gehören auch das Knie- und die Fingergelenke.

Besondere Gelenktypen

Die Drehung des Kopfes ermöglichen die beiden oberen Halswirbel. Sie sind durch ein **Drehgelenk** miteinander verbunden. Der Daumen kann sich gegenüber der Handwurzel in zwei Richtungen bewegen, ähnlich einem Reiter auf seinem gesattelten Pferd: nach vorne und hinten sowie nach links und rechts. Man nennt dies ein **Sattelgelenk.**
Der Daumen erhält damit eine Sonderstellung unter den fünf Fingern der Hand: Er kann der Handfläche gegenübergestellt werden und erlaubt so das präzise Zugreifen.

Gelenkverletzungen

Im Kniegelenk kommen **Knorpelverletzungen** besonders häufig vor. Hier bilden zwei halbmondförmige Knorpelscheiben, die Menisken, den Rand der Gelenkpfanne. Werden sie bei seitlichen Drehbewegungen zwischen den Knochen eingeklemmt, können im Knorpel Risse entstehen so genannte Meniskusschäden.
Zu **Bandverletzungen** kommt es, wenn Gelenkbänder übermäßig gedehnt werden.

■ Gelenke haben einen gemeinsamen Bauplan. Kugel-, Scharnier-, Dreh- und Sattelgelenke sind verschiedene Gelenktypen.

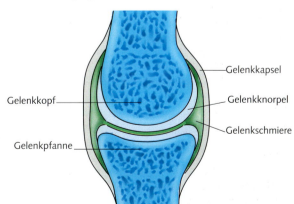

Gelenkkapsel

Gelenkkopf

Gelenkknorpel

Gelenkschmiere

Gelenkpfanne

1 Bau eines Gelenks (Schema)

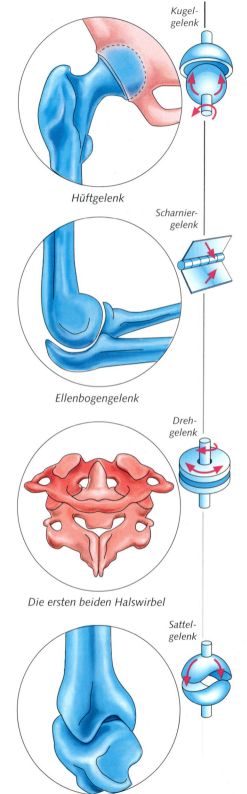

Kugelgelenk

Hüftgelenk

Scharniergelenk

Ellenbogengelenk

Drehgelenk

Die ersten beiden Halswirbel

Sattelgelenk

Daumengelenk

2 Gelenktypen

Erste Hilfe bei Sportverletzungen

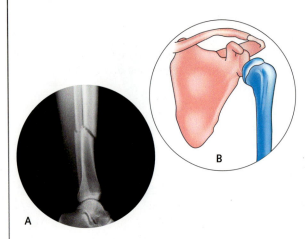

A

B

📖 **1.** Ordne die abgebildeten Verletzungen A und B den passenden Beschreibungen aus dem Lexikon zu.

Die PECH-Regel im Einzelnen heißt:

P = Pause: Das Sporttreiben ist sofort zu beenden. Das betroffen Körperteil muss ruhig gestellt und darf nicht mehr belastet werden.

E = Eis: Die betroffene Körperstelle sollte 15 bis 20 Minuten zum Beispiel mit Kühlpacks gekühlt werden. Beachte, dass Kühlpacks nicht direkt auf nackter Haut oder offenen Wunden angewendet werden dürfen. Die Kälte bewirkt, dass Einblutung und Schwellung verringert werden.

C = Compression: Ein Kompressionsverband mit einer elastischen Binde verlangsamt Anschwellung und Blutung. Beachte, dass der Verband nicht zu fest angelegt wird.

H = Hochlagern: Das betroffene Körperteil sollte hochgelagert werden, um die Blutzufuhr zu verringern.

📖 **2.** Als Erstversorgung bei Verdacht auf Muskel-, Gelenk-, oder Knochenverletzung wird das betroffene Gelenk ruhig gestellt und gekühlt. Begründe diese Maßnahmen.

LEXIKON der Sportverletzungen

Die häufigste Knochenverletzung sind Knochenbrüche. Ein **Knochenbruch** entsteht, wenn zum Beispiel bei einem Sturz der Knochen überlastet wurde. Durchstoßen die spitzen Knochenenden die Haut, spricht man von einem offenen Bruch.
Bei einer **Prellung** werden Blutgefäße verletzt. Das austretende Blut lässt das Gewebe anschwellen. Es entsteht ein schmerzhafter Bluterguss.
Eine **Verstauchung** entsteht durch Überdehnung der Gelenkkapsel und der Bänder, wie zum Beispiel beim Umknicken des Fußgelenkes. Es kommt zu Einrissen in diesen Geweben, Blutgefäße und Nerven werden ebenfalls verletzt.
Bei zu starker Überbelastung können Gelenkbänder oder Sehnen auch reißen. Ein solcher **Bänderriss** muss manchmal operativ zusammengenäht werden.
Bei zu starker Dehnung der Gelenkkapsel springt der Gelenkkopf aus der Gelenkpfanne. Eine solche **Ausrenkung** muss vom Arzt umgehend wieder eingerenkt werden.
Wird ein Muskel überdehnt, nennt man das **Zerrung**.

Sportverletzungen

Beim Sporttreiben kann man sich verletzen, zum Beispiel durch Umknicken des Fußes beim Laufen, durch einen Pressschlag beim Fußball oder bei einem Sturz. Häufig treten dann Verletzungen an Knochen, Gelenken, Bändern und Muskeln auf.

Pech gehabt?

Ist es zu einem Sportunfall mit Verletzung von Knochen, Gelenken oder Muskeln gekommen, müssen Maßnahmen zur Erstversorgung eingeleitet werden. Bei fast jeder dieser Verletzungen treten Einblutungen auf, die zu Blutergüssen führen. Sie behindern oft einen schnellen Heilungsverlauf. Um diese Einblutungen gering zu halten, muss sofort mit der Erstversorgung begonnen werden. Diese Maßnahmen fasst man mit der PECH-Regel zusammen.

Die PECH-Regel dient zur Erstversorgung von Sportunfällen. Danach muss ein Arzt zur genauen Diagnose aufgesucht werden. Bei schweren Unfällen, bei Verletzungen der Wirbelsäule oder Schockzuständen ist der Notruf 112 zu wählen.

■ **Bei Sportverletzungen am Bewegungsapparat sollte die Erstversorgung nach der PECH-Regel erfolgen. Gegebenenfalls ist ärztliche Hilfe zu organisieren.**

Gesund oder krank durch Sport?

... nach dem Sportunterricht:
Marlen: „Och, ich bin total fertig! Letzte Sportstunde war Ausdauerlauf angesagt, heute x-mal Springen beim Weitsprung. Da weiß ich wieder, dass mir morgen alles weh tut. Ich sage ja „Sport ist Mord!". Immer diese Quälerei. Zu was ist das denn gut?"
Tilo: „Genau das Gegenteil ist richtig! Regelmäßige Bewegung hält uns fit, beweglich und gesund. Ich habe erst kürzlich einen Beitrag im Fernsehen gesehen. Da ging es darum, wie lange man Sport treiben muss, um fit zu bleiben. Die Sportwissenschaftler empfehlen wöchentlich 150 Minuten Bewegung, um zum Beispiel Erkrankungen des Herzens vorzubeugen. Sport trainiert Herz, Lunge, beugt Haltungsschäden vor, hilft dem Immunsystem, Infektionen abzuwehren, baut Stress ab und verbessert die Konzentrations- und Gedächtnisleistung. Denk mal darüber nach!"

Vermeiden von Sportverletzungen
Damit es zu keinen Sportunfällen und damit zu Verletzungen kommt, müssen einige Regeln eingehalten werden.
1. Bevor man mit dem Sporttreiben beginnt, sollte man sich aufwärmen. Einlaufen oder Dehnübungen bereiten die Muskulatur durch vermehrte Durchblutung auf die Anstrengung vor.
2. Jeder sollte eine für sich geeignete und seinem Fitnesszustand entsprechende Sportart finden.
3. Man sollte Überanstrengung vermeiden und dem Körper Erholungszeiten gönnen.
4. Nicht vergessen sollte man, notwendige Schutzausrüstung, wie zum Beispiel beim Inlineskaten, zu tragen.

1. In den untenstehenden Pinnzetteln findest du Argumente für und gegen einzelne Sportarten. Erstelle für eine selbst gewählte Sportart einen Pinnzettel.

2. Begründe, warum die Vorteile gegenüber den Nachteilen des Sporttreibens überwiegen.

Basketball

Pro:	trainiert Wurf- und Fangtechniken; fördert Kondition, Sprungkraft und Koordinationsfähigkeit; trainiert Schnelligkeit; Mannschaftserlebnis
Contra:	Verletzungsgefahr
Beachte:	geeignete Sportschuhe tragen; Taktik- und Techniktraining notwendig

Krafttraining

Pro:	Ausbildung der Muskulatur; bessere Körperhaltung; Zufriedenheit mit dem Aussehen
Contra:	Überlastung der Gelenke durch falsches Training; Gefahr für Bluthochdruckkranke
Beachte:	Trainer zu Beginn notwendig; Aufwärmphase besonders wichtig; mit Ausdauersport kombinieren

Mountainbiking

Pro:	bringt Ausdauer; kräftigt Beinmuskulatur; übt Gleichgewicht; auch für Übergewichtige geeignet; Naturerlebnis; umweltfreundliche Fortbewegung
Contra:	Rückenprobleme bei falscher Sitzeinstellung; Beanspruchung der Kniegelenke; Verletzungsgefahr durch Stürze; Zerstörung von Natur beim Querfeldeinfahren
Beachte:	Radwege benutzen; grellfarbene Kleidung tragen; Helm aufsetzen

Muskeln brauchen Training

1. a) Lies die Aussage des Schülers. Stimmst du ihm zu? Begründe.
b) Fragt eure Sportlehrkraft, warum es zu Beginn des Sportunterrichts erforderlich ist, sich aufzuwärmen. Erfragt auch empfehlenswerte Übungen.

Unser Sportlehrer ist ein richtiger Sklaventreiber. Zuerst verspricht er, dass wir die ganze Stunde Basketball spielen... Und dann müssen wir uns erst 10 Minuten „aufwärmen"! Wie überflüssig!

2. a) Nimm deine Schultasche in die Hand und hebe sie durch das Beugen des Unterarms. Umfasse dabei mit der freien Hand den Oberarm. Erfühle den arbeitenden Muskel und beschreibe seine Veränderung.
b) Lege die Hand auf den Tisch und drücke mit aller Kraft auf die Tischplatte. Umfasse mit der anderen Hand den Oberarm, diesmal von hinten. Beschreibe, wie sich der Muskel anfühlt.

3. a) Spiele mit den Fingern einer Hand auf dem Tisch „Klavier". Beschreibe deine Beobachtungen des Handrückens. Nimm die Abbildung unten zu Hilfe.

4. a) Mikroskopiere ein Präparat von Muskelgewebe, z. B. von Tierfleisch.
b) Fertige eine Zeichnung an. Benenne die Strukturen, die du zuordnen kannst. Nutze dafür Abbildung 2.

b) Finde durch Abtasten heraus, wo die Muskeln für die Bewegung der Finger sitzen.

5. a) Nenne die Sportarten, die durch die Symbole dargestellt werden.
b) Demonstriere die für jede Sportart typischen Bewegungsabläufe. Nenne stark beanspruchte Muskelgruppen.

6. Erkundet das Sportangebot in eurer Umgebung. Berichtet auch von Sportarten, die ihr selbst ausübt. Erläutert, welche Sportarten den ganzen Körper fit halten und Haltungsschäden vorbeugen.

7. a) Vergleiche das von Schülern gebaute ▶ Modell mit der Realität. Vervollständige dazu die Tabelle.

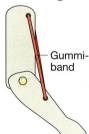

Gummiband

Modell	Realität
Gummiband	...
...	...

b) Erkläre, was das Modell gut darstellt und was mit der Funktionsweise der Armmuskeln nicht übereinstimmt.

Muskeln arbeiten zusammen

Mehr als 600 Muskeln sorgen dafür, dass Menschen laufen und springen, sich strecken und bücken können. Allein daran, dass du einen fröhlichen oder traurigen Gesichtsausdruck machst, sind über 30 Gesichtsmuskeln beteiligt!

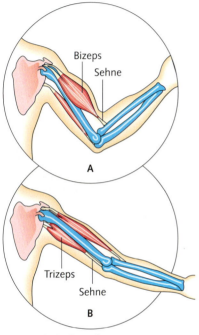

1 Muskeln des Oberarms.
A *Bizeps beim Armbeugen;*
B *Trizeps beim Armstrecken*

Vorn am Oberarm befindet sich ein besonders kräftiger Muskel, der **Bizeps.** Verkürzt er sich, so wird der Unterarm gebeugt. Den Bizeps nennt man deshalb auch **Beuger.** Um den Arm wieder zu strecken, muss sich der Muskel auf der Rückseite des Oberarms verkürzen. Hier liegt der **Strecker** des Unterarms, der **Trizeps.** Beuger und Strecker arbeiten abwechselnd und in entgegengesetzter Richtung, sie sind **Gegenspieler.** Zur Bewegung eines Gelenks leisten also immer mindestens zwei Muskeln „Teamarbeit". Verkürzt sich ein Muskel, wird er dicker und fühlt sich hart an.

Feinbau des Muskels

Jeder Muskel setzt sich aus vielen einzelnen, mikroskopisch dünnen **Muskelfasern** zusammen. Außen ist er von einer festen **Muskelhülle** umgeben, die dem Muskel die typische Form einer Spindel verleiht. An beiden Enden geht die Muskelhülle in ein reißfestes Band, die **Sehne,** über. Sehnen verbinden den Muskel mit den Knochen, mit denen sie fest verwachsen sind. Diese **Skelettmuskeln** können wir willkürlich, also bewusst bewegen. Daneben gibt es noch die **Eingeweidemuskeln,** die die inneren Organe wie den Darm bewegen. Die Tätigkeit dieser unwillkürlichen Muskeln können wir nicht bewusst steuern.

Bewegung hält fit

Regelmäßige sportliche Bewegung kräftigt die Muskeln. Wenig benutzte Muskeln werden mit der Zeit schwächer. Etwa zwölf Stunden nach einer ungewohnten Belastung können Muskelschmerzen auftreten. Dieser „Muskelkater" entsteht durch winzige Risse in den Muskelfasern. Die Beschwerden verschwinden nach wenigen Tagen.
Sportverletzungen lässt sich durch ein **Aufwärmtraining** und Dehnübungen vorbeugen. Die Muskeln werden dabei gut durchblutet und mit Sauerstoff versorgt. Sie werden elastisch und dehnbar.

■ **Muskeln bewegen den Körper. Zwei Muskelgruppen arbeiten jeweils als Gegenspieler. Regelmäßige Bewegung kräftigt die Muskeln.**

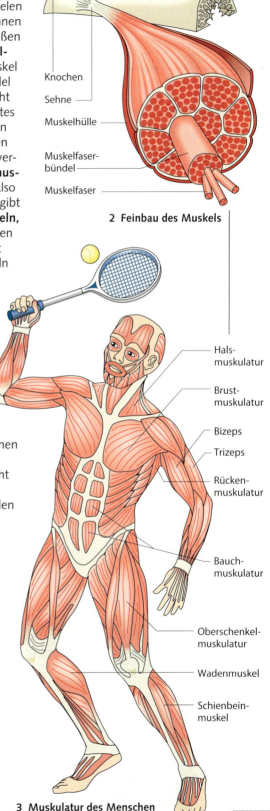

2 Feinbau des Muskels

3 Muskulatur des Menschen

117

Energie für die Zellen

Tätigkeiten

1. Energie auch aus Getränken?
a) Notiert euch die Energiegehalte von Apfelsaft, ungesüßtem Früchtetee, Vollmilch und einem Energydrink. Die Angaben könnt ihr auf den Etiketten der Verpackungen oder im Internet finden.

b) Erklärt den unterschiedlichen Energiegehalt der Getränke. Schaut euch dazu die Zutatenliste und die Nährwerttabelle des jeweiligen Getränks an.

c) Beschreibt, wie man die Energie, die in einem Liter eines Energydrinks oder in Vollmilch steckt, durch eine Aktivität wieder verbrauchen könnte. Nehmt dazu die Abbildung zu Hilfe.

| 0 | 500 | 1000 | 1500 | 2000 | 2500 | 3000 | 3500 |

Energieaufwand in kJ/

2. Bei der ▶ Fotosynthese werden aus Kohlenstoffdioxid und Wasser mithilfe von Sonnenlicht energiereiche Stoffe wie Traubenzucker und Stärke aufgebaut. Schreibe die Wortgleichung der Fotosynthese auf und setze die Wortgleichung der Zellatmung darunter. Vergleiche.

3. Für die Energiegewinnung wird hauptsächlich Traubenzucker in der Zelle abgebaut. Diesen Prozess nennt man Zellatmung. Vergleiche die Energiegewinnung bei der Zellatmung mit der Verbrennung bei einer Kerze.

4. Nach einem ▶ Schlaganfall zählt jede Sekunde!
a) Recherchiere, wie es zu einem Schlaganfall kommt.
b) Erläutere, warum es so wichtig ist, dass Schlaganfallpatienten möglichst schnell behandelt werden.

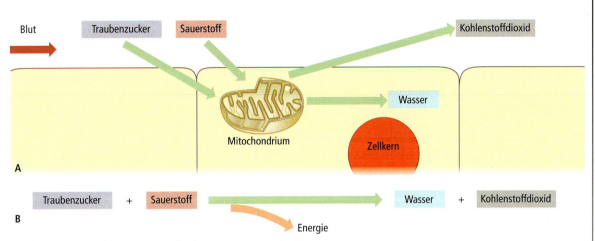

Blut

Traubenzucker   Sauerstoff   Kohlenstoffdioxid

Wasser

Mitochondrium

Zellkern

A

Traubenzucker   +   Sauerstoff   Wasser   +   Kohlenstoffdioxid

B

Energie

1 Zellatmung. A *Schema;* **B** *Wortgleichung*

Zellen atmen

Zur Bewegung brauchen die Muskeln ▸ Energie. Energie wird auch in allen anderen Zellen zum Aufbau körpereigener Stoffe, zum Wachstum und für die Nerventätigkeit benötigt.

Zellen nutzen vor allem ▸ Traubenzucker für die Energiegewinnung. Die Energie wird dabei über eine chemische Reaktion, der **Zellatmung,** freigesetzt. Dabei reagiert der Traubenzucker mit Sauerstoff, Kohlenstoffdioxid und Wasser. Allerdings wird die Energie nicht in einem Schritt als Licht und Wärme frei, wie es bei einer Verbrennung der Fall ist. Stattdessen gibt der Traubenzucker die Energie stufenweise ab, sodass sie für die oben genannten Vorgänge genutzt werden kann. Außerdem entsteht Wärme. Die Zellatmung läuft innerhalb der Zelle in den **Mitochondrien,** ab. Der notwendige Traubenzucker kann aus ▸ Nährstoffen hergestellt werden. Der Sauerstoff für die Zellatmung gelangt in der Lunge aus der eingeatmeten Luft ins ▸ Blut und wird zu allen Zellen transportiert. Das Blut transportiert auch den Traubenzucker. Das entstandene Kohlenstoffdioxid wird über das Blut zur Lunge gebracht und ausgeatmet. Wasser kann als Harn oder Schweiß ausgeschieden werden.

Während Fasern der Skelettmuskulatur bei großer Anstrengung auch unter Sauerstoffmangel noch eine Weile arbeiten, reagieren viele andere Zellen sehr empfindlich. Sauerstoffmangel nach Durchblutungsstörungen wie bei Herzinfarkten oder Schlaganfällen hinterlässt schwere Schäden. Hirnzellen sterben bereits nach etwa drei Minuten.

Ohne Fotosynthese keine Zellatmung

Die in den Nährstoffen enthaltene Energie kommt letztlich von der Sonne. Pflanzen nutzen die Sonnenenergie, um über die ▸ Fotosynthese aus Kohlenstoffdioxid und Wasser Traubenzucker aufzubauen. Sauerstoff wird als Abfallprodukt frei. Aus Traubenzucker können die Pflanzen andere Kohlenhydrate wie Stärke bilden und speichern.

■ **Die Zellatmung findet in den Mitochondrien statt. Traubenzucker und Sauerstoff reagieren dabei zu Kohlenstoffdioxid und Wasser. Energie für die Lebensprozesse wird frei.**

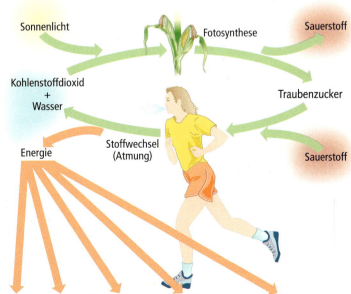

Sonnenlicht   Fotosynthese   Sauerstoff

Kohlenstoffdioxid
+
Wasser   Traubenzucker

Energie   Stoffwechsel
(Atmung)   Sauerstoff

Bewegung Herztätigkeit Denkprozesse Stoffwechselvorgänge Körpertemperatur

2 Fotosynthese und Zellatmung

Lernen im Team

Gesund leben – aber wie?

Vielleicht habt ihr noch nie darüber nachgedacht, wie ihr gesund bleibt. Ihr meint, ihr seid jung und fit. Gesundheitliche Schäden stellen sich bei ungesunder Lebensführung jedoch erst im Laufe der Zeit ein. Wer sich viel im Zimmer aufhält, ständig vor dem Computer sitzt und sich nur wenig bewegt, wird eines Tages die negativen Folgen spüren. Die Muskeln sind verkürzt und geschwächt, die Wirbelsäule verformt sich und es kann zu schmerzhaften Haltungsschäden kommen. Kreislauforgane wie Herz und Lunge werden unzureichend belastet. Spätestens bei der nächsten körperlichen Anstrengung merkt man, dass einem schnell die „Puste" ausgeht. Wer dazu noch raucht, geht ein hohes Risiko ein, an ernsthaften Krankheiten wie Krebs zu erkranken. Verstärkt werden können gesundheitliche Probleme durch Lärm, Hektik, Ärger und Zeitdruck.

Um lange fit und leistungsfähig zu sein und zu bleiben, sollte man mit seinem Körper sorgsam umgehen. Zu einer gesunden Lebensführung gehören drei Bereiche: vielseitige Ernährung, ausreichend Bewegung und tägliche Entspannung.

1. Ernährungsprotokoll

Unter ausgewogener Ernährung versteht man eine vielseitige Ernährung. Außerdem sollte man in einer angenehmen Atmosphäre in Ruhe seine Mahlzeiten einnehmen.

Jeder erstellt ein persönliches Ernährungsprotokoll für einen Tag. Orientiert euch an untenstehendem Ausschnitt der Tabelle. Setzt Schwerpunkte für die Auswertung: zum Beispiel Anzahl der täglichen Obst- und Gemüseportionen oder Ort der Nahrungsaufnahme oder Anzahl und Zeitpunkt der Mahlzeiten. Vergleicht eure Ergebnisse in der Gruppe. Beurteilt die Ergebnisse und zieht Schlussfolgerungen.

Tageszeit	Wo wurde gegessen?	Wie wurde gegessen?	Warum wurde gegessen?	Wie und was wurde gegessen/ getrunken? (Lebensmittel/ Menge)	Wie habe ich mich danach gefühlt?
Frühstück Uhrzeit:	☐ zu Hause ☐ vor dem Fernseher ☐ auf der Straße ☐ Imbiss ☐ Kantine ☐ Schule	☐ in Ruhe ☐ in Eile ☐ in Stehen ☐ allein ☐ mit anderen	☐ Hunger ☐ Appetit ☐ weil andere aßen ☐ Ärger/Stress ☐ Langeweile		☐ satt ☐ voll ☐ leicht ☐ zufrieden ☐ schlecht

2. Bewegungsprotokoll

Jeder notiert über eine Woche seine Zeit für Bewegung durch Alltagsaktivitäten, wie zum Beispiel Gehen zur Schule oder Hausarbeit. Ergänzt eure Bewegung durch Sporteinheiten wie Fußball spielen oder Schwimmen. Berechnet den Energieverbrauch. Nutzt das Schülerbuch oder Kalorienrechner im Internet. Experten empfehlen einen Energieverbrauch von 6280 kJ in der Woche durch Bewegung. Wer erreicht diese Vorgabe? Vergleicht eure Ergebnisse in der Gruppe. Beurteilt die Ergebnisse und zieht Schlussfolgerungen.

3. Wochenzeitplan (Muster)

Jeder erstellt für sich einen persönlichen Wochenplan. Nehmt einen Stundenplan. Tragt zunächst nach dem Unterrichtsschluss weitere feste Termine wie Sporttraining, Musikschule, Nachhilfe, Abendessen und Schlafengehen ein. Ergänzt nun die tägliche Zeit für Hausaufgaben sowie Frei- und Erholungszeit. Vergleicht eure Ergebnisse in der Gruppe. Beurteilt die Ergebnisse und zieht Schlussfolgerungen.

Uhrzeit	Montag	Dienstag	Mittwoch	Donnerstag	Freitag
8-9	Schule	Schule	Schule	Schule	Schule
9-10	Schule	Schule	Schule	Schule	Schule
10-11	Schule	Schule	Schule	Schule	Schule
11-12	Schule	Schule			Schule	Schule
12-13	Schule			Schule	Schule
13-14					
14-15	Hausaufgaben				
15-16	Training				
16-17	Training				

Gesund und lecker

Ein „Zwei-Gänge-Menü", das gesund ist und gut schmeckt, selbst herzustellen, ist gar nicht so schwer. Dazu findet ihr hier zwei Rezeptvorschläge, die ihr mit eigenen Ideen ergänzen könnt.

1. Einkauf der Lebensmittel
Lest die beiden Rezepte für die „Schnelle Pizza" und das „Früchtetiramisu" durch. Stellt eine Zutatenliste auf und berechnet die Einkaufsmengen für die gesamte Klasse. Organisiert den Einkauf.

2. Zubereitung des Menüs
Welche Geräte braucht ihr zur Herstellung beider Gerichte? Welche Arbeitsschritte sind nötig? Stellt die erforderlichen Zutaten zusammen und verteilt die einzelnen Aufgaben in eurer Gruppe.

Schnelle Pizza   (Rezept für eine Person)
Bestreiche 2 Scheiben Vollkornbrot mit 40 g Tomatenmark und würze mit italienischen Kräutern. Würfle eine halbe rote Paprika und vermische sie mit 2 Esslöffeln Maiskörnern aus der Dose. Verteile die Gemüsemischung auf den bestrichenen Brotscheiben und bestreue sie mit 40 g geriebenem Käse. Überbacke die „Pizzen" 10 bis 15 min im Ofen, bis der Käse geschmolzen ist.

Früchtetiramisu   (Rezept für eine Person)
Wasche etwa 80 g frische Früchte (z. B. Erdbeeren, Himbeeren oder Pfirsiche) und schneide sie in Stücke. Gib sie zusammen mit 10 g Zucker oder Sirup in eine Schüssel und lasse sie 20 min ziehen. Zerbrösele 15 bis 20 g Löffelbiskuit möglichst fein. Rühre unter 150 g Naturjogurt (1.5 % Fett) ein Tütchen Vanillezucker. Jetzt schichte die einzelnen Zutaten in ein hohes Glas: Zuerst kommt die Hälfte des Löffelbiskuit auf den Boden, dann die Hälfte der Früchte, dann die Hälfte des Jogurts. Schichte 3 weitere Lagen in gleicher Reihenfolge darüber.
Zum Schluss streue 5 g gehackte Mandeln darüber und lasse das Tiramisu durchziehen.

3. Berechnung der Nährwerte
Berechnet mithilfe der Tabelle, wie viel Energie, Kohlenhydrate, Eiweiß und Fett die Gerichte enthalten.
a) Ein Jugendlicher sollte ca. 9000 kJ am Tag zu sich nehmen. Wie groß ist die Energiemenge, die er mit Pizza und Tiramisu seinem Körper zuführt?
b) Bei einer ausgewogenen Ernährung sollte man etwa viermal so viel Kohlenhydrate wie Eiweiß und Fett essen. Stellt das Mengenverhältnis dieser Nährstoffgruppen für die Pizza und das Tiramisu fest und vergleicht es mit den geforderten Angaben. Berichtet euren Klassenkameraden, was ihr herausgefunden habt.

Zutaten	Energie in kJ	Eiweiß in g	Kohlenhydrate in g	Fett in g
100 g Vollkornbrot	1000	7	46	1
40 g Tomatenmark	90	1	3	0
100 g Paprika	140	1	6	0,4
50 g Mais	180	8	8	4
40 g Emmentaler	700	12	0	12
80 g Früchte	110	0,8	4	0,3
10 g Zucker/Sirup	65	0	10	0
15 g Löffelbiskuit	200	1,2	10	0,5
5 g Mandeln	130	1	0,5	2,7
150 g Jogurt	130	4	6	2

Bewegte Schule

Muskeltraining im Klassenzimmer

Folgende Übungen verhindern, dass du durch langes Sitzen unbeweglich und steif wirst. Außerdem fördern sie die Konzentration!

- *Wiederhole jede Übung 5 x mit jeweils 2 Sekunden Pause.*
- *Halte die Muskelspannung 5 Sekunden aufrecht.*
- *Brich die Übung ab, wenn du Schmerzen spürst.*

Stärkung der Halsmuskeln:
Drücke den Kopf gegen die gefalteten Hände.

Stärkung der Rückenmuskeln:
Ziehe die Ellenbogen kräftig auseinander.

Stärkung der Brustmuskeln:
Presse die Handflächen fest aufeinander.

Stärkung des unteren Rückens:
Richte den Rücken gegen den Widerstand auf.

Fit durch die „aktive Pause"

Coswig/Sachsen – *„Die aktive Pause ist nach Beschluss der Schulkonferenz zentraler Bestandteil unseres neuen Schulprogramms"*, berichtet ein Schulleiter einer sächsischen Oberschule.

Dabei geht es nicht nur um positive Auswirkungen auf die Gesundheit. „Wir beobachten, dass unsere Schülerinnen und Schüler ausgeglichener und konzentrationsfähiger werden, wenn sie sich in der Pause ausreichend bewegen. Bewegung wirkt sich also auch auf die schulischen Leistungen positiv aus", berichtet ein Schulleiter. Als Grundausstattung hat jede Klasse eine Spielkiste erhalten. Der Verleih größerer Geräte, wie zum Beispiel Stelzen, wird von älteren Schülerinnen und Schülern organisiert. Ins Rollen kam die Aktion auf Initiative einiger Eltern. Sie wollten nicht länger hinnehmen, dass ihre Kinder den größten Teil des Vormittags mit „Stillsitzen" verbringen. Gleiches gilt für das „Herumhängen" in der Freizeit. Vor dem PC und dem Fernseher kommt ausreichende Bewegung oft zu kurz. Die Folgen sind bekannt: Übergewicht, Haltungsschäden, Atembeschwerden, Kreislaufprobleme. In der Schule kommen Leistungsschwäche und Konzentrationsstörungen hinzu.

1. Hier findet ihr Beispiele für aktive Pausenspiele. Probiert sie aus und überlegt euch weitere. Stellt sie der Klasse vor.

Dehnübungen zum Aufwärmen

Beim so genannten „Stretching" werden die Muskeln vor dem Sport behutsam gedehnt und erwärmt. Halte die Spannung der Muskeln immer einige Sekunden lang an!

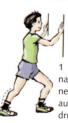

1
nach vorne neigen, Ferse auf den Boden drücken

2
Fuß ans Gesäß hochziehen, Becken vorschieben

3
seitliche Rumpfbeugen

4
Hüfte nach vorn abwärts drücken

Was dir dein Rücken krumm nimmt ...!
Falsche Haltungen führen bereits bei vielen Kindern zu Verformungen der Wirbelsäule. Rückenschmerzen oder sogar ein Bandscheibenvorfall können die Folgen sein.

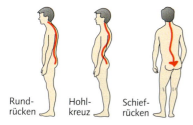

Rund- rücken   Hohl- kreuz   Schief- rücken

2. a) Vergleiche die Abbildungen oben mit der gesunden ▶ Wirbelsäule.
b) Gib mögliche Ursachen für die Verformungen an.

3. Die drei Fotos zeigen Fehlhaltungen, die die Wirbelsäule einseitig belasten.
a) Nenne drei mögliche Folgen.
b) Demonstriere, wie die richtige Haltung aussehen müsste beim Sitzen, Stehen und Heben.

4. a) Untersuche die Möglichkeiten zur aktiven Pausengestaltung in deiner Schule.
b) Fertige eine Skizze vom Pausenhof an. Trage alle vorhandenen Sport- und Spielmöglichkeiten ein.
c) Versuche, deine Skizze mit weiteren Angeboten zu ergänzen. Welche Ideen können umgesetzt werden?

5. Sportwissenschaftler empfehlen regelmäßiges Training. Zwischen den Trainingstagen sollten Ruhetage eingelegt werden, damit eine Anpassung an das Training erfolgen kann.
a) Beurteile die Verteilung eurer Schulsportstunden im Stundenplan.
b) Ermittelt in einer Sportstunde, wie viele Minuten sich eine Schülerin oder ein Schüler wirklich bewegt.
c) Vergleicht das Verhältnis zwischen Dauer der Sportstunde und Dauer der sportlichen Aktivität eurer Mitschülerin oder eures Mitschülers.

Die Haut – ein vielseitiges Organ

🔍 **1.** Reibe mit einem schwarzen Tuch über deine Haut am Arm. Erkläre deine Beobachtungen.

📖 **2.** Begründe, warum du nach sportlichen Aktivitäten viel Flüssigkeit trinken solltest.

📖 **3. a)** Nenne jeweils eine Situation, bei der du eine blasse Hautfarbe und eine, bei der du eine rote Hautfarbe hattest.
b) Erkläre diese Hautfärbungen.

📖 **4.** „Die Haut ist ein Sinnesorgan". Begründe diese Aussage.

🔍 **5.** Mit dem folgenden Versuch könnt ihr die Tastempfindlichkeit testen.
Ihr benötigt drei Bleistifte, von denen ihr zwei fest zusammenklebt. Verbindet nun einer Versuchsperson die Augen. Tippt vorsichtig entweder mit der Spitze eines Bleistiftes oder mit den beiden Spitzen der zusammengeklebten Bleistifte auf verschiedene Körperstellen wie Fingerkuppen, Handrücken, Unterarm und Oberarm. Notiert in einer Tabelle, wo die Versuchsperson nur eine Spitze fühlt und an welchen Hautstellen sie zwei spürt. Erklärt die Versuchsergebnisse.

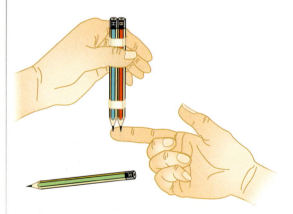

📖 **6.** Sieh dir Abbildung 4 auf Seite 127 an. Erkläre die Verteilung der Sinneszellen.

📖 **7.** Wende das Erschließungsfeld Bau und Funktion auf die Unterhaut an.

📖 **8. a)** Begründe, warum oberflächliche Schürfwunden kaum bluten. Nutze dafür das Schema vom Bau der Haut sowie den Streifzug „Blutende Verletzungen" , Seite 87.
b) Informiere dich über die Wundversorgung.

📝 **9. a)** Stellt eine Liste mit Redewendungen zusammen, die sich auf die Haut beziehen.
b) Versucht für ein Beispiel den biologischen Hintergrund aufzuzeigen.

📖 **10.** Gib die Funktionen der Haut an, indem du den Fotos eine entsprechende Bildunterschrift zuordnest.

11. a) Entwirf für die nebenstehende Abbildung eine Legende zu den einzelnen Symbolen.
b) Erkläre anhand deiner Legende die Schutzfunktion der Haut.

12. a) Schreibe extreme Einflüsse auf, die auf deine Haut einwirken können.
b) Leite daraus persönliche Schutzmaßnahmen ab.

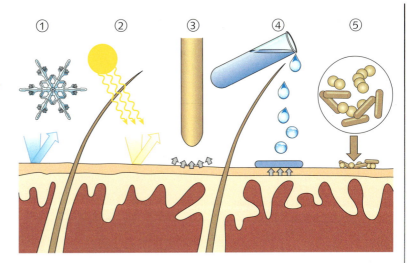

13. Fertige eine Mindmap zu den Funktionen der Haut an.

14. a) Stecke deine Hand in einen durchsichtigen Plastikbeutel und verschließe ihn am Handgelenk für einige Minuten.
b) Notiere deine Beobachtungen.
c) Erkläre deine Beobachtungen.

15. Stelle Tipps zur Gesunderhaltung und Pflege der Haut zusammen. Gehe auf die Besonderheiten der jugendlichen Haut ein.

16. Bildet Teams, die zu verschiedenen Hauterkrankungen wie Hautpilz, Neurodermitis, Warzen, Hühneraugen recherchieren. Informiert euch jeweils über Symptome, Ursachen und Behandlungsmöglichkeiten. Tragt eure Ergebnisse vor.

17. Bei Menschen mit Albinismus ist die Bildung von Pigmenten gestört. Erkläre, welche Folgen daraus resultieren.

Die Haut –
ein Multifunktionsorgan
Unsere Haut ist zwar nur wenige Millimeter dick, und doch erfüllt sie zahlreiche Funktionen. Dafür ist sie aus mehreren Schichten aufgebaut.

Die Haut als Schutzmantel
Die Oberhaut schirmt unseren Körper gegen die Außenwelt ab. Ihre äußere Schicht, die Hornhaut, schützt uns vor Austrocknung und Verletzungen. Einen Schutz gegen Krankheitserreger bildet der Säureschutzmantel auf der Hornhaut. Die Hornhaut besteht aus abgestorbenen Hautzellen, von denen wir täglich rund 10 Gramm verlieren. Da neue Hautzellen in der Keimschicht gebildet werden, erneuert sich die Oberhaut etwa jeden Monat.

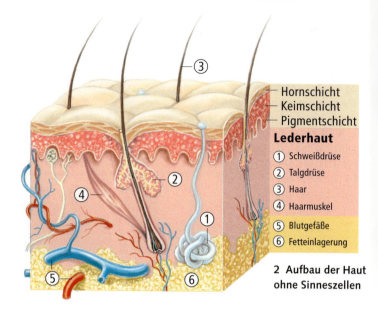

- Hornschicht
- Keimschicht
- Pigmentschicht

Lederhaut
1. Schweißdrüse
2. Talgdrüse
3. Haar
4. Haarmuskel
5. Blutgefäße
6. Fetteinlagerung

2 Aufbau der Haut ohne Sinneszellen

Talgdrüsen in der Lederhaut produzieren Fett, um Haut und Haare geschmeidig zu halten.
Ein dichtes Netz aus Bindegewebsfasern in der Lederhaut verleiht der Haut ihre Reißfestigkeit und Verformbarkeit.

Stöße und Druck von außen werden vom Fettgewebe in der Unterhaut abgefangen. Da Fett schlecht Wärme leitet, wirkt es schützend gegen Wärmeverlust. Außerdem dient es als Energiespeicher.

Die Bräunung unserer Haut ist ein Schutzmechanismus. Bestimmte Hautzellen der Oberhaut bilden bei Sonneneinstrahlung dunkle Farbstoffe, die Pigmente. Sie schützen vor UV-Strahlung, die zu

1 Temperaturregulation

schädlichen Veränderungen der Haut wie Sonnenbrand und Hautkrebs führen kann.

Die Haut als „Klimaanlage"
Bei hoher Umgebungstemperatur oder wenn du dich körperlich angestrengt hast, sondern die Schweißdrüsen in der Lederhaut viel Schweiß ab. Die Schweißtropfen verdunsten auf der Haut. Dabei entsteht Verdunstungskälte, die den Körper abkühlt. Die Blutgefäße in der Lederhaut und Unterhaut versorgen nicht nur die Haut mit Nährstoffen und Sauerstoff, sie sind auch an der Regulation der Körpertemperatur beteiligt. Wenn dir sehr warm ist, wird deine Haut rot, weil sich die Blutgefäße erweitern. Viel Blut fließt durch die Haut. Sie fühlt sich warm an. Die Wärme wird an die Luft abgegeben. Das kühlere Blut fließt zurück in das Innere, wodurch der gesamte Körper abgekühlt wird.

Wenn du frierst, ist deine Haut blass, denn bei Kälte verengen sich die Blutgefäße der Haut. Es fließt nun weniger Blut durch die Haut und es wird deshalb wenig Körperwärme an die Luft abgegeben. Gleichzeitig schließen sich die Schweißporen. Es kann dann sein, dass du eine „Gänsehaut" bekommst. Sie entsteht, wenn sich die Haarmuskeln zusammenziehen. Die Haare richten sich dadurch auf und legen sich erst wieder, wenn sich die Haarmuskeln bei Wärme entspannen.

Die Haut als Ausscheidungsorgan
Vielleicht hast du beim Schwitzen schon einmal bemerkt, dass Schweiß salzig schmeckt. Schweiß ist eine klare Flüssigkeit aus Wasser und Salzen.

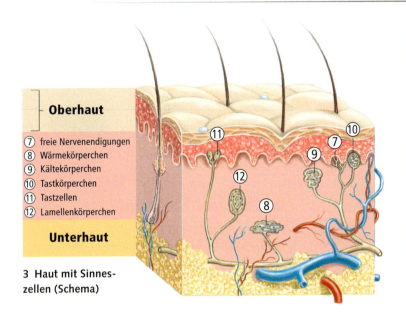

Oberhaut

⑦ freie Nervenendigungen
⑧ Wärmekörperchen
⑨ Kältekörperchen
⑩ Tastkörperchen
⑪ Tastzellen
⑫ Lamellenkörperchen

Unterhaut

**3 Haut mit Sinnes-
zellen (Schema)**

Die Druckkörperchen sind für die Aufnahme von Druckreizen wie Stöße oder Schläge zuständig.

Mit den Wärmekörperchen und den Kältekörperchen nehmen wir Reize wie warm oder kalt auf.

Für Schmerz gibt es keine Sinneskörperchen. Freie Nervenendigungen melden uns mechanische, chemische und thermische Reize. Werden die Nervenendigungen wie beispielsweise nach einem Mückenstich nur leicht gereizt, juckt die Haut. Bei stärkerer Reizung der Nervenendigungen empfinden wir Schmerzen. Diese warnen unseren Körper vor Gefahren.

Bakterien zersetzen den Schweiß, dabei entsteht der Körpergeruch. Der Haarmuskel bewirkt, dass Fett aus den Talgdrüsen ausgepresst wird und schützt so vor zu trockener Haut.

Die Haut als Sinnesorgan

Babys befühlen und betasten alles mit ihren Händen und Lippen. So „begreifen" sie die Welt. Mit der Haut fühlen und tasten wir.

Durch verschiedene Sinneskörperchen reagieren wir auf Reize wie Berührungen, Druck, Wärme und Kälte. Die Verteilung der Tastkörperchen in der Haut ist unterschiedlich. Sehr zahlreich sind sie auf den Fingerspitzen, den Lippen und der Zunge. Die wenigsten Tastkörperchen befinden sich auf dem Rücken. Durch die Tastkörperchen können wir die Oberfläche und die Ausdehnung von Gegenständen wahrnehmen. Mithilfe der Tastkörperchen auf den Fingerkuppen sind Blinde in der Lage, die Blindenschrift zu lesen.

Alle Reize, die auf die Haut einwirken, werden in den Sinneszellen zu elektrischen Impulsen umgewandelt. Diese werden dann zum Gehirn weitergeleitet und dort verarbeitet.

Die Haut als Signalgeber

Mit unserem Minenspiel, unserer Mimik, können wir uns anderen Menschen mitteilen. Auch unsere Gefühle spiegeln sich zum Beispiel durch Erröten, Erblassen oder Angstschweiß wieder. Und bestimmte Schweißdrüsen sind der Grund dafür, ob wir jemanden „riechen" können oder nicht. Die Duftschweißdrüsen sind besonders bei Wut, Schmerz, sexueller Erregung sowie Angst und Aufregung aktiv.

Die Haut in der Pubertät

Während der Pubertät nimmt die Talgproduktion zu, was zu fettiger Haut führen kann. Durch verstärkte Verhornung der Haut können die Talgdrüsenausgänge verstopfen, die sich dadurch weiten. Durch Schmutz entsteht ein kleiner, schwarzer Punkt, ein Mitesser. Bakterien können sich nun vermehren und eine kleine Entzündung hervorrufen. Ein Pickel ist entstanden. Treten diese in großer Zahl auf, spricht man von Akne.

4 Verteilung der Sinneszellen. *Die Körperregionen, wo sich viele Sinneszellen befinden, sind vergrößert dargestellt.*

■ **Die Haut schützt unseren Körper und übernimmt zahlreiche Funktionen. Sie besteht aus Oberhaut, Lederhaut und Unterhaut. Mit Sinneskörperchen und Nerven spüren wir Berührungen, Druck, Hitze, Kälte und Schmerz.**

Sonne – schön, aber auch gefährlich für unsere Haut

Entwicklung zum Hautkrebs

A gesunde Haut

B Krebszellen der Hautoberfläche

C

ausgedehnter Krebs im Gewebe

Hautkrebs

Stundenlanges Sonnenbaden in der Natur oder im Solarium schadet der Haut. Jeder kennt die Folgen: Die Haut rötet sich, schwillt an und brennt unangenehm. Nach einigen Tagen scheint der Sonnenbrand geheilt zu sein.
Was wir aber zu diesem Zeitpunkt nicht merken, ist die langfristige Wirkung des Sonnenlichts auf die Haut. Die ultravioletten Strahlen der Sonne, die UV-Strahlen, sind für den Menschen nicht sichtbar. Sie können aber die Erbinformation der Hautzellen verändern. Diese beginnen unkontrolliert zu wuchern: Es entsteht Krebs. Die bedrohlichste Hautkrebsart ist das schwarze Melanom.

1. a) Erstelle vier Regeln, wie du dich vor einem Sonnenbrand schützen kannst.
b) Begründe zwei Regeln.

2. Erkläre, warum der Hautarzt bei einer Vorsorgeuntersuchung mit einer Lupe Muttermale kontrolliert.

3. Informiere dich, welche anderen Faktoren zur Hautalterung beitragen. Berichte.

Sonnenschutz

Deine Haut hat einen **Eigenschutz.** Dieser ist aber nur von kurzer Dauer und hängt von deinem Hauttyp ab. Sonnenschutzmittel ermöglichen einen längeren Schutz in der Sonne. Mithilfe des Lichtschutzfaktors kannst du die Aufenthaltsdauer errechnen: Du multiplizierst die Zeit für den Eigenschutz (je nach Hauttyp) mit dem **Lichtschutzfaktor** des Sonnenschutzmittels.
Beispiel: Eigenschutz 10 min x Lichtschutzfaktor 20 = 200 min.
Achtung: Mehrmaliges Eincremen ist wichtig, verlängert aber nicht die Schutzzeit.

4. a) Finde deinen Hauttyp heraus. Nutze dazu zum Beispiel die Internetseiten von Hautärzten. Notiere deinen Hauttyp und die Eigenschutzzeit für den Aufenthalt in der Sonne.
b) Berechne jeweils, wie lange du dich mit Lichtschutzfaktor 6, 20 und 50 in der Sonne aufhalten kannst.

5. Begründe, warum du Sonnencreme wiederholt auftragen sollst.

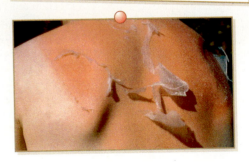

Tätowierung

Das tahitische Wort Tatau kann mit „Wunden schlagen" übersetzt werden.

Bei einer Tätowierung werden Farbstoffteilchen mit Nadeln unter die Lederhaut gestochen. Wenn Rußteilchen verwendet werden, erscheint die Tätowierung blau. Bei einigen Naturvölkern war und ist die Tätowierung ein Stammesritual mit religiöser und sozialer Bedeutung.

Die Entfernung einer Tätowierung ist oft sehr schwierig, weil sich die Farbstoffe unterhalb der Keimschicht befinden.

6. Erkläre, warum beim Tätowieren und beim Piercen eine erhöhte Infektionsgefahr besteht.

7. Erkundige dich, welche Hygieneregeln ein seriöses Tattoostudio beachten muss.

8. Erläutere, warum man sich nicht aus einer Laune heraus tätowieren lassen sollte.

Piercing

Das Wort Piercing leitet sich vom englischen Verb „to pierce" ab und bedeutet „durchbohren, durchstechen".

Bei einem Piercing werden Schmuckstücke durch das Durchbohren oder Durchstechen von Haut oder Knorpelgewebe am Körper befestigt. Als Schmuck werden Formen wie Ringe oder Stäbchen verwendet.

Ein bekanntes Beispiel ist der Ohrring. Dazu wird ein Loch in das Ohrläppchen gestochen. Für bestimmte Piercings wird das Loch mit einem Fleshtunnel immer weiter gedehnt. Piercings werden auch an anderen Körperstellen angebracht.

Piercings haben eine lange Tradition, sind aber heute eine Modeerscheinung.

Beim Durchstechen der Haut muss unbedingt auf hygienische Bedingungen geachtet werden, da sonst Infektionen die Folge sein können.

Bestimmter Schmuck kann zu allergischen Reaktionen führen. Außerdem besteht die Gefahr, dass ein Piercing herausgerissen wird.

9. Begründe warum das Tragen von Piercings beim (Schul-)Sport verboten ist.

10. a) Notiere Gründe, warum sich Menschen piercen oder tätowieren lassen.
b) Liste mögliche Probleme mit Tätowierungen und Piercings auf.

Lernen im Team

Reinigen und Pflegen der Haut

Selbst hergestellte Kosmetika haben Vorteile:
- Ihr verwendet nur hautfreundliche und natürliche Zutaten. Auf überflüssige Hilfsmittel könnt ihr verzichten.
- Aufwändige Verpackungen und teure Gläser braucht ihr nicht mitzukaufen. Eure Flaschen und Gläser lassen sich wiederverwenden.
- Die teure Werbung, die ihr über die Produkte mitbezahlt, entfällt.

Die Zutaten könnt ihr in vielen Apotheken, in Naturkostläden, im Versandhandel oder über das Internet beschaffen. Die Gläser für die Herstellung findet ihr im Haushalt oder im Schullabor. Für die Aufbewahrung benötigt ihr Flaschen und andere Gefäße. Sie sollen nicht nur schön aussehen, sondern euer Produkt auch einige Zeit sicher aufbewahren. Dazu müssen sie unbedingt sauber sein. Spezielle Behälter, wie zum Beispiel einen Deo-Rollstift, gibt es nur im Fachhandel. Soll die Haltbarkeit erhöht werden, kann das bei einigen Produkten durch die Aufbewahrung im Kühlschrank geschehen. Bei anderen müssen dann Konservierungsmittel zugesetzt werden.

Geht vorsichtig mit den Materialien um und beachtet die Sicherheitshinweise eurer Lehrkraft. Jedes Team soll sich für ein Produkt entscheiden. Gelingt die Herstellung, ist es sicher möglich, eine kleine Serie aufzulegen, damit möglichst viele Mitschülerinnen und Mitschüler ihr eigenes Produkt haben. Ihr könnt aber auch Abwandlungen der Rezepte testen, zum Beispiel, indem ihr andere Duftöle verwendet. In Bibliotheken und im Internet findet ihr Anleitungen zum Selbermachen von Kosmetik und weitere Rezepte.

1. Waschcreme

Becherglas, Heizplatte, Glasstab, Thermometer, Waage, Aufbewahrungsgefäß, 15 g Sojaöl, 1 g Cetylalkohol, 4 g Lamecreme, 10 g destilliertes Wasser, 10 g Glycintensid HAT, 8 Tropfen Meristem-Extrakt, 2 Tropfen Parfüm, 1 g Odex

Erwärmt unter Rühren alle Zutaten in einem Becherglas auf etwa 70 °C.
Gebt sie in ein Aufbewahrungsgefäß und schüttelt es.
Wenn die Mischung auf etwa 30 °C abgekühlt ist, gebt ihr Meristem-Extrakt und Parfüm dazu. Schüttelt erneut.
Soll die Waschcreme auch zur Körperwäsche verwendet werden, könnt ihr den Deo-Wirkstoff Odex zusetzen.

2. Körperlotion

2 Bechergläser, Heizplatte, Glasstab, Thermometer, Waage, leere Gefäße, 144 g destilliertes Wasser, 36 g Mandelöl, 4 g Sheabutter, 3,6 g Vitamin-E-Acetat, 6,4 g Glycerinstearat SE, 4 g Cetylalkohol, 2 g Aloe Vera-Konzentrat, 2 g D-Panthenol, Konservierungstropfen, Parfümöl

Erwärmt in einem Becherglas das Mandelöl zusammen mit Vitamin-E-Acetat, Glycerinstearat SE und Cetylalkohol auf max. 70 °C.
Wenn alles geschmolzen ist, gebt ihr die Sheabutter dazu. In dem zweiten Becherglas erwärmt ihr das Wasser ebenfalls auf ca. 70 °C und gebt dann – unter ständigem Rühren – das heiße Wasser in das erste Becherglas. Weitere 5 Minuten gut umrühren. Ist alles auf etwa 30 °C abgekühlt, fügt ihr Aloe-Vera und D-Panthenol hinzu.

Für eine duftende Lotion könnt ihr noch einige Tropfen Parfümöl dazu geben. Füllt die Lotion in

saubere Gefäße ab. Die Lotion sollte in den nächsten zwei bis drei Monaten verbraucht werden.

3. Seife

1 Block Glycerinseife, Becherglas, Glasstab, Messer, Teelicht, Förmchen, Kosmetikfarbe, Dekoration (Perlen, Glitter, Naturmaterialien)

Schneidet vom Seifenblock eine 1–2 cm dicke Scheibe ab und schmelzt sie im Becherglas unter Rühren. Zum Einfärben gebt ihr 2–3 Tropfen Kosmetikfarbe dazu. In die Seifenform könnt ihr etwas von der Dekoration geben. Für das Seifengießen gibt es spezielle Formen zu kaufen.

Oder ihr nehmt eigene Förmchen, z.B. für Muffins oder von Pralinen, die heiße Flüssigkeiten vertragen. Gießt die Seifenmasse in die Form. Lasst die Seife vor dem Auslösen aus der Form auskühlen.

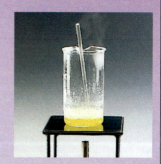

4. Duschgel

2 Bechergläser, Glasstab, Waage, Meßzylinder, 20 g Zetesol, 4 g Sanfttensid, 80 ml destilliertes Wasser, 2 g Kochsalz, Duftöl und Kosmetikfarbe

Verrührt Zetesol und Sanfttensid in je einem Becherglas mit 40 ml destilliertem Wasser, bis sich alles gelöst hat. Gegebenenfalls muss das Gemisch etwas erwärmt werden. Die beiden Lösungen werden anschließend gemischt. Ist dieses Gemisch für ein Duschgel zu flüssig, müsst ihr 1 g oder 2 g Kochsalz zugeben. Zum Schluss kann das Duschgel mit einer Lebensmittelfarbe eingefärbt und mit einem Duftöl parfümiert werden.

5. Deo-Rollstift

Glasstab, Teesieb, Meßzylinder, 50 ml kosmetisches Haarwasser D 95 %, 50 ml destilliertes Wasser, 2,5 ml Salbei-Öl, 1 Messerspitze Xanthan und eventu-

ell einigen Tropfen eines Duftöls, Roll-on-Behälter

Vermischt alle Zutaten außer Xanthan. Gebt dann Xanthan durch ein Teesieb dazu und achtet dabei auf eine klümpchenfreie Vermischung.
Rührt nach etwa einer halben Stunde nochmals gut um. Danach könnt ihr die Roll-on-Behälter befüllen.

6. Tagescreme

2 Bechergläser, Glasstab, Heizplatte, Thermometer, Waage, leere Cremetigel, 60 g destilliertes Wasser, 4 g Glycerin, 40 g Mandelöl, 4 g Vitamin-E-Acetat, 10 g Glycerinstearat SE, 4 g Cetylalkohol, 4 g Aloe Vera-Konzentrat, 4 g D-Panthenol, Konservierungstropfen, Parfümöl

Erwärmt in einem zweiten Becherglas das Wasser zusammen mit dem Glycerin auf die gleiche Temperatur. Dies gebt ihr dann unter ständigem Rühren in das

Erwärmt das Öl zusammen mit Vitamin-E-Acetat, Glycerinstearat SE und Cetylalkohol in einem Becherglas auf max. 70 °C.

Fettgemisch. 5 Minuten gut umrühren. Wenn alles auf etwa 30 °C abgekühlt ist, rührt ihr die restlichen Zutaten ein. Je nach Wunsch könnt ihr noch einige Tropfen Parfümöl dazu geben. Füllt die Creme in die gereinigten und beschrifteten Cremetigel und verschließt sie. Die Creme sollte in den nächsten zwei bis drei Monaten verbraucht werden.

Die Nieren entgiften das Blut

 1. Beschreibe die Lage und den Bau der Nieren.

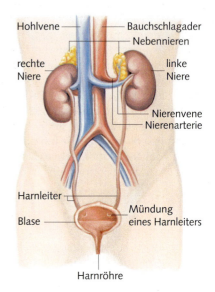

Hohlvene — Bauchschlagader
— Nebennieren
rechte Niere — linke Niere
— Nierenvene
— Nierenarterie
Harnleiter —
Blase — Mündung eines Harnleiters
Harnröhre

2. a) Führt in Teamarbeit die Präparation einer frischen Schweineniere durch. Ihr Aufbau entspricht in etwa einer menschlichen Niere. Ihr benötigt dafür eine flache Schale und ein Skalpell oder ein sehr scharfes Messer. Wenn ihr die Niere hinlegt und waagerecht durchschneidet, könnt ihr die Nierenrinde, das Nierenmark, das Nierenbecken, den Harnleiter und die zu- und abführenden Blutgefäße erkennen.
b) Fertigt eine biologische Zeichnung des Präparats an und beschriftet sie.

3. Beschreibe mithilfe der Abbildungen die Funktion der Nieren und die Entstehung des Urins.

4. Die Ärzte im Mittelalter untersuchten unter anderem die Menge, Farbe und den Geruch von Urin und mussten ihn sogar kosten. Die Zuckerkrankheit heißt in der Fachsprache „Diabetes mellitus". „mellitus" bedeutet „honigsüß" und bezieht sich auf den Geschmack des Urins. Auch heute ist die Urinprobe ein wichtiger Bestandteil ärztlicher Untersuchungen. Recherchiere, worüber die Zusammensetzung des Urins Auskunft geben kann, und halte einen Kurzvortrag.

5. a) Sammelt und ordnet Aspekte zum Thema „▶ Organspende und Transplantation" in einer Mindmap.
b) Bildet Interessengruppen und teilt das Thema entsprechend auf.
c) Bereitet in den Gruppen kurze Vorträge zum Thema vor und haltet sie vor der Klasse.

6. Beschreibe den Vorgang der Dialyse. Recherchiere zum Beispiel im Internet und nutze die Abbildungen. Informationsmaterial gibt es auch beim Arzt oder von den Krankenkassen.

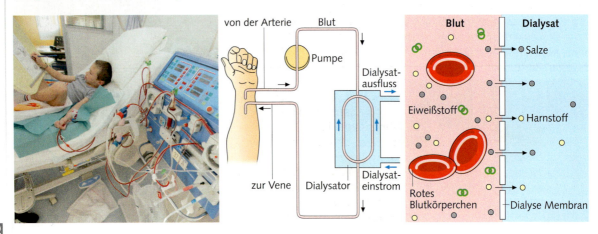

von der Arterie — Blut — Pumpe
Dialysat-ausfluss
zur Vene — Dialysator — Dialysat-einstrom

Blut — Dialysat
Salze
Eiweißstoff — Harnstoff
Rotes Blutkörperchen — Dialyse Membran

Abfall muss entsorgt werden

Durch Atmung und Nahrung nehmen wir ständig Stoffe auf, die unser Körper benötigt. Was aber geschieht mit den nicht verwertbaren und zum Teil giftigen Abbaustoffen? Die Leber scheidet über die Gallenflüssigkeit Stoffwechselabbauprodukte in den Darm ab. Diese werden über den Darm ausgeschieden. Auch Abbauprodukte von manchen Giften oder Medikamenten werden über die Gallenflüssigkeit und den Darm ausgeschieden.

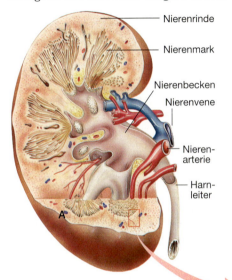

Aufbau und Funktion der Nieren

Die Nieren liegen auf der Körperrückseite zu beiden Seiten der Wirbelsäule dicht über der Taille. Sie sind etwa sieben Zentimeter groß, bohnenförmig und dunkelrot gefärbt. An der Einbuchtung führt eine Arterie hinein und eine Vene heraus. Betrachtest du eine Niere im Längsschnitt, so erkennst du einen Hohlraum, das **Nierenbecken**. Das Nierengewebe selbst besteht aus der hellen **Nierenrinde** und dem dunkleren **Nierenmark** mit etwa einer Million kugeliger **Nierenkörperchen**. Jedes besteht aus einer doppelwandigen Kapsel. Durch die Blutgefäße in ihrem Innern fließt das Blut mit solch hohem Druck, dass u.a. Wasser, Mineralsalze, Traubenzucker und Harnstoff durch Poren in der Gefäßwand hindurchgepresst werden. Eiweißteilchen und rote Blutkörperchen sind für die Poren zu groß, sie werden deshalb mit dem Blutstrom weitertransportiert. Durch diesen Filtervorgang entstehen täglich etwa 170 l **Primärharn**. Neben giftigen Abbauprodukten wie **Harnstoff** enthält der Primärharn auch Stoffe, die noch verwertbar sind, z.B. Mineralstoffe, Traubenzucker und Wasser. Auf dem Weg durch die zahlreichen Windungen der Nierenkanälchen wird der größte Teil dieser Stoffe über die Nierenvene in den Blutkreislauf zurückgeführt. Es bleiben rund 1,5 l **Endharn** übrig. Dieser

Urin besteht vorwiegend aus Wasser, Salzen und Harnstoff. Er sammelt sich im Nierenbecken und fließt durch den schlauchartigen **Harnleiter** in die **Harnblase.** Von hier aus wird er durch die **Harnröhre** ausgeschieden. Die Nieren reinigen das Blut nicht nur von Abfallstoffen, sondern sie regulieren auch den **Wasser-** und den **Salzhaushalt** des Körpers.

Erkrankungen der Nieren

Bei manchen Menschen entstehen im Nierenbecken oder in der Harnblase aus unlöslichen Bestandteilen des Harns kleine Kristalle, die zu Nierensteinen oder Blasensteinen verklumpen. Diese können starke Schmerzen auslösen. Infolge einer starken Erkältung können Bakterien über die Harnleiter bis in die Nieren wandern und zu einer Entzündung führen. Auch durch giftige Stoffe wie Alkohol oder bestimmte Medikamente kann Nierengewebe geschädigt werden. Manchmal versagen die Nieren auch völlig. Um zu überleben, sind diese Menschen dann auf eine Dialyse oder ▶ Organtransplantation angewiesen.

■ **Die Nieren reinigen das Blut und regeln den Salz- und Wasserhaushalt.**

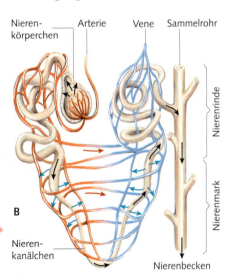

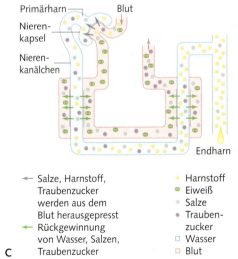

←	Salze, Harnstoff, Traubenzucker werden aus dem Blut herausgepresst	•	Harnstoff
		⬮	Eiweiß
		•	Salze
←	Rückgewinnung von Wasser, Salzen, Traubenzucker	•	Traubenzucker
C		□	Wasser
		□	Blut

1 Niere. A *Bau;* **B** *Feinbau;* **C** *Harnbildung (Schema)*

Leben retten mit Organspenden

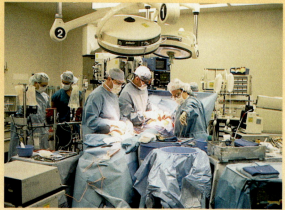

1 Herztransplantation

Die erste Herzverpflanzung

1967 gelang dem südafrikanischen Arzt CHRISTIAN BARNARD (1922–2001) eine medizinische Sensation: Er pflanzte einem Patienten das Herz einer tödlich verunglückten Frau ein. Der Patient überlebte die Operation allerdings nur 18 Tage. Einen Monat später wagte BARNARD die zweite **Herztransplantation.** Diesmal lebte der Patient noch 19 Monate. Ein Herz, das der Arzt einige Jahre später verpflanzte, schlug sogar noch 23 Jahre. Heute gehören Herztransplantationen zur medizinischen Routine.
Seit 1982 gibt es auch zahlreiche Versuche, kranken Menschen ein künstliches Herz einzupflanzen. Doch alle bisherigen Entwicklungen können das natürliche Herz nicht gleichwertig ersetzen.

Risiko durch Abstoßungsreaktion

Der Grund dafür, dass in den Anfängen der Herztransplantation die Patienten so bald starben, liegt im körpereigenen Abwehrsystem, dem **Immunsystem.** Dieses erkennt das neue Organ als Fremdkörper und zerstört es. Erst als man Medikamente fand, die das Immunsystem hemmen, konnte die **Abstoßungsreaktion** unterdrückt werden. Diese Medikamente haben jedoch den Nachteil, dass die Patienten anfälliger gegen Infektionskrankheiten sind. Trotzdem bekamen weltweit schon über 50 000

Menschen ein neues Herz, leben zum Teil ganz normal, sind berufstätig und treiben sogar Sport.

Organspende

Nicht nur Herzen werden übertragen, sondern auch viele andere Organe, vor allem Nieren, Lungen und Lebern. Bei Trübung der Augenhornhaut kann eine neue Hornhaut transplantiert werden und so das Sehen wieder ermöglichen. Viele tausend schwerkranke Patienten stehen auf der Warteliste für eine Organtransplantation, die für die meisten einem „2. Geburtstag" gleichkommt. Es sind jedoch zu wenige Menschen bereit, sich nach ihrem Tod als **Organspender** zur Verfügung zu stellen. Wer sich eine klare Meinung gebildet hat, ob er nach seinem Tod Organe spenden möchte oder nicht, lässt sich einen **Organspendeausweis** ausstellen, in dem diese Entscheidung festgehalten wird.

2 Organspendeausweis

1. Führt eine Pro-und-Contra-Diskussion zum Thema Organspende durch. Überlegt euch zuvor Gründe, die für oder gegen eine Organtransplantation und für oder gegen eine Organspende sprechen. Diskutiert die unterschiedlichen Argumente.

2. Erkundigt euch, wo man einen Organspendeausweis erhält. Einen guten Überblick über Voraussetzungen zur Organspende bietet die Internetadresse www.organspende-info.de.

3. Gestaltet ein Plakat, das Menschen zu Organspendenbereitschaft aufruft.

Stoffwechsel und Organsysteme

📖 **1.** Beschreibe den Weg des Traubenzuckers von der Nahrungsaufnahme bis zur Zellatmung in einer Körperzelle.

📖 **2. a)** Erkläre den Gasaustausch im Lungenbläschen.
b) Begründe die Notwendigkeit der Sauerstoffaufnahme.

📖 **3.** Erläutere einen Zusammenhang zwischen Herz-Kreiskreislaufsystem, Atmungssystem und Bewegungssystem.

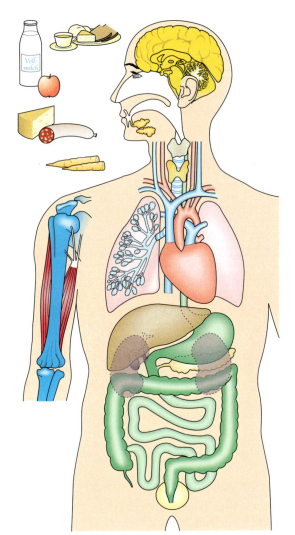

Verdauungssystem

Über den Mund nehmen wir Nahrung auf. Sie wird in den Verdauungsorganen mithilfe von Enzymen in ihre Bausteine zerlegt. Diese werden im Dünndarm durch Resorption von Blut und Lymphe aufgenommen und im ganzen Körper verteilt. Kohlenhydrate, Fette und Eiweiße gehören zu den Nährstoffen. Eiweiße sind Baustoffe, Kohlenhydrate und Fette liefern Energie. Die Nahrung enthält weitere lebenswichtige Stoffe wie Wasser, Vitamine und Mineralstoffe.

Ausscheidungsorgane

Nicht verwertbare Abbauprodukte und Giftstoffe werden über die Ausscheidungsorgane Niere und Haut entgiftet und entsorgt. Über die Lunge wird Kohlenstoffdioxid an die Luft abgegeben.

Zellatmung

Die Zellen erhalten über das Blut energiereichen Traubenzucker. Dieser reagiert in den Mitochondrien mit Sauerstoff zu Wasser und Kohlenstoffdioxid. Beide Stoffe werden über das Blut abtransportiert. Die in den Mitochondrien freigesetzte Energie wird für die Lebensprozesse der Zelle genutzt.

Nerven- und Bewegungssystem

Sinnesorgane und Nervensystem dienen der Orientierung in der Umwelt. Sie kontrollieren und steuern viele Körperfunktionen, zum Beispiel das Bewegungssystem. Das Bewegungssystem mit Knochen, Muskeln und Gelenken ermöglicht die Fortbewegung. Für diese Aufgaben wird sehr viel Energie benötigt. Das Gehirn verbraucht etwa ein Fünftel des Grundumsatzes, das Bewegungssystem trägt wesentlich zum Leistungsumsatz bei.

Blutkreislauf

Damit das Blut alle Zellen mit Sauerstoff, Nährstoffen und anderen wichtigen Stoffen versorgen und Abfallstoffe abtransportieren kann, wird es ständig durch den Körper gepumpt. Herz, Arterien und Venen bilden den doppelt geschlossenen Blutkreislauf. Die feinen Kapillaren ermöglichen in den Organen den Stoffaustausch zwischen Blut und Körperzellen.

Äußere Atmung

Die Atmungsorgane sorgen für einen ständigen Gasaustausch. An der großen Oberfläche der Lungenbläschen geht Sauerstoff ins Blut über. Er wird für die Zellatmung benötigt. Das dabei entstehende Kohlenstoffdioxid gelangt aus dem Blut in die Lungenbläschen und wird ausgeatmet.

■ **Stoffwechsel und Energieumwandlungen finden in allen Zellen unserer Organe statt. Das Zusammenwirken aller Organe ermöglicht die Funktionsfähigkeit des Organismus.**

Pubertät – mehr als nur körperliche Veränderung

📖 **1. a)** Beschreibe, was auf den beiden nebenstehenden Fotos dargestellt ist.

b) Beschreibe, worin sich die beiden Situationen unterscheiden.

c) Mache Vorschläge, was die Personen jeweils gerade denken könnten. Begründe diese kurz.

d) Erläutere die Behauptung Erwachsene denken ganz anders als Kinder – auch wenn sich die Situationen auf den ersten Blick vielleicht ähneln mögen. Gib Situationen an, in denen das deutlich wird.

📖 **2.** Die Bilder zeigen, wie sich das Leben von der Kindheit bis zum Erwachsenenalter verändert. Stichpunkte, die hier oft genannt werden, sind „Freiheit" und „Verantwortung". Erläutere an Beispielen, wie sich das Leben eines Erwachsenen in Bezug auf Freiheit und Verantwortung von dem eines Kindes unterscheidet.

📖 **3.** Jeder erlebt die Zeit des Erwachsenwerdens anders. Höhen und Tiefen der Stimmung können oft schnell und häufig wechseln. Dies kann man oft nur schwer in Worte fassen - vielleicht fällt es leichter, sich durch eine Collage, ein Gedicht oder ein Bild auszudrücken. Das hat auch ein Mädchen getan, dessen Bild rechts abgebildet ist.

a) Beschreibe das nebenstehende Bild. Notiere, was das Mädchen mit dem Bild wohl ausdrücken wollte und wie es dies darstellte?

b) Nenne Probleme, die während der Pubertät auftreten können.

Mehr als Sex

Was passiert in der **Pubertät?** Fragt man Jugendliche kurz vor oder nach dem Beginn ihrer Pubertät, kreisen die Antworten hauptsächlich um die körperliche Entwicklung, um „Hormone", „Sex haben" und „Kinder kriegen können". Und es stimmt ja: Man wird geschlechtsreif, und das bringt viele Veränderungen mit sich. Geschlechtsorgane nehmen ihre Tätigkeiten auf, Haare sprießen an bis dahin haarlosen Stellen, die Stimme verändert sich, Körperform und Körpergröße lassen Jugendliche bald erwachsen erscheinen. Wer aber die Pubertät durchläuft, dem wird klar, dass es nicht nur um körperliche Veränderungen geht, sondern auch um neue, intensive Gefühle, Einstellungen und Wertvorstellungen.

Das neue Denken

Kinder denken auf einfachen Wegen. Bewegungsabläufe oder etwa eine Sprache lernen sie schnell, aber z. B. eine unübersichtliche Situation im Straßenverkehr zu erfassen, fällt Kindern schwerer als Jugendlichen oder Erwachsenen. Das gilt auch für die Einschätzung dessen, was andere Menschen empfinden. Kinder können sich zwar an einfache Umgangsregeln halten, aber sie können weniger gut abschätzen, welche Auswirkungen das eigene Tun auf die Gefühle der Mitmenschen haben könnte.

Verantwortung

Wer erwachsen wird, übernimmt mehr und mehr die Verantwortung. Egal, ob es sich um die eigene Ausbildung und berufliche Laufbahn, die Teilnahme am Straßenverkehr oder um eine partnerschaftliche Beziehung handelt. In allen Fällen geht das nur gut, wenn man bereit und fähig ist, Verantwortung zu übernehmen.

■ Pubertät ist durch körperliche Veränderungen und Entwicklung intensiver Gefühle für das andere Geschlecht gekennzeichnet. Wer erwachsen wird, nimmt mehr und mehr Verantwortung nicht nur für sich, sondern auch für andere wahr.

1 Verantwortung. A *Partnerschaft;* **B** *Straßenverkehr;* **C** *Familie*

Baustelle im Kopf
Streifzug

Hirnforscher haben entdeckt, dass sich das menschliche ▶Gehirn im Laufe der Pubertät verändert. Es besteht aus Nervenzellen, die miteinander verknüpft sind. Bei Neugeborenen gibt es zunächst nur wenige Verknüpfungen. Allerdings kommen zum Beispiel mit jeder gelernten Bewegung und jedem gelernten Wort neue hinzu. In den Verknüpfungen ist das Gelernte gespeichert, und je mehr wir lernen, umso komplexer wird das Nervennetz im Kopf. In der Pubertät bildet das Gehirn dann verstärkt eine fettähnliche Substanz, das Myelin. Damit umhüllte Nervenzellen arbeiten bis zu 30-mal schneller als solche

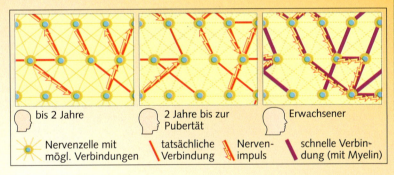

bis 2 Jahre / 2 Jahre bis zur Pubertät / Erwachsener

Nervenzelle mit mögl. Verbindungen / tatsächliche Verbindung / Nervenimpuls / schnelle Verbindung (mit Myelin)

ohne Myelin. So können Erwachsenengehirne komplexe Situationen schneller und besser verarbeiten. Doch das Myelin erschwert das Knüpfen neuer Verbindungen. Neue Bewegungen, etwa beim Musizieren, oder neue Wörter zu lernen, etwa Vokabeln, wird daher zum harten Kampf. Auch die Gefühle kann der Umbau des Gehirns beeinflussen: Wut und Enttäuschung können sich schnell mit Hochstimmung und Freude abwechseln. Solche Stimmungsschwankungen sind typisch für die Pubertät.

Formen der Partnerschaft

📖 **1. a)** Beschreibe, was auf den einzelnen Bildern (A–E) zu sehen ist und damit dargestellt werden soll.
b) Schreibe auf, mit welchen Reaktionen die einzelnen Paare rechnen müssten, wenn sie sich in eurer Schule so verhalten würden.

📖 **2. a)** Setzt euch in Gruppen zusammen. Vergleicht, was ihr zu Aufgabe 1 geschrieben habt im Hinblick darauf, ob die einzelnen Erläuterungen wertfrei formuliert sind.
b) Haltet schriftlich fest, welche wertfreien Erläuterungen am besten gelungen sind.
c) Bringt die ausgewählten Ergebniss an eine Pinnwand.
d) Bewertet diese neu und begründet eure Entscheidungen.

📖 **3.** Sexualität ist ein sehr intimes Thema. Hier kann es leicht dazu kommen, dass Menschen sich verletzt oder beleidigt fühlen.
Mache Vorschläge dafür, welche Regeln alle im Unterricht zum Thema Sexualität einhalten sollten. Begründe jeweils kurz.
Einigt euch in der Klasse auf eine überschaubare Anzahl verbindlicher Klassenregeln, die im folgenden Unterricht beachtet werden sollten.

📝 **4.** Wer sich angemessen über Sexualität unterhalten möchte, benötigt dazu ein entsprechendes Vokabular. Schreibe ein kleines „Wörterbuch für Sex-Gespräche".
a) Schreibe für alle Fachbegriffe der folgenden Seite eine kurze Erklärung.
b) Recherchiere und ergänze die Erklärungen für „Transsexualität", „Coming-out" und „Gender".

📝 **5.** Das Foto unten rechts auf der folgenden Seite wurde beim Christopher Street Day aufgenommen.
a) Informiere dich über den Christopher Street Day, die Veranstalter, Ziele und die Geschichte und erstelle eine kurze Zusammenfassung.
b) Wie würdest du solche „Events" bewerten? Begründe deine Meinung.
c) Vielleicht bist du bei deinen Recherchen zu a) auch auf Begriffe und Formulierungen gestoßen, die du nicht oder nicht ganz verstanden hast. Nenne einige und stelle Fragen dazu. Versucht in der Klasse, die Fragen zu beantworten.

Formen der Partnerschaft

Streicheln, küssen, kuscheln – bestimmt hast du auch Vorstellungen davon, wie und mit wem du gerne „sexuellen" Kontakt haben möchtest – und wie und mit wem nicht. Im Laufe der Pubertät entwickelt sich das Bedürfnis, andere Menschen zu lieben, und zwar anders zu lieben als bisher die Eltern, die Geschwister oder die besten Freunde. Die Vorstellung davon, wie diese Liebe aussehen könnte – man spricht auch von der **sexuellen Neigung** – kann bei den einzelnen Menschen sehr unterschiedlich sein. Auch kann sie sich im Laufe der Zeit durchaus ändern.

Auch wenn die meisten Menschen Sexualkontakte eher zu Partnern des anderen Geschlechtes suchen – man spricht von **Heterosexualität** – ihre Vorstellungen davon werden im Detail mit Sicherheit sehr unterschiedlich sein.
Gerade deswegen machen manche Menschen gerne Scherze über andere und über deren vermeintliche sexuelle Neigung. „Katja liebt Felix" rufen sich schon Kindergartenkinder zu. „Ist doch alles nur Spaß!". Doch derartige „Späße" können schnell verletzend werden, denn Sexualität wird in aller Regel als besonders intim empfunden, als reine Privatsache, in die sich andere nicht ungefragt einmischen sollten.

Und was ist, wenn Katja sich später in Friederike oder Felicitas verliebt und nicht in Frank oder Felix? Die Wahrscheinlichkeit dazu ist gar nicht so gering, denn man geht davon aus, dass sich bis zu zehn Prozent der Bevölkerung eher oder ausschließlich zu Partnern desselben Geschlechtes hingezogen fühlen. Man spricht hier von **Homosexualität**. Manche Menschen können sich auch sexuelle Kontakte zu Partnern beiderlei Geschlechts vorstellen. Sie sind **bisexuell**.

Vielfalt statt Norm – durch Toleranz erst toll

Welches Geschlecht, welche Größe oder welches Gewicht darf man höchstens haben, um noch sexuell attraktiv zu sein? Welche Rolle spielt die Religion beim Sex? Welche „Praktiken" machen Spaß? Diese und ähnliche Fragen werden sehr unterschiedlich beantwortet. Die Sexualität des Menschen folgt keiner Norm. Begriffe wie „normal" und „abnormal" sind daher fehl am Platze. Sie können keine Argumente für oder gegen bestimmte sexuelle Neigungen sein.

In der Europäischen Union gibt es Richtlinien, die die **Gleichbehandlung** aller Menschen, unabhängig von ihrer sexuellen Ausrichtung, sicherstellen sollen. Auch in Deutschland wurden entsprechende Gesetze erlassen. Lebensgemeinschaften von gleichgeschlechtlichen Partnern, die so genannte Homo-Ehe, sind der heterosexuellen Ehe in vielen Bereichen gleichgestellt. So wird Gleichbehandlung und **Toleranz** gegenüber allen Menschen angestrebt.
Grenzen hat diese Toleranz jedoch dort, wo die Rechte anderer berührt werden: Wer andere sexuell belästigt oder ihnen Gewalt antut, kann dieses nicht mit seinem Recht auf "sexuelle Entfaltung" rechtfertigen. Daher dürfen Erwachsene Kinder nicht zu sexuellen Handlungen missbrauchen.
Ob Gesetz oder nicht, ob in der Schule oder anderswo: Vernünftig über Sexualität zu reden kann nur gelingen, wenn man respektvoll und tolerant miteinander umgeht.

■ **Die Sexualität des Menschen ist ein wesentliches Merkmal seiner Persönlichkeit. Sie beeinflusst sein Denken und Fühlen ein Leben lang. Heterosexualität, Homosexualität und Bisexualität sind Ausdrucksformen der menschlichen Sexualität und Lebensweise.**

1 Partnerschaft, so oder so. A *heterosexuelles Paar bei der Hochzeit;* **B** *homosexuelles Paar am Christopher Street Day*

Bau und Funktion der weiblichen Geschlechtsorgane

1. Laut nebenstehendem Zeitungsartikel wissen Mädchen und Frauen oft zu wenig über den eigenen Körper.
a) Würdest du dieser Behauptung zustimmen? Begründe deine Aussage.
b) Mädchen und Frauen sollten ihren Körper, insbesondere ihre Geschlechtsorgane und deren Funktion, besser kennen. Das meinen zumindest sowohl die Autorin des Artikels als auch die Beraterin. Nenne Gründe, die aus deiner Sicht für diese Forderung sprechen.
c) Überlegt euch in Gruppen, woher man an entsprechende Informationen kommen könnte. Bewertet verschiedene Quellen.

2. Stelle Namen und Baumerkmale der einzelnen weiblichen Geschlechtsorgane in einer übersichtlichen Tabelle zusammen.

Der eigene Körper oft unbekannt

Frauenärzte, Lehrer, Sozialarbeiter, Berater und viele Eltern vermuten schon lange, dass Mädchen und junge Frauen zu wenig über ihren Körper wissen – vor allem in Bezug auf die Sexualorgane. Das zumindest legt eine Umfrage nahe, die im Auftrag unserer Zeitung durchgeführt wurde.
„Wir sehen hier jede Woche junge Frauen, die zwar schon über einschlägige sexuelle Erfahrungen verfügen, über das, was dabei im Einzelnen abläuft, aber so gut wie nichts wissen.", so eine Beraterin von Pro Familia, die sich über das Ergebnis der Umfrage nicht wundert.
„Sex ist in fast allen Medien eine Art Dauerbrenner – aber echte Informationen dazu sucht man oft vergeblich. Woher sollen es die jungen Frauen denn erfahren, wenn es ihnen keiner verrät?", so die Expertin weiter.
Egal, ob es um die eigene Gesundheit, die tägliche Hygiene oder um mehr Spaß am Sex geht – Frau sollte ihren eigenen Körper kennen.

Geschlechtsorgane der Frau

Geschlechtsorgane sind Organe, die der Fortpflanzung dienen. Sie sind schon bei der Geburt vorhanden, aber erst während der Pubertät entwickeln sie sich weiter und werden funktionsfähig. Das sichtbare Zeichen dafür ist bei Mädchen das Einsetzen der Regelblutung, der **Menstruation.** Die Vorgänge, die dazu führen, spielen sich im Inneren des Körpers ab. Die **großen Schamlippen** sind die einzigen Geschlechtsorgane der Frau, die von außen sichtbar sind. Sie bedecken die **kleinen Schamlippen,** die wiederum den Kitzler umschließen. Der **Kitzler,** den man auch die Klitoris nennt, ist mit mehreren 1000 Sinneszellen besetzt und reagiert empfindlich auf Berührungen. Auch die Harnröhre endet zwischen den kleinen Schamlippen. Dahinter befindet sich der Eingang zur **Scheide,** die auch Vagina genannt wird. Die Scheide ist eine etwa 10 cm lange Röhre. Sie führt zur **Gebärmutter,** in der sich während der ▶Schwangerschaft das Kind entwickelt. Mehrere hunderttausend **Eizellen** lagern unreif und in einer Art Ruheposition in den beiden **Eierstöcken,** die über die **Eileiter** mit der Gebärmutter verbunden sind. Ab der Pubertät reift einmal im Monat eine Eizelle. Sie gelangt durch den Eileiter in die Gebärmutter. Diese Vorgänge werden durch das Zusammenspiel mehrerer Hormone reguliert. **Hormone** sind „Botenstoffe", die in Hormondrüsen und im Gehirn gebildet werden und in kleinsten Mengen wirken.

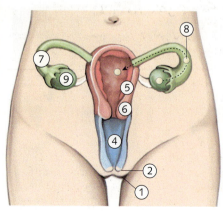

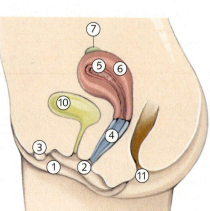

1 große Schamlippen
2 kleine Schamlippen
3 Kitzler
4 Scheide
5 Gebärmutterschleimhaut
6 Gebärmutter
7 Eileiter
8 Eizelle
9 Eierstock
10 Harnblase
11 After

1 Geschlechtsorgane der Frau *(Schema)*

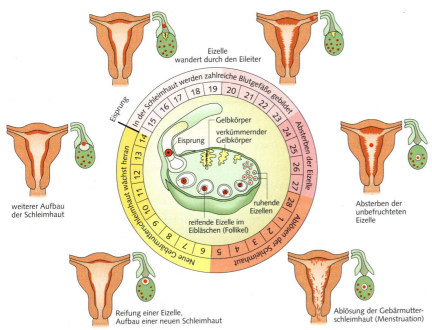

Eizelle
wandert durch den Eileiter

In der Schleimhaut werden zahlreiche Blutgefäße gebildet

Eisprung

14 15 16 17 18 19 20 21 22 23 24 25 26 27 28

Absterben der Eizelle

Gelbkörper
verkümmernder
Gelbkörper

Eisprung

ruhende
Eizellen

reifende Eizelle im
Eibläschen (Follikel)

weiterer Aufbau
der Schleimhaut

Neue Gebärmutterschleimhaut wächst heran

Absterben der Schleimhaut

Absterben der
unbefruchteten
Eizelle

Reifung einer Eizelle,
Aufbau einer neuen Schleimhaut

Ablösung der Gebärmutter-
schleimhaut (Menstruation)

2 Vorgänge während des Menstruationszyklus

Der Menstruationszyklus

Das Wort Zyklus kommt aus dem Lateinischen und bedeutet Kreislauf. Denn die Vorgänge, die schließlich zur Menstruationsblutung führen, wiederholen sich etwa alle 28 Tage. Dabei ist die einsetzende Blutung eher das Ende als der Anfang dieser Vorgänge. Dennoch wird der erste Tag der Monatsblutung als erster Tag des Zyklus bezeichnet. Denn etwa zu dieser Zeit erwacht eine der Eizellen in einem der beiden Eierstöcke aus ihrer Ruhe und setzt ihren Reifungsprozess fort.

Sie beginnt zu wachsen und um sie herum bilden sich durch Teilung kleinere Zellen, die schließlich ein Bläschen bilden. Dieser **Follikel** enthält neben der Eizelle auch etwas Flüssigkeit. Der wachsende Follikel wandert im Laufe der nächsten 10 bis 14 Tage an den Rand des Eierstockes. Etwa am 14. Tag des Zyklus platzt der reife Follikel auf und die Eizelle wird zusammen mit der Follikelflüssigkeit in den Eileiter gespült. Dies nennt man den **Eisprung.** Viele Frauen spüren ihn als so genannten Mittelschmerz, etwa in der zeitlichen Mitte zwischen zwei Monatsblutungen.

Der Rest des Follikels verkümmert zum so genannten **Gelbkörper.** In der Gebärmutter verdickt sich die Schleimhaut und wird stark durchblutet. Wird die Eizelle auf ihrem Weg durch den Eileiter von einem Spermium befruchtet, findet sie in der Gebärmutter optimale Bedingungen für die **Einnistung** vor. Die Eizelle ist jedoch nur etwa 12 bis 24 Stunden nach dem Eisprung befruchtungsfähig. Bleibt sie unbe-

fruchtet, verkümmert sie und stirbt schließlich ab. Die Blutgefäße der verdickten Gebärmutterschleimhaut bilden sich zurück, die Schleimhaut selbst wird abgestoßen. Zusammen mit ein wenig Blut wird sie durch die Scheide nach außen abgegeben. Mit der Monatsblutung oder **Menstruation** beginnt der Kreislauf von Neuem.

Zu Beginn der Pubertät kann der Zyklus unregelmäßig sein. Die Dauer zwischen zwei Menstruationen, der Verlauf und die Stärke der Blutungen können schwanken. Daher muss auch nicht jede ausbleibende Regelblutung ein Zeichen für eine Schwangerschaft sein. All dies ist zunächst kein Grund zur Sorge, sondern völlig normal. Bei starken oder langanhaltenden Problemen sollte allerdings ein Arzt oder eine Ärztin aufgesucht werden.

Körperpflege

Während der Regelblutung verliert die Frau etwas Blut. Dieses kann mit einer Binde außerhalb oder mit einem Tampon innerhalb des Körpers aufgefangen werden. Jede junge Frau muss für sich herausfinden, ob sie besser mit Tampons oder mit Binden zurechtkommt.

Viele Ärzte, Apotheken und Drogerien halten Informationsmaterial und Menstruationshygiene bereit. Unabhängig von der Menstruation benötigt der Körper viel Pflege: Mit der Pubertät arbeiten Schweiß- und Talgdrüsen stärker als vorher. So kann es leicht zu Geruchsbildung kommen. Dies gilt besonders für den Schambereich und die Achselhöhlen. Man sollte sich regelmäßig mit milder Seife waschen und zum Beispiel ein hautfreundliches Deo verwenden, um Geruchsbildung zu verhindern.

■ **In der Pubertät bilden sich bei Mädchen die ersten reifen Eizellen in den Eierstöcken. Während des Menstruationszyklus reift eine Eizelle im Eierstock heran. Wird die Eizelle nicht befruchtet, kommt es zur Menstruationsblutung.**

Bau und Funktion der männlichen Geschlechtsorgane

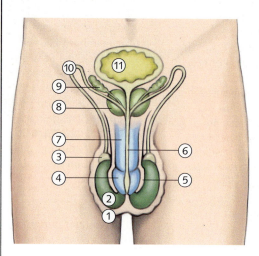

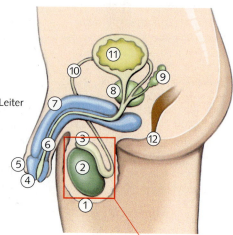

1 Hodensack
2 Hoden
3 Nebenhoden
4 Eichel
5 Vorhaut
6 Harn-Spermien-Leiter
7 Schwellkörper
8 Vorsteherdrüse (Prostata)
9 Bläschendrüse
10 Spermienleiter
11 Harnblase
12 After

1. Die Abbildung zeigt die männlichen Geschlechtsorgane.
a) Was unterscheidet Geschlechtsorgane von anderen Organen?
b) Begründe, welche der in Abbildung genannten Teile nicht zu den Geschlechtsorganen gehören.

2. Wende das Erschließungsfeld Bau und Funktion auf die männlichen Geschlechtsorgane an.

3. Beschreibe das in der Bildreihe dargestellte Problem, mit dem sich Jungen in der Pubertät auseinandersetzen müssen. Verwende eine neutrale Sprache.

4. Erkläre, weshalb die frühere Bezeichnung „Samen" für Spermien irreführend ist.

Regeln zur Hygiene der männlichen Geschlechtsorgane

Zur täglichen Körperpflege gehört die Reinigung der Geschlechtsorgane. Dabei muss besonders auf die Stelle zwischen Vorhaut und Eichel geachtet werden. Hier sammeln sich talgähnliche Absonderungen an. Werden sie nicht abgewaschen, verbreiten sie einen unangenehmen Geruch und können auch zu schmerzhaften Entzündungen führen. Zum Waschen der Eichel muss die Vorhaut vorsichtig ganz zurückgezogen werden.

Vom Jungen zum Mann

Im Unterschied zu den weiblichen liegen die männlichen Geschlechtsorgane nicht alle versteckt in der Bauchhöhle. So kann jeder Junge ihre Entwicklung während der Pubertät unmittelbar mitverfolgen. **Penis** und **Hodensack** wachsen und scheinen eine Art „Eigenleben" zu entwickeln. Durch Wärme, Druck, den Anblick oder allein durch das Denken an eine attraktive Frau, oft aber auch ohne jeden erkennbaren Grund, kommt es zur so genannten **Erektion.** Dann versteift sich der Penis, richtet sich auf und wird größer, weil sich die Schwellkörper, das sind schwammartige Gewebe in seinem Inneren, mit Blut füllen und sich dadurch vergrößern und verfestigen. Dies zählt zu den natürlichen Funktionen des Penis, denn nur im versteiften Zustand kann er während des Geschlechtsverkehrs in die Scheide einer Frau eindringen. Trotzdem kann eine ungewollte Erektion irritierend und unangenehm sein.

Spermienerguss

Spermien sind die männlichen ▸Keimzellen. Sie entstehen in den **Hoden.** Sie bestehen aus Kopf, Mittelstück und einem Schwanzfaden, mit dem sie sich in Flüssigkeiten fortbewegen können. Beim Geschlechtsverkehr werden Spermien zusammen mit verschiedenen Flüssigkeiten aus der **Bläschen-** und der **Vorsteherdrüse** aus dem Penis herausgeschleudert. Dasselbe geschieht, wenn sich ein Mann selbst befriedigt, gelegentlich aber auch ohne sein Zutun im Schlaf. Man nennt dies Spermienerguss oder **Ejakulation.** Eine Ejakulation kann, muss aber nicht mit einem ▸Orgasmus verbunden sein.

Die Flüssigkeit mit den Spermien ist das **Sperma.**

Bei einem

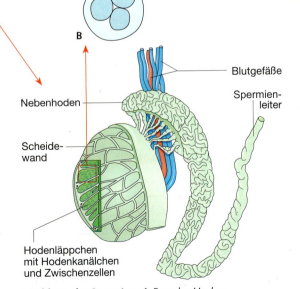

Spermienerguss fließen etwa zwei bis sechs Milliliter Sperma, die jeweils 20 bis 150 Millionen Spermien enthalten können.

Spermien entstehen in den Hoden aus ▸Stammzellen, den Spermienmutterzellen. Die Hoden sind in einzelne Hodenläppchen unterteilt, in denen jeweils stark gewundene Hodenkanälchen liegen. Die noch unreifen Spermien gelangen von den Hoden über die Hodenkanälchen in die Nebenhoden, wo sie weiter ausreifen und bis zur nächsten Ejakulation gespeichert werden.

Kopf

Hals

Mittelstück

Schwanzfaden

E

D

C

B

Nebenhoden

Scheidewand

Hodenläppchen
mit Hodenkanälchen
und Zwischenzellen

Blutgefäße

Spermienleiter

2 **Bildung der Spermien. A** *Bau der Hoden;* **B–D** *Spermienreifung;* **E** *reifes Spermium*

Störungen der Spermienbildung

Spermien sind sehr empfindlich gegenüber hohen Temperaturen. Bereits bei der normalen Körpertemperatur können sie sich nicht optimal entwickeln. Die Spermienproduktion und -lagerung erfolgt deshalb außerhalb des Bauchraumes im Hodensack. Enge Hosen drücken den Hodensack an den Körper und können so zu einer ungünstigen Temperatur der Hoden beitragen. Wenn die Hoden durch Schläge oder Quetschungen verletzt werden, können ebenfalls missgebildete Spermien entstehen. Auch Drogen wie Alkohol oder verschiedene Medikamente sowie Stress wirken sich auf die Spermienbildung negativ aus. Im Extremfall kann ein Mann dadurch unfruchtbar werden.

■ **Während der Pubertät prägen sich die männlichen Geschlechtsorgane aus. In den Hoden bilden sich Spermien.**

Von Petting bis Porno – kleines Sex-Lexikon

Exhibitionisten werden dadurch erregt, dass sie ihre Geschlechtsteile vor anderen Menschen entblößen. Geschieht dies ohne deren Zustimmung, kann es in Deutschland als Ordnungswidrigkeit oder Straftat geahndet werden.

Fetischisten sind Menschen, die bestimmte Gegenstände, ihre so genannten Fetische, als Auslöser für sexuelle Lust benötigen. Beispiele können etwa Lederstiefel, Uniformen oder Handschuhe sein. Ein Fetisch kann zur Sucht werden und dann das ganze Leben des Betroffenen kontrollieren.

Masochisten werden sexuell erregt, indem sie sich körperlich oder seelisch quälen lassen.

Masturbieren oder **onanieren** bezeichnen die Stimulation der Sexualorgane mit den Händen oder geeigneten Gegenständen. Dies wird oft zur **Selbstbefriedigung** eingesetzt, kann aber auch an oder von anderen Menschen durchgeführt werden. Aus biologischer und medizinischer Sicht ist dies unproblematisch.

Orgasmus nennt man den Höhepunkt des sexuellen Lustgefühls. Er tritt nicht einfach plötzlich auf, vielmehr kann die Erregung im Laufe sexueller Handlungen immer weiter ansteigen und sich schließlich im Orgasmus entladen. Auch wenn sich das Gefühl von Mal zu Mal und von Mensch zu Mensch sehr unterscheiden kann,

Porno

Porno ist ein Kurzwort für Pornografie und beschreibt die Darstellung menschlicher Sexualität mit dem Ziel, den Betrachter sexuell zu erregen. Heute sind damit in der Regel Pornofilme gemeint. Pornofilme sind in vielerlei Hinsicht problematisch:

– Die gezeigten „Praktiken" sind fast immer stark übertrieben, sie sind Phantasieprodukte, die eher die Zuschauer als die Beteiligten befriedigen.
– Sie können teils mit extremer Gewalt verbunden sein.
– Die Rolle der Frau beschränkt sich (zumindest in heterosexuellen Pornos) meist darauf, sich dem Mann oder den Männern hinzugeben, bis hin zur gezielten Demütigung oder sogar Vergewaltigung.

– Wer oft Pornos schaut, kann süchtig danach werden, braucht immer mehr und immer härtere Filme.
– Sehr häufig prägen Pornos auch das eigene Sexualleben. Manche möchten das nachstellen, was sie im Porno gesehen haben. Das gilt insbesondere für Jugendliche, die wenig eigene Erfahrungen haben und nicht wissen, dass Pornodarstellungen meist völlig unrealistisch sind.

Nicht freigegeben unter 18 Jahren gemäß § 14 JuSchG FSK

so wird der Orgasmus in aller Regel als sehr angenehm empfunden.

Pädophilie wird gelegentlich verharmlosend mit „Kinderliebe" übersetzt, bezeichnet jedoch den Wunsch, Sexualität in erster Linie mit Kindern auszuleben. Mit „Liebe" hat ein solcher sexueller Missbrauch aber nichts zu tun.

Petting bedeutet zwar im Englischen einfach nur „streicheln", wird als Begriff bei uns in Deutschland aber für all diejenigen Sexualpraktiken verwendet, bei denen der Geschlechtsverkehr ausbleibt. Erotisches Streicheln gehört dazu, auch Küssen, Liebkosen oder erotische Massage.

Prostituierte sind Frauen oder Männer, die Sex gegen Bezahlung anbieten. Problematisch ist dies oft, weil die Prostituierten in einem zu starken Abhängigkeitsverhältnis zu ihren Kunden oder Zuhältern stehen. Zur Prostitution gezwungen zu werden, bedeutet eine schwere Verletzung der ▶ Menschenwürde.

Sadisten befriedigt es, andere körperlich oder seelisch zu quälen.

1. Sexualität kann schöne und liebevolle Seiten haben, aber sie kann auch problematisch und abstoßend sein. Dies ist immer dann der Fall, wenn Zwang oder Gewalt im Spiel sind. Dennoch gibt es bei den genannten Erscheinungsformen der Sexualität durchaus Unterschiede – manche sind generell problematischer als andere. Bewerte Pädophilie und Prostitution jeweils kurz in dieser Hinsicht und begründe deine Bewertungen.

2. Experten meinen, Jugendliche sollten die Sexualität eher selbst entdecken als nachmachen.
a) Erläutere die Problematik von Pornofilmen.
b) Nimm Stellung zu dieser Expertenmeinung.
c) Diskutiert die Altersfreigabe von Pornofilmen (18 Jahre). Sammelt Pro- und Contraargumente.

Sexuell übertragbare Krankheiten

Syphilis (Lues)
Erreger: Bakterien
Infektion: durch Geschlechtsverkehr
Inkubationszeit: drei bis sechs Wochen
Symptome: Erstes Stadium: Bildung eines Geschwürs an der Infektionsstelle mit ansteckender Flüssigkeit. Zweites Stadium nach etwa zwei Monaten: Körper überzogen mit juckendem Ausschlag. Auftreten von Müdigkeit, Kopfschmerzen, Fieber und geschwollenen Lymphknoten.
Alle Symptome verschwinden wieder. Drittes Stadium nach mehreren Jahren: Schädigung der inneren Organe und des Nervensystems führen ohne Behandlung zum Tod.
Behandlung: Antibiotika

Tripper (Gonorrhö)
Erreger: Bakterien
Infektion: durch Geschlechtsverkehr, Geburt
Inkubationszeit: zwei bis sieben Tage
Symptome: Jucken in der Harnröhre, eitriger Ausfluss, Brennen beim Wasserlassen
Behandlung: Antibiotika

1. Informiere dich über Geschlechtskrankheiten.
a) Fertige eine Tabelle mit den Infektionswegen und Symptomen an.
b) Nenne Möglichkeiten, wie man sich vor einer Ansteckung schützen kann.

2. Besonders ansteckende Infektionskrankheiten müssen in Deutschland gemeldet werden. Begründe, warum sexuell übertragbare Krankheiten der Meldepflicht unterliegen.

Humane Papillomaviren-Erkrankungen (HPV)
Erreger: Viren
Infektion: durch Geschlechtsverkehr
Inkubationszeit: 21 Tage bis mehrere Jahre
Symptome: Einige dieser Viren bilden gutartigen Feigwarzen an den Genitalien, andere verursachen Gebärmutterhalskrebs.
Behandlung: Nur Genitalwarzen können behandelt werden; keine Therapie der Virusinfektion möglich; Schutzimpfung vor dem ersten Geschlechtsverkehr kann Krebs verhindern.

Hepatitis B (Leberentzündung)
Erreger: Viren
Infektion: durch menschliches Blut, Geschlechtsverkehr
Inkubationszeit: 30 bis 240 Tage
Symptome: Leber ist entzündet. Kein Gallenfluss und unangenehmer Druck im rechten Oberbauch. Gelbsucht und Juckreiz treten auf. Gallenfarbstoffe färben Urin dunkel. Appetitlosigkeit, Durchfall, Müdigkeit und Fieber bis 39 °C können auftreten; in schweren Fällen Leberkoma und Tod
Behandlung: Bettruhe, Diät, keine spezifischen Medikamente, Schutzimpfung möglich

Kondome schützen
Erreger können bei jedem intimen Körperkontakt, bei dem es zum Austausch von Körperflüssigkeiten kommt, übertragen werden. Die Verwendung von Kondomen beim Geschlechtsverkehr verringert die Gefahr einer Infektion.

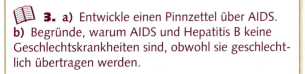

3. a) Entwickle einen Pinnzettel über AIDS.
b) Begründe, warum AIDS und Hepatitis B keine Geschlechtskrankheiten sind, obwohl sie geschlechtlich übertragen werden.

Schwangerschaft und Geburt

1. Erläutere anhand der Bilder B bis E, was bei der Befruchtung und in der frühen Keimesentwicklung geschieht.

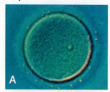

A

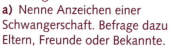

2. „Schwanger oder nicht schwanger?"
a) Nenne Anzeichen einer Schwangerschaft. Befrage dazu Eltern, Freunde oder Bekannte.
b) Erkläre die Funktionsweise eines Schwangerschaftstests.

B

C

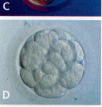

D

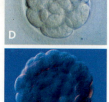

E

3. a) Rechts ist das Ultraschallbild eines Kindes zu sehen. Beschreibe, was du auf dem Bild erkennen kannst.
b) Gib mithilfe der Tabelle und des Maßstabes das ungefähre Alter des Kindes an. Begründe die Altersangabe.
c) Heute haben Frühgeborene ungefähr ab dem 7. Monat schon eine gute Chance, zu überleben. Nenne die möglicherweise auftretenden Probleme, wenn ein Kind bereits nach 5 Monaten geboren wird.

Monat	1.	2.	3.	4.	5.	6.	7.	8.	9.	10.
Körpergewicht in g	6	12	41	175	500	800	1300	2300	2900	3500
Körperlänge in cm	1	4	9	16	25	30	35	40	45	51
Sexualorgane			●							
Kopf	●									
Lunge			●							
Herz	●									
Gehirn	●									
Gliedmaßen	●									

●······ Beginn der Entwicklung und weitere Ausprägung
───── voll entwickelt vorliegende Organe

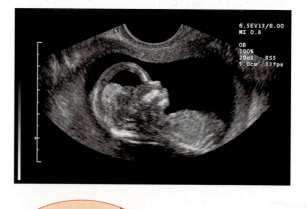

Blutgefäße des Embryos

Abfallstoffe + CO_2

Nährstoffe + O_2

Blutgefäße der Mutter

B

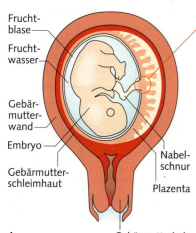

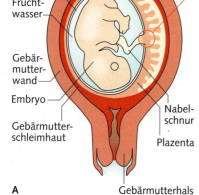

Fruchtblase
Fruchtwasser
Gebärmutterwand
Embryo
Gebärmutterschleimhaut
Nabelschnur
Plazenta
Gebärmutterhals

A

4. a) Der Embryo entwickelt bis zum 7. Monat eine Lunge, zugleich liegt er in einer flüssigkeitsgefüllten Fruchtblase. Erkläre mithilfe der Abbildung, wie die Atmung und Ernährung über die Plazenta funktioniert.
b) Erläutere, wie sich ▶Rauchen auf den Embryo auswirkt.

Befruchtung und Einnistung

Viele Paare wünschen sich ein Kind und freuen sich über die ersten Anzeichen einer Schwangerschaft, vor allem wenn die Regelblutung ausbleibt und der Schwangerschaftstest positiv ausfällt.

Ein Kind kann entstehen, wenn beim Geschlechtsverkehr Spermien des Mannes über die Scheide und die Gebärmutter in den Eileiter gelangen und dort auf eine reife Eizelle treffen. Um die Zeit des Eisprungs ist der Schleimpfropf, der sonst den Gebärmutterhals verschließt, dünnflüssiger, sodass die Spermien leichter aus der Scheide in die Gebärmutter vordringen können. Obwohl bei einem Spermienerguss bis zu 150 Millionen Spermien abgegeben werden, gelingt es nur dem schnellsten Spermium, mit dem Kopf die Zellhaut der Eizelle zu durchdringen. Dies ist der Moment der **Befruchtung.** Die Eihülle wird danach sofort für andere Spermien undurchdringlich. Anschließend verschmelzen die Zellkerne von Ei- und Spermienzelle. Ihre Erbanlagen kommen in einem Zellkern zusammen. Nach etwa einem Tag beginnt sich die befruchtete Eizelle zu teilen. Während weiterer ▶Zellteilungen im Eileiter entsteht zunächst ein Zellhaufen, der sich weiter zum Bläschenkeim entwickelt. Er enthält einen flüssigkeitsgefüllten Hohlraum und unterschiedliche Zellen, aus denen sich später die Organe des Embryos entwickeln.

Dieser Bläschenkeim wird von Flimmerhärchen durch den Eileiter zur Gebärmutterschleimhaut transportiert, wo er sich festsetzt. Dabei wachsen Zellen des Keims, die Zotten, in die Gebärmutterschleimhaut ein. Dies ist die **Einnistung,** mit der die **Schwangerschaft** beginnt.

Zwillinge

Manchmal reifen zwei Eizellen gleichzeitig heran und werden von zwei Spermien befruchtet. So entstehen zweieiige **Zwillinge,** die unterschiedliches Erbgut besitzen und nicht mehr Ähnlichkeiten aufweisen als andere Geschwister. Seltener entstehen eineiige Zwillinge, die aus nur einer befruchteten Eizelle entstehen. Nach der ersten Teilung trennen sich die beiden Tochterzellen und entwickeln sich getrennt weiter. Die eineiigen Zwillinge besitzen identisches Erbgut, sodass sie sich oft zum Verwechseln ähnlich sehen.

Schwangerschaft und Keimesentwicklung

Das wachsende Kind wird in den ersten acht Wochen **Embryo** genannt. Der Embryo ist zwar noch klein und leicht, aber nach etwa acht Wochen sind bereits alle Organe angelegt. Von nun an wird das heranwachsende Kind **Fetus** genannt.

Nach 12 Wochen ist der Fetus ungefähr 9 cm groß und deutlich als menschliches Wesen zu erkennen. Allerdings macht der Kopf fast die Hälfte des Fetus aus. Man sieht bereits Augen, Ohren, Nase und Mund. Der Fetus hat ausgeformte Finger und Zehen mit Nägeln. Das Geschlecht ist erkennbar. All diese Entwicklungen bemerkt die Frau nicht.

Es ist schon ein einfaches Gehirn vorhanden. Einzelne Teile des Gehirns differenzieren sich bereits. Es entstehen immer mehr Verknüpfungen zwischen den Nervenzellen.

Die Wirbelsäule wird anhand der Rückenwirbel erkennbar. Sie verleiht dem Körper Stabilität.

Der Embryo schwimmt in der Fruchtblase, die ihn vor Erschütterungen weitgehend schützt.

Man erkennt bereits die sich entwickelnden Augen, allerdings sind noch keine Augenlider vorhanden.

Das Herz des Embryos hat zu schlagen begonnen.

Die Nabelschnur ist die lebenswichtige Verbindung zwischen Mutter und Kind, über die Nährstoffe und Sauerstoff zugeführt und Abfallstoffe entsorgt werden.

Die Plazenta besteht aus mütterlichem und kindlichem Gewebe mit zahlreichen Blutgefäßen. Hier erfolgt der Stoffaustausch.

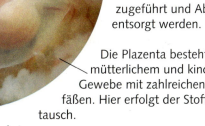

1 Embryo (6. Woche)

Der Fetus wächst jetzt sehr schnell und ist zu Beginn des fünften Monats etwa 16 cm groß und 150 g schwer. Die Organe und Muskeln entwickeln sich weiter. Der Fetus ist vorübergehend behaart. Dies lässt sich mit der ▶ Evolution des Menschen erklären.

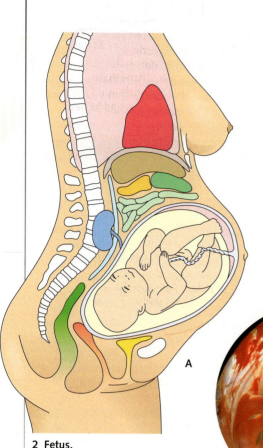

2 Fetus.
A *im Körper der Mutter (Schema);*
B *im 5. Monat*

Der Körper wird bald mit einer weißen Fettschicht, der so genannten Käseschmiere, überzogen. Diese schützt die Haut vor dem Fruchtwasser. Meist kann die Mutter ab dem 5. Monat Kindsbewegungen wahrnehmen. Der Fetus reagiert auf Reize wie Musik oder menschliche Stimmen.
Nach dem 6. Monat ist die Organentwicklung mit Ausnahme der Sexualorgane weitgehend abgeschlossen. Daher hat ein Kind ab dem 7. Monat gute Überlebenschancen, wenn es zu einer Frühgeburt kommt.

Im 8. und 9. Monat wachsen und reifen die Organe aus, und der Fetus nimmt weiter an Größe und Gewicht zu, wodurch das Leben für die Mutter anstrengender wird. Viele Organe der Mutter

werden zusammengedrückt, Atemnot und Harndrang können die Folge sein. Am Ende des neunten Monats hat sich der Fetus normalerweise mit dem Kopf nach unten gedreht. Nach durchschnittlich 270 Tagen ist der Fetus zur Geburt bereit.

Die Geburt
Zu Beginn des Geburtsvorgangs, der **Eröffnungsphase,** setzen **Wehen** ein, die durch das Zusammenziehen und Entspannen der Muskeln in der Gebärmutterwand entstehen. Sie verursachen Schmerzen. Die Wehen drücken das Kind immer tiefer in das Becken. Dadurch weitet sich der Muttermund schrittweise, die **Fruchtblase** platzt und das Fruchtwasser läuft über die Scheide ab.
In der darauffolgenden **Austreibungsphase** wird das Kind mit Presswehen aus der Gebärmutter in die Scheide und dann ans Tageslicht gebracht. Zunächst erscheint der Kopf im Scheidenausgang, dann folgt der übrige Körper. Meistens helfen in dieser Phase eine Hebamme oder ein Arzt, indem das Kind vorsichtig gedreht und gezogen wird. Das Kind atmet sofort selbstständig, sodass nun die Nabelschnur durchtrennt werden kann.
In der dritten Phase, der so genannten **Nachgeburtsphase,** werden die Plazenta und die leere Fruchtblase ausgestoßen. Aus dem Fetus ist ein **Säugling** geworden, der auf die Pflege von Mutter und Vater angewiesen ist.

■ Nach der Befruchtung und Einnistung beginnt die Schwangerschaft. Durch Zellteilungen bildet sich der Embryo und entwickelt sich weiter zum Fetus. Nach etwa 270 Tagen erfolgt die Geburt.

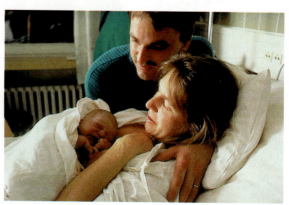

3 Eltern mit Neugeborenem

Gesundheit für Mutter und Kind

Ernährung

Mutter und Kind benötigen eine gesunde, vitamin- und mineralstoffreiche Ernährung, zum Beispiel mit frischem Obst, Salaten, Gemüse, Milch- und Vollkornprodukten. Schwangere sollten nur wenig Koffein, das beispielsweise in Kaffee und Cola enthalten ist, zu sich nehmen, da es das Risiko für Fehlgeburten erhöhen kann. Bei Genuss von rohem Fleisch oder Rohmilchkäsesorten besteht die Gefahr einer bakteriellen Infektion, die dem Kind massiv schaden kann.

Alkohol

Der Embryo kann Alkohol kaum abbauen. Deshalb sollten Schwangere auf Alkohol verzichten. Er kann, besonders in den ersten drei Schwangerschaftsmonaten, zu schweren körperlichen und geistigen Entwicklungsschäden beim Kind führen.

Medikamente

Medikamente sollten nur in Notfällen und nach Absprache mit dem Arzt eingenommen werden. Dies gilt auch für frei verkäufliche Medikamente wie Kopfschmerz-, Schlaf- oder Abführtabletten.

Reisen

Lange Reisen, besonders exotische Fernziele, können eine Schwangere aufgrund der langen Anreise, der Temperaturunterschiede und der ungewohnten Speisen sehr belasten. Es ist in jedem Fall wichtig, auf einen ausreichenden Impfschutz und hygienische Verhältnisse zu achten.

Stress

Stress kann im Extremfall zu einer Minderversorgung mit Sauerstoff oder Nährstoffen führen und das Risiko einer Früh- oder Fehlgeburt erhöhen. Es ist also wichtig, auf genügend Erholungszeiten und Entspannungsphasen zu achten.

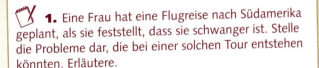

1. Eine Frau hat eine Flugreise nach Südamerika geplant, als sie feststellt, dass sie schwanger ist. Stelle die Probleme dar, die bei einer solchen Tour entstehen könnten. Erläutere.

2. Notiere, wie der Vater zu einer gesunden Entwicklung des ungeborenen Kindes beitragen kann.

Sport

Spazierengehen, Fahrradfahren oder Wassergymnastik sind für die Schwangere gute Möglichkeiten, sich in Bewegung zu halten und das Kind reichlich mit Sauerstoff zu versorgen. Sportarten wie Reiten oder Handballspielen, die mit Stößen und Erschütterungen verbunden sind, oder Leistungssport sind gefährlich. Auch Tauchen kann den Embryo bzw. Fetus schädigen.

Rauchen

▶ Nikotin ist ein Nervengift und verengt die Blutgefäße der Schwangeren. Der Embryo wird dadurch schlechter mit Sauerstoff versorgt. Kinder von Raucherinnen haben häufig ein geringeres Geburtsgewicht und neigen zu Entwicklungsstörungen.

Wir wollen (noch) kein Kind

📖 **1. a)** Mache Vorschläge, was in den Denkblasen stehen könnte.
b) Viele Paare verhüten nicht beim „ersten Mal", also beim ersten Geschlechtsverkehr. Nenne Gründe für dieses Verhalten.
c) „Verhütung ist Frauensache, sie bekommen schließlich die Kinder." Nimm zu dieser Aussage Stellung.

📝 **2. a)** Nenne Möglichkeiten, wo man Kondome kaufen kann und zu welchem Preis.
b) Liste Kriterien auf, die beim Kauf von Kondomen eine Rolle spielen können.

🔍 **3. a)** Zeige mithilfe eines Modells, wie man ein Kondom richtig anwendet. Worauf muss man bei der Benutzung besonders achten? Wie entsorgt man Kondome nach der Benutzung?
b) Schreibe eine gut verständliche Gebrauchsanweisung für Kondome.

Fall B: Ein Paar hat bereits drei Kinder und möchte auf keinen Fall weitere Kinder. Die Frau hat sich die Spirale einsetzen lassen.

Fall C: Thorben, 21, ist zur Zeit solo und hat manchmal für kurze Zeit eine Freundin.

📖 **4.** Je nach Lebenssituation nutzen Paare unterschiedliche Verhütungsmethoden.
a) Benenne Kriterien, die bei der Wahl eines Verhütungsmittels von Bedeutung sind.
b) Gib an, welche Kriterien für die Wahl des Verhütungsmittels bei den Fällen A und B vermutlich besonders wichtig waren.
c) Zu welchem Verhütungsmittel würdest du im Fall C raten? Begründe.

Fall A: Ein junges Ehepaar, seit 5 Jahren verheiratet, hat sich mit einer Krankengymnastik-praxis selbstständig gemacht. Die Frau nimmt die Pille.

📝 **5.** Ein junges Paar, beide sind 18, diskutiert über Verhütung. Sie möchte, dass er Kondome benutzt, er wünscht, dass sie die Pille nimmt. Bereitet mithilfe von Stichwortkarten ein Rollenspiel vor, bei dem die jeweiligen Vorteile und Nachteile der Verhütungsmittel deutlich werden, und führt es dann vor. Achtet darauf, dass ihr gegenseitig auf die Argumente eingeht.

Verhütungsmethoden

Die Frage nach der geeigneten Methode zur Empfängnisverhütung stellt sich für alle, die noch kein Kind haben möchten. Wichtig ist dabei, sich über die Sicherheit der Verhütungsmethode und über eventuelle Nebenwirkungen zu informieren. Auch mit der Anwendung des Verhütungsmittels muss man sich vertraut machen. Dies muss rechtzeitig vor dem „ersten Mal" geschehen.

Es gibt immer noch viele Paare, die sich auf das „Aufpassen" verlassen. Hierbei zieht der Mann das Glied vor der ►Ejakulation, dem Spermienerguss, aus der Scheide. Da jedoch schon vor dem Spermienerguss etwas Sperma aus der Harn-Spermienröhre austreten kann, ist dies keine Methode zur Empfängnisverhütung. Manche vertrauen dennoch darauf, dass beim ersten Mal schon nichts passieren wird. Oft sind die Paare aber auch nur unsicher und haben Angst, über Verhütung zu sprechen.

Diaphragma

Beim Diaphragma handelt es sich um eine Gummikappe, die vor dem Geschlechtsverkehr über den Gebärmuttermund gelegt wird und das Eindringen von Spermien verhindert. Da die Handhabung nicht einfach ist, ist es eine relativ unsichere Methode.

Kondome

Das Kondom oder auch Präservativ besteht aus einer gummiartigen Substanz, in der Regel Latex. Es wird vor dem Geschlechtsverkehr über das steife Glied des Mannes gezogen und verhindert so, dass Sperma in die Scheide gelangt. Wendet man das Kondom mit etwas Übung vorschriftsmäßig an, ist es ein sicheres Verhütungsmittel. Das Kondom darf nie zusammen mit fett- oder ölhaltigen Substanzen wie zum Beispiel Cremes verwendet werden, da das Gummi dann durchlässig wird. Das Kondom schützt auch als einziges Verhütungsmittel vor Geschlechtskrankheiten und ►AIDS, was besonders bei wechselnden Partnerschaften von großer Bedeutung ist.

Anti-Baby-Pille

Die Anti-Baby-Pille enthält ►Hormone, die den weiblichen Eisprung verhindern. So kann keine Befruchtung stattfinden. Zusätzlich wird die Gebärmutterschleimhaut nur unvollständig aufgebaut, sodass sich kein Ei einnisten kann. Die Pille muss von der Ärztin oder dem Arzt verschrieben und pro Zyklus 21 oder 22 Tage lang täglich eingenommen werden. Danach setzt in der einwöchigen Pause die Regelblutung ein. Bei richtiger Anwendung schützt sie vom ersten Tag an sehr zuverlässig. Allerdings löst die Pille durch den Eingriff in den Hormonhaushalt häufig Nebenwirkungen wie beispielsweise Zwischenblutungen und Gewichtszunahme aus. Bei Raucherinnen erhöht sie die Thrombosegefahr.

Hormonspirale

Die Hormonspirale besteht aus Kunststoff und ist mit Hormonen gefüllt. Sie verhindert den Aufbau der Gebärmutterschleimhaut und macht es den Spermien schwer, zur Eizelle vorzudringen. Die Verhütungssicherheit ist sehr hoch, doch können unregelmäßige Blutungen oder Kopfschmerzen auftreten.

Chemische Verhütungsmittel

Verschiedene Gels, Cremes, Zäpfchen oder Sprays werden kurz vor dem Geschlechtsverkehr in die Scheide eingeführt und töten Spermien ab. Sie verhüten nur sehr unsicher und sollten daher nur in Kombination zum Beispiel mit einem Diaphragma angewendet werden.

Natürliche Verhütungsmethoden

Durch tägliche Messung der Körpertemperatur und weitere Beobachtungen werden die fruchtbaren und unfruchtbaren Tage einer Frau bestimmt. Dabei können kleine Computer helfen, die beispielsweise das Aufzeichnen und Auswerten der Temperatur übernehmen. Diese Methoden setzen einen regelmäßigen Zyklus und viel Disziplin in der Anwendung voraus. Für Jugendliche sind sie unsicher und daher ungeeignet.

■ **Verhütungsmethoden sind unterschiedlich sicher und haben Vor- und Nachteile.**

Schwanger – was nun?

📖 **1.** Julia ist schwanger, und Tom ist der Vater des Kindes.
a) Betrachte die beiden Fotos und mache Vorschläge, was Julia und Tom jeweils denken könnten. Begründe kurz.
b) Erläutere, wie sich das Leben von Jugendlichen verändert, wenn sie Eltern werden.
c) Beschreibe und bewerte Möglichkeiten, wie Tom und Julia mit ihrer Situation umgehen könnten.

📖 **2.** Eine Freundin vertraut dir an, dass sie ungewollt schwanger ist und nicht weiß, was sie tun soll. Versuche sie davon zu überzeugen, zu einer professionellen Beratung zu gehen. Nenne deine Argumente.

✎ **3. a)** Informiere dich über Schwangerschaftsberatungsstellen in deiner Umgebung und nenne Adressen. Gib an, woher deine Informationen stammen.
b) Es gibt verschiedene Möglichkeiten der Beratung, vom direkten Gespräch über die telefonische bis zur E-Mail-Beratung. Informiere dich über diese Beratungsarten und nenne die jeweiligen Vor- und Nachteile.

✎ **4. a)** Recherchiere Möglichkeiten der Pränataldiagnostik und stelle sie in einer Mindmap dar.
b) Eine Frau berichtet: „Mein Arzt hat bei einer Ultraschalluntersuchung meines Kindes einen recht großen Kopfumfang festgestellt und auch ein erweitertes Nierenbecken, was bei Jungen aber öfter vorkommen kann. Der große Kopf beunruhigt mich schon. Soll ich eine Fruchtwasseruntersuchung durchführen lassen?"
Nenne Argumente, die für oder gegen eine Fruchtwasseruntersuchung sprechen.

„Gibt es ein Recht auf ein gesundes Kind?"*

Bioethik geht jeden an. Wir brauchen Ihre Meinung.
www.1000fragen.de

📖 **5.** Erläutere, was mit dem Plakat ausgedrückt werden soll.

Julia, 17 Jahre, hat nach Durchführung eines Schwangerschaftstests die Gewissheit: sie ist schwanger. Sie verspürt eine gewisse Freude, hat zugleich aber auch Angst vor der Zukunft. „Jetzt schon Mutter werden, wo ich doch gerade die Ausbildung begonnen habe? Wer soll das alles bezahlen? Wie wird mein Freund reagieren? Was werden bloß meine Eltern sagen?" Solche und viele andere Fragen entstehen oft, wenn es zu einer ungewollten Schwangerschaft gekommen ist.

Die Schwangerschaftskonfliktberatung

Erste Ansprechpartner für Fragen können neben dem Partner Eltern, Freunde oder Lehrer sein. Es gibt außerdem anerkannte Beratungsstellen, an die sich schwangere Frauen und ihre Partner mit ihren Fragen und Problemen wenden können. Die Beratungen sind kostenlos und auf Wunsch anonym.

Das Ziel der sogenannten Schwangerschaftskonfliktberatung liegt darin, ungeborenes Leben zu schützen und deutlich zu machen, dass das Ungeborene ein eigenes Recht auf Leben hat. Im Hinblick darauf zeigen Berater und Beraterinnen Paaren in schwierigen Situationen Möglichkeiten auf, wie sie ihr Leben mit dem Kind gestalten könnten.
Die Beratungsstellen informieren beispielsweise über Durchsetzung rechtlicher Ansprüche, über finanzielle Unterstützungsmöglichkeiten wie das Mutterschafts- und Elterngeld sowie über mögliche Hilfen bei der Wohnungssuche oder der Kinderbetreuung. Aber die Beratung ist ergebnisoffen und die Schwangere wird nicht dazu gedrängt, das Kind auf jeden Fall auszutragen. Kann sich die Schwangere ein Leben mit dem Kind überhaupt nicht vorstellen, bekommt sie Informationen über andere Möglichkeiten, wie die Unterbringung des Kindes in einer Pflegefamilie, die Freigabe zur Adoption oder zum Schwangerschaftsabbruch.

Die endgültige Entscheidung über die Fortsetzung der Schwangerschaft oder einen Abbruch liegt bei der Schwangeren. Unabhängig von ihrer Entscheidung kann die Schwangere auch weiterhin die Hilfe eines Beraters oder einer Beraterin in Anspruch nehmen.

Der Schwangerschaftsabbruch

In Deutschland ist ein Schwangerschaftsabbruch, auch Abtreibung genannt, nach § 218 des Strafgesetzbuches grundsätzlich rechtswidrig, er bleibt aber unter bestimmten Bedingungen straffrei.
Erwägt eine Schwangere nach Feststellung der Schwangerschaft durch einen Arzt oder eine Ärztin einen Abbruch, muss sie sich von einer anerkannten Beratungsstelle mindestens drei Tage vor dem Eingriff beraten lassen. Sie hat so in jedem Fall eine gewisse Bedenkzeit. Die Betroffene erhält eine Bescheinigung als Beratungsnachweis, mit der sie zu einem Arzt oder einer Ärztin gehen kann. Diese können dann den Schwangerschaftsabbruch entweder medikamentös oder durch einen operativen Eingriff vornehmen. Zwischen Befruchtung und Abbruch dürfen allerdings nicht mehr als zwölf Wochen vergangen sein. Bei unter 16-Jährigen verlangen die Frauenärztinnen oder -ärzte in der Regel eine schriftliche Einverständniserklärung zum Schwangerschaftsabbruch zumindest eines Elternteils. In seltenen Fällen ist ein Schwangerschaftsabbruch nicht rechtswidrig, beispielsweise nach einer Vergewaltigung oder wenn der körperliche oder seelische Zustand der Frau durch die Schwangerschaft schwerwiegend beeinträchtigt ist.

1 Schwangerschaftsberatung. A *mögliche Ansprechpartner;* **B** *Beratungsgespräch*

Vorsorgeuntersuchungen

Die meisten Schwangerschaften verlaufen normal, und ein gesundes Kind kommt zur Welt. Trotzdem sorgen sich werdende Eltern oft um die Gesundheit des Kindes. Die Schwangere wird im Rahmen der Schwangerenvorsorge regelmäßig untersucht, ihr Gewicht wird kontrolliert, und es werden verschiedene Blut- und Urinanalysen durchgeführt.
Mit Methoden der **Pränataldiagnostik (PND)** wird das Kind vor der Geburt untersucht.

Ultraschalluntersuchung

Eine sehr wichtige und zugleich risikolose Methode der PND ist die Ultraschalluntersuchung. Diese erlaubt einen Blick auf den Fetus in der Fruchtblase. Man erhält Hinweise auf mögliche Wachstumsstörungen oder Fehlbildungen der Wirbelsäule, der Gliedmaßen oder anderer Organe. Dies kann Anlass zu weiteren Untersuchungen geben.

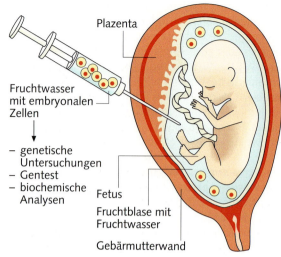

2 **Fruchtwasseruntersuchung**

Fruchtwasseruntersuchung

Die Fruchtwasseruntersuchung wird bei Auffälligkeiten im Ultraschall, bei Frauen über 35 Jahren oder, wenn in der Familie Erbkrankheiten vorkommen, empfohlen. Bei der Fruchtwasseruntersuchung wird eine Hohlnadel durch die Bauchdecke und die Gebärmutter in die Fruchtblase geführt und eine kleine Menge Fruchtwasser abgesaugt. Die darin enthaltenen Zellen des Embryos werden zunächst vermehrt und anschließend auf mögliche Erkrankungen des werdenden Kindes untersucht.
Durch **Gendiagnosen** können zudem einige Erbkrankheiten festgestellt werden. Biochemische Analysen des Fruchtwassers können Hinweise auf Stoffwechselerkrankungen geben.
Die Fruchtwasseruntersuchung ist nicht ganz risikolos, da es in seltenen Fällen zu einer Fehlgeburt kommen kann. Problematisch ist auch, dass mithilfe der Untersuchungsergebnisse aller Methoden der PND grundsätzlich nur Wahrscheinlichkeiten angegeben werden können, ob ein gesundes oder krankes Kind geboren wird. Aufgrund

einer solchen Wahrscheinlichkeit müssen Eltern entscheiden, ob sie glauben, mit einem kranken oder behinderten Kind leben zu können oder einen Schwangerschaftsabbruch vornehmen lassen wollen. Dabei sind Ausprägung einer Krankheit und Entwicklung des Kindes kaum vorhersehbar. Erschwert wird die Entscheidung auch dadurch, dass viele Diagnoseverfahren erst im zweiten Schwangerschaftsdrittel durchgeführt werden können, bei der die Mutter das Kind bereits fühlt.

Welche Untersuchungsmöglichkeiten der PND genutzt werden, muss jedes Paar, jede Schwangere unter Berücksichtigung der persönlichen Konsequenzen entscheiden. Denn einerseits können PND-Ergebnisse therapeutische Maßnahmen bis hin zu einer vorgeburtlichen Operation einleiten, andererseits könnte ein Schwangerschaftsabbruch in Betracht kommen.

■ **Schwangerschaftskonfliktberatung, Vorsorgeuntersuchungen und spezielle Pränataldiagnosen können Schwangeren Hilfen bieten.**

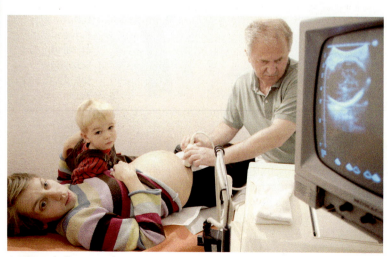

1 **Ultraschalluntersuchung**

Über Werte diskutieren

Ob wir etwas „richtig" oder „falsch" finden, sagt uns oft unser **Gewissen.** Es gibt aber auch Situationen, in denen es nur schlechte, aber keine gute Lösung gibt – egal, was wir tun, es scheint falsch zu sein. Man spricht dann von einem **Dilemma.**
Dann sollte man darüber nachdenken, warum wir etwas „gut" oder „schlecht", „richtig" oder „falsch" finden. Hinter einer solchen Beurteilung stehen Vorstellungen über **Werte,** die wir uns im Laufe unseres Lebens aneignen. Dabei spielen Erziehung, Gesellschaft und Religion maßgebliche Rollen.
Werte können im Besitz etwa von Geld, Land oder sonstigen Dingen bestehen, aber auch in Vorstellungen und Gefühlen wie Liebe, Freundschaft, Achtung des Eigentums oder der ▶ Würde des Menschen.

Ausgehend von **Grundwerten,** die die meisten Mitglieder einer Gesellschaft teilen, entwickeln sich Regeln und **Normen.** Sie erleichtern es uns in konkreten Situationen, die „richtige" Entscheidung zu treffen. So geht die Regel „Du sollst nicht stehlen!" auf den Wert „Achtung des Eigentums" zurück. Dilemmasituationen sind deswegen problematisch, weil Werte miteinander in **Konflikt** stehen: Um den einen Wert zu respektieren, muss man den anderen missachten. Oft löst sich das Dilemma aber auch auf, weil der eine Wert eindeutig höherrangig ist als der andere. Dies wäre etwa der Fall, wenn man stehlen müsste, um ein Menschenleben zu retten: Der Wert eines Menschenlebens ist weit höher anzusiedeln als der Wert der Achtung vor dem Eigentum.

Zum Beispiel: Cindy

Cindy ist 20 Jahre alt und arbeitet als Hilfskraft in einer Imbissbude. Sie verdient gerade genug zum Überleben. Eines Tages lernt sie einen Mann kennen, der im Auftrag einer ausländischen Firma junge Frauen sucht, die Embryonen für ein Forschungsprojekt spenden würden. Bei Interesse würde Cindy zweimal im Jahr zu der Firma reisen, sich künstlich befruchten lassen und die entstehenden Embryonen spenden. Neben dem zweiwöchigen „bezahlten Urlaub" würde Cindy pro Embryo 5000 Euro „verdienen".

Ablauf einer Dilemmadiskussion

Erste Zuordnung	Gruppeninterne Diskussion	Diskussion im Plenum	Zweite Zuordnung
Formuliert das Dilemma als „Ja-Nein-Frage", die sich in der Situation stellt. Ordnet Euch jeweils einer der beiden Alternativen zu. Es entstehen zwei Gruppen.	Diskutiert innerhalb der Gruppen über die Hintergründe der Zuordnung. – Warum habt ihr euch so entschieden? – Auf welche Wertvorstellung gehen eure Entscheidungen zurück? – Welche Werte konkurrieren, ist einer höherrangiger als der andere? – Handelt es sich um Grundwerte oder könnte man über die Werte unterschiedlicher Meinung sein? – Gibt es weitere Argumente für die unterschiedlichen Standpunkte? – Welche Argumente könnte die „Gegenseite" bringen und wie könnte man diese entkräften?	Tauscht Argumente, Wertvorstellungen und Standpunkte zwischen den Gruppen aus. Bleibt dabei sachlich und bedenkt, dass es bei einem Dilemma keine einfache, eindeutig richtige oder falsche Lösung gibt.	Ordnet euch nun erneut einer der beiden Alternativen zu. Wie viele haben ihre Meinung geändert? Haltet als Ergebnis das abschließende Meinungsbild, die Hauptargumente der Gruppen und vor allem die Gewichtung der dahinter stehenden Werte fest. Falls sich neue Alternativen ergeben haben, haltet sie ebenfalls fest.

1. Was ist „Menschenwürde" und was muss man tun, um sie beanspruchen zu können? Recherchiere und berichte.

2. Diskutiert Cindys „Dilemma" unter der Annahme, dass sich das Forschungsprojekt mit der Herstellung
a) einer Anti-Aging-Hautcreme,
b) einer Medizin zur Heilung von Krebs bei Kindern befasst.

Zukunft = Familie? Formen des Zusammenlebens

„Ich möchte gerne Kinder haben. Aber auch mein Beruf ist mir wichtig. Beides geht nur, wenn sich der Vater mit um die Familie kümmert."
Insa, 15 Jahre

„Männer müssen arbeiten gehen und Geld ranschaffen. Wenn du als Mann einen auf Familie machst, denken doch alle, du wärst ein Versager!"
Sven, 16 Jahre

1. a) Beschreibe die Abbildungen oben. Was ist zu sehen? Welche Aussage steckt dahinter?
b) Nimm Stellung dazu. Ist dies eine realistische Darstellung der Gedanken junger Erwachsener?
c) Welche Probleme könnten bezüglich einer gemeinsamen Zukunftsplanung auf Insa und Sven zukommen und wie können sie diese entschärfen?

2. Informiere dich über die Idee der Mehrgenerationenhäuser.
a) Fasse kurz zusammen, was ein Mehrgenerationenhaus ist.
b) Stelle mögliche Vorteile für Kinder, Eltern und Senioren heraus.

Wie viele Kinder haben Sie?

Anteil der Befragten in %

35% 21% 28% 11% 3% 2%

0 1 2 3 4 5 u. mehr

3. a) Beschreibe die Aussagen der beiden Diagramme über die Ergebnisse einer Umfrage aus Deutschland (2012).
b) Beurteile, inwieweit die Ergebnisse einerseits dem oben gezeigten Familienbild entsprechen, andererseits aber auch andere Realitäten zeigen.
c) Sammele Vermutungen über die Gründe für unterschiedliche Kinderzahlen und Lebensverhältnisse. Erstelle zum Beispiel eine Mindmap.

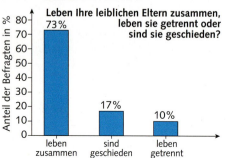

Leben Ihre leiblichen Eltern zusammen, leben sie getrennt oder sind sie geschieden?

Anteil der Befragten in %

73% 17% 10%

leben zusammen | sind geschieden | leben getrennt

4. a) Entwerft eine Umfrage zum Thema „Zukunft = Familie?", in der ihr Mitschülerinnen und Mitschüler mit Fragebögen anonym zu deren Zukunftsplänen befragt. Fragt zum Beispiel, wie viele Kinder jemand haben möchte, ob vorher geheiratet werden soll, wie wichtig die berufliche Karriere ist usw. Denkt euch eigene Fragen aus, erstellt und verteilt die Fragebögen und wertet sie aus.
b) Sucht im Internet nach Statistiken oder Umfragen zu diesem oder ähnlichen Themen. Druckt die interessantesten aus und stellt sie vor.

Ehe und Familie – im Umbruch

„Die Ehe ist immer noch die Lebensform erster Wahl, vor allem, wenn es darum geht, Kinder zu bekommen und groß zu ziehen." So stellte es das Statistische Bundesamt 2008 fest: die Kinder werden meist geboren, während ihre Eltern verheiratet sind.

Aber es ist ein Wandel festzustellen. Immer mehr Familien entscheiden sich gegen die „klassische" Rollenverteilung, in der der Vater arbeitet und die Mutter allein die Kinder groß zieht. In 85 % aller Ehen mit Kindern unter 15 Jahren arbeitet die Mutter mindestens Teilzeit, in 20 % sogar Vollzeit. Mütter verzichten heute weniger als früher auf die eigene Karriere. Und Väter, die heute mehr als früher am Familienleben teilhaben möchten, stoßen dabei in der Arbeitswelt auf wenig Verständnis.

Andere Formen des Zusammenlebens

Auch wenn die Ehe noch lange kein „Auslaufmodell" zu sein scheint, gibt es andere Formen des Zusammenlebens. **Alleinerziehende** und **Patchworkfamilien,** bei denen ein oder beide Partner vorhandene Kinder mit in die neue Beziehung bringen, haben zugenommen. Daneben gibt es viele, die gewollt oder ungewollt kinderlos bleiben. Sie leben oft als **Singles,** bilden eine zeitlich begrenzte **Lebensgemeinschaft** oder sind verheiratet.

Das Problem der Kinderlosigkeit

In Deutschland liegt die durchschnittliche Kinderzahl pro Frau heute bei etwa 1,3. Rund ein Viertel der Frauen haben keine Kinder. Gründe sind zum Beispiel die schwierige Vereinbarkeit von Kindern und Berufsleben oder die hohen Kosten, die Kinder verursachen. Wenn Frauen durchschnittlich weniger als zwei Kinder bekommen, nimmt die Bevölkerung ab. Problematisch ist dies auch, weil auf diese Weise der Anteil der „Alten" steigt, die zudem dank der modernen Medizin immer älter werden, während immer weniger „Junge" nachkommen. Da es vorwiegend Menschen zwischen 16 und 66 Jahren sind, die arbeiten gehen, Geld verdienen und Steuern und Sozialabgaben wie die Rentenbeiträge zahlen, ist dies ein wachsendes Problem. Nur wenn wieder mehr Menschen Kinder bekommen, wird unser Sozialsystem auch in Zukunft noch funktionieren. Eine kinder- und familienfreundlichere Gesellschaft ist also letztlich im Interesse aller. Familien werden deshalb zum Beispiel durch Steuervorteile gefördert. Die Vereinbarkeit von Familie und Beruf soll durch Betreuungsangebote und flexiblere Arbeitszeiten verbessert werden.

■ Familie oder andere Formen des Zusammenlebens – Kinder sind die Zukunft der Gesellschaft.

Familie im Wandel der Zeit

1 Großfamilie

Das Wort Familie kommt aus dem Lateinischen. Die „Familia" war der Hausstand eines Mannes, also neben seiner Ehefrau und den Kindern auch alle Sklaven, Helfer und sogar das Vieh.
Bis vor gut 200 Jahren gehörten auch bei uns alle Bewohner eines Haushalts zu einer **„großen Hausfamilie".** Auf einem Bauernhof waren das neben den Großeltern, Eltern und Kindern auch Mägde und Knechte (Hilfsarbeiter) sowie häufig noch unverheiratete Angehörige. Sie alle bildeten eine Hausgemeinschaft und teilten sich anfallende Arbeiten im Haus, Stall oder auf dem Feld.
Mit der Industrialisierung lebten immer mehr Menschen in der Stadt in kleinen Wohnungen. Vor ungefähr 150 Jahren hatte sich der Familienbegriff so weit gewandelt, dass man hierunter nur noch die beiden Eltern mit ihren Kindern verstand. Der Vater ging arbeiten, während sich die Mutter um die durchschnittlich 3 Kinder kümmerte. **Bürgerliche Kleinfamilie** nannte man das.
Heute sind die Familien meist nicht nur kleiner, immer häufiger versuchen auch beide Eltern, **Familie und Beruf** miteinander zu vereinbaren. Dazu sind sie vor allem auf Angebote angewiesen, ihre Kinder außerhalb der eigenen Familie betreuen zu lassen.

2 Kindertagesstätte

Die Entwicklung des Menschen

1. Erläutere die Abbildungen. Ordne den einzelnen Bildern die dazu passenden Begriffe aus dem Text zu.

2. a) Bewerte die Abbildungen. Findest du die Darstellung als Weg, die gezeigten Phasen und die einzelnen Fotos passend? Begründe deine Wertung
b) Mache Vorschläge, wie man die Entwicklung des Menschen noch darstellen könnte.

3. Erstelle eine Tabelle, in die du für die vier Lebensphasen jeweils die typischen Entwicklungen einträgst. Unterscheide zwischen körperlichen und geistigen Entwicklungen sowie solchen, die die Lebensumstände und die Verantwortung betreffen.

4. a) Befragt Menschen in unterschiedlichen Lebensphasen, also Kinder, Jugendliche und Erwachsene dazu, wie sie ihre jetzige Lebensphase charakterisieren würden. Fragt auch, wie sie sich zukünftige Phasen vorstellen und welche Erinnerungen sie an vergangene Phasen haben.
b) Wertet die Ergebnisse im Hinblick auf folgende Fragen aus.
– Gibt es typische Antworten zu einzelnen Phasen, die immer wieder auftauchen und wie lauten diese?
– Ist das, was Menschen über zukünftige Phasen sagen, vergleichbar mit dem, was Menschen sagen, die diese Phasen schon erreicht haben? Welche Unterschiede gibt es zwischen Erwartungen und den späteren Empfindungen?
– Ist die Erinnerung an frühere Phasen vergleichbar mit der Empfindung, die die Menschen haben, die aktuell in dieser Phase sind?
c) Gestaltet mit den Ergebnissen eine Ausstellung oder eine Broschüre "Lebensweg".

Lebensweg eines Menschen
So unterschiedlich die Menschen und ihre Leben auch sind, wir alle teilen den Start- und den Endpunkt des Lebens sowie die Tatsache, dass wir auf unserem Weg nicht stehen bleiben oder umkehren können. Jeder Mensch beginnt seine Existenz im Moment der Befruchtung einer Eizelle, die daraufhin anfängt, sich wieder und wieder zu teilen und dadurch ein **Embryo** und schließlich ein Fetus wird. Nach ungefähr neun Monaten verlassen wir den Körper der Mutter, verleben einige weitgehend unselbstständige Jahre als **Kind,** bevor uns ein ziemlich radikaler Wechsel widerfährt. Während wir als **Jugendliche** die Jahre der Pubertät durchlaufen, erfahren unser Körper und unser Geist deutliche Veränderungen. Schließlich werden wir zu **Erwachsenen**, können nun selber Kinder haben und finden uns vorübergehend auf dem

Höhepunkt unserer körperlichen Leistungsfähigkeit wieder. Doch schon beginnt der Zerfall des Körpers. Auch wenn uns noch viele aufregende, schöne und bisweilen anstrengende Jahre erwarten, so wird den meisten spätestens jetzt klar, dass die Reise dem Endpunkt entgegen steuert: dem Tod, der am Ende jeden Lebens steht.

Die vier Lebensphasen, vom Embryo über das Kind und den Jugendlichen bis zum Erwachsenen, sind ebenso biologisch vorgegeben wie der Tod, der das Leben beendet.

Lebensphasen und Sozialisation

Innerhalb der von der Natur vorgegebenen Lebensphasen gibt es oft viele kleinere Lebensabschnitte. So schicken wir unsere Kinder zur Schule, sie müssen eine Ausbildung machen oder studieren, bevor sie ins Erwerbsleben eintreten, um vielleicht irgendwann einmal Rentner zu werden. Welche Lebensabschnitte

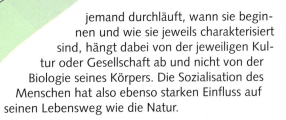

jemand durchläuft, wann sie beginnen und wie sie jeweils charakterisiert sind, hängt dabei von der jeweiligen Kultur oder Gesellschaft ab und nicht von der Biologie seines Körpers. Die Sozialisation des Menschen hat also ebenso starken Einfluss auf seinen Lebensweg wie die Natur.

Typisch: Fähigkeiten und Bedürfnisse

Je nach Lebensphase und -abschnitt haben Menschen unterschiedliche Fähigkeiten und Bedürfnisse. Ein kleines Kind wünscht sich eine andere Welt als seine Eltern. Die Vorstellungen seiner Großeltern oder der kinderlosen Nachbarn werden wiederum anders aussehen.

Eine Gesellschaft als Ganzes kann nur funktionieren, wenn sie einen Ausgleich zwischen diesen verschiedenen Bedürfnissen schafft und auf Menschen jeden Alters Rücksicht nimmt. Dazu müssen Menschen die Gelegenheit haben, sich gemäß ihrer Fähigkeiten einzubringen, wertgeschätzt zu werden und sich weder überfordert noch allein gelassen zu fühlen.

■ **Embryonalzeit, Kindheit, Jugend und Alter sind Phasen im Leben eines Menschen.**

Bau und Funktionen des menschlichen Körpers

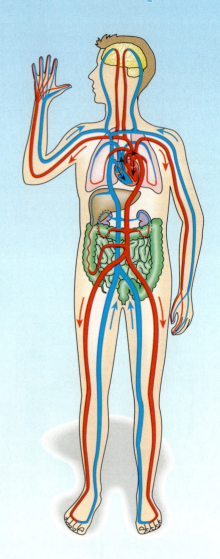

Vielfalt

Unser Körper als Organismus wird von mehreren Organsystemen gebildet. Die Organsysteme bestehen aus vielen Organen mit gleicher Grundfunktion.

1. a) Ordne fünf Organen die jeweiligen Organsysteme zu.
b) Nenne jeweils eine Funktion von drei Organen.

Angepasstheit

Der Mensch ist an das Leben an Land angepasst. Er atmet Luftsauerstoff, hat eine gleichwarme Körpertemperatur und bewegt sich aufrecht auf zwei Beinen fort.

2. a) Beschreibe den Gasaustausch in der Lunge.
b) Begründe, warum wir nicht unter Wasser atmen können.
c) Beschreibe die Temperaturregulierung der Haut bei hohen Außentemperaturen.
d) Beschreibe Angepasstheiten des Skeletts an den aufrechten Gang.

3. Erläutere die unterschiedliche Pigmentierung der Haut bei Menschen aus unterschiedlichen geografischen Herkunftsgebieten.

A

B

C

D

Information

Wir senden, bewusst oder unbewusst, Signale aus. Diese Informationen lösen unterschiedlichste Verhaltensweisen bei anderen Menschen aus. Mit unserer Mimik zeigen wir unseren momentanen Gefühlszustand. Wir können zum Beispiel Trauer, Freude, Angst oder Wut ausdrücken.

4. a) Ordne den linken Abbildungen A–D die Gefühlszustände Wut, Trauer, Angst und Freude zu.
b) Begründe die Bedeutung der Mimik für das Zusammenleben von Menschen mit unterschiedlicher Sprache.

5. Recherchiere, in welchen Ländern das Kopfnicken als „Nein" gedeutet wird.

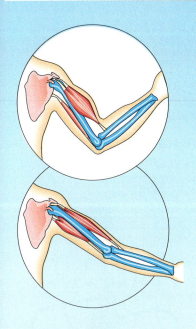

Wechselwirkung

Wir benötigen unterschiedliche Muskeln, um unseren Arm zu beugen oder zu strecken. Im Bewegungssystem des Menschen wirken die Muskeln und Sehnen in einer Wechselwirkung als Gegenspieler miteinander.

6. a) Versuche dich im Armdrücken mit einem Mitschüler oder einer Mitschülerin.
b) Miss vor und während des Armdrückens den Umfang deines Oberarms.
c) Lege die flache Hand auf den Tisch. Drücke mit aller Kraft auf die Tischplatte. Umfasse mit der anderen Hand deinen Oberarm von hinten. Beschreibe, wie sich Strecker und Beuger anfühlen.

7. a) Begründe die Auswirkungen eines Risses der Sehne am Armbeuger auf die Beweglichkeit des Armes.
b) Beschreibe die Auswirkungen auf die Beweglichkeit des Armes bei einem Muskelriss im Armstrecker.

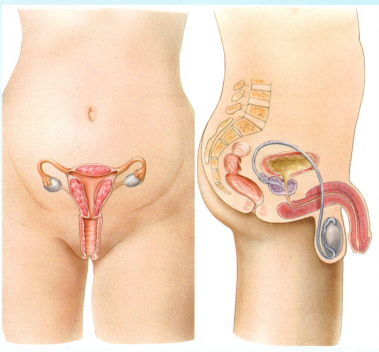

Bau und Funktion

Unsere Geschlechtsorgane sind in ihrem Bau an die jeweilige Funktion angepasst. Jungen und Mädchen haben unterschiedliche Geschlechtsorgane.

8. Beschreibe an je zwei männlichen und weiblichen Geschlechtsorganen den Zusammenhang zwischen Bau und Funktion.

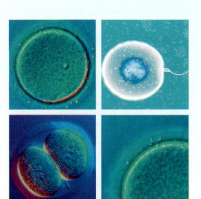

Fortpflanzung

Durch die Verschmelzung von Eizelle und Spermium pflanzen wir uns geschlechtlich fort.

9. Beschreibe mithilfe der Abbildungen A – E die Vorgänge der Befruchtung und der frühen Keimesentwicklung.

10. Einer ungewollten Schwangerschaft kann man vorbeugen.
a) Beschreibe die Anwendung und Funktion eines Kondoms.
b) Begründe, warum der unterbrochene Geschlechtsverkehr keinen Schutz vor einer Schwangerschaft bietet.

1. Die folgende Abbildung zeigt das Verdauungssystem. Benenne die Verdauungsorgane und gib ihre Funktionen an. Erstelle dazu eine Tabelle.

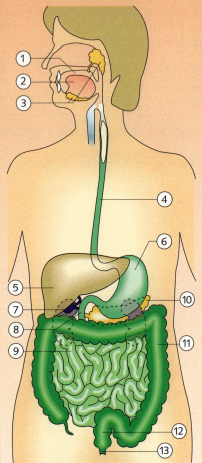

2. a) Nenne die drei Nährstoffgruppen.
b) Ordne die unten abgebildeten Lebensmittel den drei Nährstoffgruppen zu.
c) Nenne weitere wichtige Inhaltsstoffe von Lebensmitteln.

3. Beschreibe je einen Test, mit dem sich Traubenzucker, Stärke und Fett in einem Lebensmittel nachweisen lassen.

4. Gib jeweils ein Beispiel für ein gesundes und für ein ungesundes Mittagessen an. Begründe deine Auswahl.

5. Benenne die nummerierten Teile der Atmungsorgane.

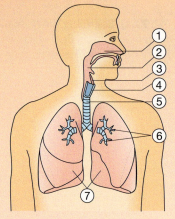

6. a) Ordne den Ziffern in den folgenden Skizzen der Lunge und des Lungenbläschens die richtigen Bezeichnungen zu.
b) Beschreibe den Vorgang des Gasaustausches.
c) Die Lunge verzweigt sich in viele kleine Lungenbläschen. Erkläre den Vorteil für die Atmung und benenne das Prinzip.

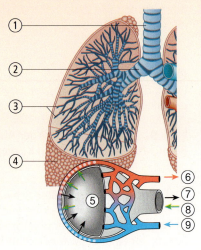

7. Erstelle eine Mindmap zum Thema „Rauchen ist schädlich".

8. Gib die Bestandteile des Blutes und ihre jeweiligen Funktionen an.

9. Folgende Abbildung zeigt schematisch den doppelten Blutkreis zusammen mit einigen inneren Organen.
a) Nenne die beiden Kreisläufe.

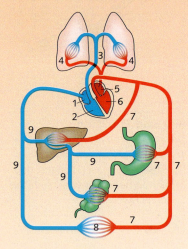

b) Ordne den Ziffern in der Abbildung die zutreffenden Begriffe zu.

10. a) Benenne die gekennzeichneten Teile des Herzens.
b) Beschreibe den Weg des Blutes durch das Herz und den Körper.

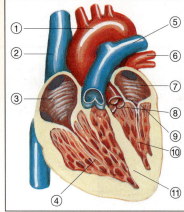

11. Erkläre, warum bei einer Bluttransfusion die Blutgruppen beachtet werden müssen.

12. a) Erkläre, was man unter einer Infektionskrankheit versteht.
b) Beschreibe drei Infektionswege.

13. a) Beschreibe den Verlauf einer bakteriellen Infektion am Beispiel der Salmonellose.
b) Nenne mehrere Maßnahmen zum Schutz vor einer Salmonelleninfektion.

14. Benenne die bezifferten Teile eines Bakteriums.

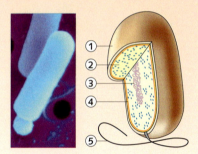

15. Ordne folgenden Infektionskrankheiten die Erregertypen Viren, Bakterien, Pilze oder Parasiten zu:
– Salmonellose,
– Tollwut,
– Wundstarrkrampf,
– Malaria,
– Masern,
– Hepatitis.

16. Welche der folgenden Aussagen treffen auf Viren zu?
a) Es sind Mikroorganismen.
b) Sie verursachen Grippe.
c) Sie sind etwa $\frac{1}{1000}$ mm groß.
d) Sie bestehen im Wesentlichen aus Erbsubstanz und einer Eiweißhülle.
e) Sie verursachen Keuchhusten.
f) Sie haben einen eigenen Stoffwechsel.
g) Sie besitzen eine feste Zellwand.
h) Sie benötigen Wirtszellen.

17. Benenne die unterschiedlich gefärbten Bereiche des Skeletts.

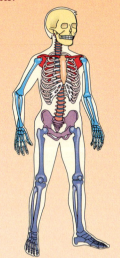

18. a) Benenne und beschreibe die Form der Wirbelsäule und stelle einen Zusammenhang zur Funktion her.
b) Wende das Erschließungsfeld „Bau und Funktion" auch auf die blau gekennzeichneten Strukturen an.

19. Die Abbildung zeigt Knochen und Muskeln.
a) Benenne die Knochen ① bis ④, die Gelenke G_1 und G_2 sowie die Muskeln M_1 und M_2.
b) Erläutere, wie die Muskeln M_1 und M_2 zusammenwirken.

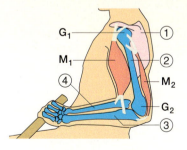

20. Zeichne den typischen Aufbau eines Gelenks. Beschrifte deine Zeichnung.

21. a) Erkläre, was man unter Zellatmung versteht.
b) Gib die Wortgleichung der Zellatmung an und vergleiche diese mit der Wortgleichung der Fotosynthese.
c) Erläutere den Zusammenhang zwischen Energieaufnahme und Energieverbrauch.
d) Erkläre, warum Ernährung und Bewegung für eine gesunde Lebensweise wichtig sind.

22. Nenne zwei Ausscheidungsorgane und gib Stoffe an, die sie ausscheiden.

23. a) Ordne den Buchstaben und Ziffern in den Abbildungen die Fachbegriffe zu.
b) Erstelle einen stichwortartigen „Zykluskalender".

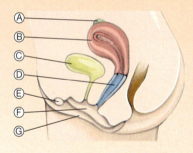

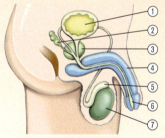

24. a) Nenne drei Möglichkeiten der Empfängnisverhütung. Gib zu jeder Form einen Vor- und einen Nachteil an.
b) Nenne die Verhütungsform, die auch vor AIDS und Geschlechtskrankheiten schützen kann.

25. Erkläre, wie eine werdende Mutter ihr ungeborenes Kind vor schädlichen Einflüssen schützen kann.

Register

Bildquellenverzeichnis

Titel: Blutkörperchen: A1PIX/Your Photo Today, Taufkirchen; Blätter: iStockphoto.com, Calgary (Mukherjee); Liebespaar: Shutterstock.com, New York (Eugenia-Petrenko); Luftaufnahme: Peter Radke, Hoyerswerda; 3.1, 8/9 (Hintergrund): Blickwinkel, Witten (Luftbild Bertram); 4.1, 48/49 (Hintergrund): mauritius images GmbH, Mittenwald (imagebroker.net); 8.1: OKAPIA KG, Frankfurt/M. (Kuhn); 8.2: Tierbildarchiv Angermayer, Holzkirchen; 8.3: mauritius images GmbH, Mittenwald (Ekholm). 9.1: OKAPIA KG, Frankfurt/M. (Kehrer); 9.2: Bildagentur Huber, Garmisch-Partenkirchen (Schmid); 9.3: TopicMedia Service, Putzbrunn (Walz); 10-46 (Icon): Astrofoto, Sörth; 10.1: mauritius images GmbH, Mittenwald; 10.2: Corbis, Berlin (Bean); 10.3: Fotex Medien Agentur GmbH, Hamburg (Allgoewer); 10.4: fotolia.com, New York (fm); 12.1: iStockphoto.com, Calgary (SondraP); 13.1: mauritius images GmbH, Mittenwald (Oxford Scientific); 17 oben (Waldkauz): OKAPIA KG, Frankfurt/M. (Zimmert); 17.1: fotolia.com, New York (ferkelraggae); 18.1: mauritius images GmbH, Mittenwald (Birke); 19.1: Manfred Simper, Wennigsen; 19.2: Hans Tegen, Hambühren; 22.1: OKAPIA KG, Frankfurt/M. (Zettl); 22.1A: Antje Starke, Leipzig; 22.1B: TopicMedia Service, Putzbrunn (Heppner); 22.1C: Blickwinkel, Witten (Sailer/Schnizler); 24.1A: TopicMedia Service, Putzbrunn (Thielscher); 24.2A: Tierbildarchiv Angermayer, Holzkirchen (Wendel); 24.3A: Picture-Alliance GmbH, Frankfurt/M. (Lade); 24.3B: OKAPIA KG, Frankfurt/M. (Irsch); 25.1: Wildlife Bildagentur GmbH, Hamburg (Arndt); 29.1A: APA-PictureDesk GmbH, Wien (Pritz); 29.1B: Picture-Alliance GmbH, Frankfurt/M. (dpa/Schmidt); 29.1C: ullstein bild, Berlin (Imagebroker.net); 29.2: Tourismusverein Leipziger Neuseenland e.V., Borna; 31.2A: Dr. Eckhard Philipp, Berlin; 31.2B: Naturbildportal, Hannover; 31.2C: Blickwinkel, Witten (Sailer/Schnizler); 31.2D: Tierbildarchiv Angermayer, Holzkirchen (Pfletschinger); 32.1: Hans-Günther Beuck, Helvesiek; 33.1A: mauritius images GmbH, Mittenwald (imagebroker.net); 33.2A: OKAPIA KG, Frankfurt/M. (Reinhard); 33.2B: Wissenschaftliche Film- und Bildagentur Karly, München; 34.1: OKAPIA KG, Frankfurt/M. (Miklins); 34.2: Hans Tegen, Hambühren; 41.1: Otto Stadler, Landshut; 41.2A: Picture-Alliance GmbH, Frankfurt/M. (dpa/dpaweb/Bagger); 41.2B: Dr. Eckhard Philipp, Berlin; 42.1: alimdi.net, Deisenhofen (Koch); 42.2: Rolf Wellinghorst, Quakenbrück; 42.3A-B: Ringler; 42.4: Picture-Alliance GmbH, Frankfurt/M. (dpa-Zentralbild/Hiekel); 43.1: Markus Berger, Braunschweig; 43.2A: OKAPIA KG, Frankfurt/M. (Rolfes); 43.2B: NLWKN - Naturschutzinformation - Betriebsstelle Hannover-Hildesheim, Hannover (Pilgrim); 43.2B: Dr. Eckhard Philipp, Berlin (Wald); 44.1: Nationalparkverwaltung Niedersächsisches Wattenmeer, Wilhelmshaven; 45.1: fotolia.com, New York (gpitfoto); 45.2: OKAPIA KG, Frankfurt/M. (Reinhard); 45.3: Hans Tegen, Hambühren; 45.4: TopicMedia Service, Putzbrunn (Martinez); 46.1: Panther Media GmbH, München (Sprunger); 46.2: OKAPIA KG, Frankfurt/M. (Zimmert); 46.3: mauritius images GmbH, Mittenwald (Nill); 47.1: Dr. Eckhard Philipp, Berlin; 47.2: mauritius images GmbH, Mittenwald (Mehlig); 47.3: PhotoAlto, Berlin (Mouton); 48.2: mauritius images GmbH, Mittenwald (Photononstop); 49.1: bildagentur-online GmbH, Burgkunstadt (Diez); 49.2: mauritius images GmbH, Mittenwald (Schlief); 49.3: Minkus IMAGES Fotodesignagentur, Isernhagen; 50-162 (Icon): mauritius images GmbH, Mittenwald (Gebhardt); 50 B: Johannes Lieder GmbH & Co. KG, Ludwigsburg; 50 E: TV-yesterday, München (Weber); 50.1B: Johannes Lieder GmbH & Co. KG, Ludwigsburg; 52.1-2: Dr. Guido Lyß, Wolfenbüttel; 52.3-6: Hans Tegen, Hambühren; 53.1: Minkus IMAGES Fotodesignagentur, Isernhagen; 53.2: Picture-Alliance GmbH, Frankfurt/M.; 53.3, 55/56: Minkus IMAGES Fotodesignagentur, Isernhagen; 56.1, 57.1: Kruse, Wankendorf; 59.1: Minkus IMAGES Fotodesignagentur, Isernhagen; 59.4: mauritius images GmbH, Mittenwald (ACE); 61.2: Hans Tegen, Hambühren; 62.1: Food Centrale Hamburg GmbH, Hamburg; 62.2: Deutsche Zöliakie-Gesellschaft e.V., Stuttgart; 63.3: Hans Tegen, Hambühren; 63.4: Andrea Kuenzig, Istanbul; 64.1: Hans Tegen, Hambühren; 64.2: mauritius images GmbH, Mittenwald (Gebhardt); 67.1A: OKAPIA KG, Frankfurt/M. (Reinhard); 67.1B: John Powell, Wimbledon; 68.1-6, 69.1-5: Minkus IMAGES Fotodesignagentur, Isernhagen; 72.2: alamy images, Abingdon/Oxfordshire (May); 74.1A: akg-images GmbH, Berlin (Lessing); 74.1B: mauritius images GmbH, Mittenwald (SuperStock); 74.1C: ullstein bild, Berlin (Rellandini/Reuters); 75.1: Minkus IMAGES Fotodesignagentur, Isernhagen; 76.1: Kulkafoto - Mathias Kulka, Berlin; 76.2: Minkus IMAGES Fotodesignagentur, Isernhagen; 77.1: Michael Fabian, Hannover; 78.1: Dr. Guido Lyß, Wolfenbüttel; 80.1: Corbis, Berlin (Kaestner); 80.2: Minkus IMAGES Fotodesignagentur, Isernhagen; 80.3: OKAPIA KG, Frankfurt/M.; 81.1A: Michael Fabian, Hannover; 82/83: Getty Images, München (Photolibrary/Caswell); 82.1: Picture-Alliance GmbH, Frankfurt/M.; 82.2: mauritius images GmbH, Mittenwald; 83.1: Hans Tegen, Hambühren; 83.2: Focus Photo- u. Presseagentur GmbH, Hamburg; 84.1: Dr. Guido Lyß, Wolfenbüttel; 84.2: Michael Fabian, Hannover; 84.3: Joachim Dobers, Walsrode/Krelingen; 87.1: mauritius images GmbH, Mittenwald; 88.1: Shutterstock.com, New York (GlebStock); 88.2-4: „Eine Initiative von: Deutsche Leberstiftung, Deutsche Leberhilfe e.V. und Bristol-Myers Squibb, München; 88.5: laif, Köln (Allard); 90.1: Minkus IMAGES Fotodesignagentur, Isernhagen; 90.2: Michael Fabian, Hannover; 90.3: Druwe & Polastri, Cremlingen/Weddel; 92.1A-B: Hans Tegen, Hambühren; 92.2 (eos/Meckes/Ottawa), 93.1 (eos): Focus Photo- u. Presseagentur GmbH, Hamburg; 94.1: Blickwinkel, Witten (Henning); 94.2: DRK-Bildarchiv, Berlin; 96.1: Picture-Alliance GmbH, Frankfurt/M. (CHROMORANGE/Peter); 96.2: Picture-Alliance GmbH, Frankfurt/M. (dpa/Multhaup); 97.1A (Hubatka), 97.1B (Fergusson): mauritius images GmbH, Mittenwald; 97.1C: OKAPIA KG, Frankfurt/M. (Rose); 98.1: Focus Photo- u. Presseagentur GmbH, Hamburg (Dowsett/SPL); 99.1: OKAPIA KG, Frankfurt/M. (Georgia/Science Source); 100.1 (Phototake), 100.2 (Phototake/Kim): mauritius images GmbH, Mittenwald; 100.3: Focus Photo- u. Presseagentur GmbH, Hamburg; 100.4: OKAPIA KG, Frankfurt/M. (Kim); 100.5: Focus Photo- u. Presseagentur GmbH, Hamburg; 100.6: mauritius images GmbH, Mittenwald (Phototake); 100.7: Focus Photo- u. Presseagentur GmbH, Hamburg; 100.8: OKAPIA KG, Frankfurt/M. (Scharf/Arnold, Inc.); 101.1 (Durham/SPL), 101.3: Focus Photo- u. Presseagentur GmbH, Hamburg; 102.1: Minkus IMAGES Fotodesignagentur, Isernhagen; 103.3: KAGE Mikrofotografie, Lauterstein (Meckes); 104.1: BilderBox Bildagentur GmbH, Breitbrunn/Hörsching (Wodicka); 104.2: H. Behrens, Lehrte-Arpke; 106.1: Deutsche Aids-Stiftung, Bonn; 106.2A: Focus Photo- u. Presseagentur GmbH, Hamburg (SPL/ANIMATE4.COM); 107.4: Bundeszentrale für gesundheitliche Aufklärung (BZgA), Köln; 108.1: Kruse, Wankendorf; 108.2: Dr. med. Lothar Reinbacher, Kempten; 110.1-2: Kruse, Wankendorf; 112.1: Minkus IMAGES Fotodesignagentur, Isernhagen; 112.2-3: Kruse, Wankendorf; 112.4-5: Dr. Guido Lyß, Wolfenbüttel; 112.6-7: Kruse, Wankendorf; 114.1A: Focus Photo- u. Presseagentur GmbH, Hamburg; 116.1-2: Kruse, Wankendorf; 116.3: Picture-Alliance GmbH, Frankfurt/M. (Klett GmbH); 118.1: mauritius images GmbH, Mittenwald (Marka); 118.2: plainpicture, Hamburg (Kuttig); 118.3: BilderBox Bildagentur GmbH, Breitbrunn/Hörsching; 118.4: Werner Otto - Reisefotografie Bildarchiv, Oberhausen; 118.5: Dr. Guido Lyß, Wolfenbüttel; 118.6: mauritius images GmbH, Mittenwald (Haag & Kropp); 121.1-2: Dr. Guido Lyß, Wolfenbüttel; 122.1-4, 123.1-3: Minkus IMAGES Fotodesignagentur, Isernhagen; 123.4: Dr. Ole Müller, Libbenichen; 124.1: Uwe Tönnies, Laatzen; 124.2: Imago, Berlin (Schreyer); 124.3-4: Minkus IMAGES Fotodesignagentur, Isernhagen; 125.1: Dr. Guido Lyß, Wolfenbüttel; 125.2: laif, Köln (Ludovic/REA); 126.1: mauritius images GmbH, Mittenwald (Hubatka); 128.1: A1PIX - Your Photo Today, Taufkirchen (BIS); 128.2: Getty Images, München (Duerichen); 128.3: vario images, Bonn (Classen); 128.4: OKAPIA KG, Frankfurt/M. (Thompson/OSF); 129.1: Picture-Alliance GmbH, Frankfurt/M. (HB Verlag/Emmler); 129.2: mauritius images GmbH, Mittenwald (Habel); 130.1: Panther Media GmbH, München (Pusepp); 131.1-3: Hans Tegen, Hambühren; 131.4: Manfred Simper, Wennigsen; 132.1: akg-images GmbH, Berlin; 132.2: A1PIX - Your Photo Today, Taufkirchen (PHN); 134.1: OKAPIA KG, Frankfurt/M. (Campbell/Arnold); 136.1-2: Minkus IMAGES Fotodesignagentur, Isernhagen; 136.3: mauritius images GmbH, Mittenwald (imagebroker/Bahnmueller); 136.4: Corbis, Berlin (Kozak); 136.5: alimdi.net, Deisenhofen (decode); 137.1A: Bildagentur Peter Widmann, Tutzing; 137.1B: BilderBox Bildagentur GmbH, Breitbrunn/Hörsching; 137.1C: F1online digitale Bildagentur GmbH, Frankfurt/M.; 138.1A: mauritius images GmbH, Mittenwald (imagebroker/photorevolution.de); 138.1B: fotolia.com, New York (fux); 138.1C: altro - die fotoagentur, Regensburg; 138.1D: Getty Images, München (AFP); 138.1E: plainpicture, Hamburg (Folio Images); 139.1A: bildagentur-online GmbH, Burgkunstadt (Kust); 139.1B: Picture-Alliance GmbH, Frankfurt/M. (Schroewig/Oertwig); 140.1: A1PIX - Your Photo Today, Taufkirchen (MEB); 143.1: Wissenschaftliche Film- und Bildagentur Karly, München (Prof. Wanner); 145.1: Globe Images GmbH, München (SuperStock); 145.2: mauritius images GmbH, Mittenwald (Phototake); 145.3: doc-stock GmbH, Frankfurt (Phototake); 145.4: A1PIX - Your Photo Today, Taufkirchen (PHN); 145.5: Keystone Pressedienst, Hamburg (Schulz); 146.1A, 161.1, 161.3: OKAPIA KG, Frankfurt/M. (Mantis Wildlife Films/OSF); 146.1B, 161.2: Focus Photo- u. Presseagentur GmbH, Hamburg (Darkin/SPL); 146.1C, 161.3: OKAPIA KG, Frankfurt/M. (Mantis Wildlife Films/OSF); 146.1D: Focus Photo- u. Presseagentur GmbH, Hamburg; 146.1E, 161.5: OKAPIA KG, Frankfurt/M. (Kage); 146.2: Siemens AG, München; 147.1: TT Nyhetsbyran, Stockholm; 148.2B: TT Nyhetsbyran, Stockholm (Lennart Nilsson); 148.3: Picture Press Bild- und Textagentur GmbH, Hamburg (Leiber); 150.1: fotolia.com, New York (Africa Studio); 150.2: mauritius images GmbH, Mittenwald (Merten); 151.1: Stills-Online Bildagentur, Hamburg; 151.2-4: Minkus IMAGES Fotodesignagentur, Isernhagen; 151.5: Stills-Online Bildagentur, Hamburg; 151.6: Hans Tegen, Hambühren; 152.1: F1online digitale Bildagentur GmbH, Frankfurt/M.; 152.2: Picture-Alliance GmbH, Frankfurt/M. (ZB/Bachmann); 152.3: Aktion Mensch e.V., Bonn; 153.1B: Focus Photo- u. Presseagentur GmbH, Hamburg (Hooton/SPL); 154.1: photothek.net GbR, Radevormwald (Grabowsky); 155.1: fotolia.com, New York (Barskaya); 156.1: TopicMedia Service, Putzbrunn (Kerscher); 156.2: OKAPIA KG, Frankfurt/M. (Mischke); 156.3: mauritius images GmbH, Mittenwald (Grasser); 157.1: TV-yesterday, München; 157.2: photothek.net GbR, Radevormwald (Koehler); 158.1A: mauritius images GmbH, Mittenwald; 158.1B: vario images, Bonn; 158.1C: Siegfried Kuttig, Lüneburg; 158.1D: photoplexus, Dortmund (Daniel Koelsche); 158.1E: Caro, Berlin; 158.1F: Getty Images, München (Lori Adamski Peek); 158.1G: BilderBox Bildagentur GmbH, Breitbrunn; 160.1A: Picture-Alliance GmbH, Frankfurt/M. (Design Pics); 160.1B: Westend 61 GmbH, München (Jelen); 160.1C: Minkus IMAGES Fotodesignagentur, Isernhagen; 160.1D: plainpicture, Hamburg (Strothenke); 162.1: Michael Fabian, Hannover; 163.1: OKAPIA KG, Frankfurt/M. (Scimat/NAS).